瞄過一眼就忘不了的

商業篇

世界史

SUPER高中老師講故事，
讓「金錢流通」當主角，不背年份就能貫通世界史！

WORLD HISTORY TEXTBOOK
[ECONOMY]

山崎圭一 著

陳嫻若 譯
莊德仁 名詞審定

從金流解讀世界史的故事

前言

2018 年春天，我將自己在 YouTube 頻道「Historia Mundi」上傳的影音課程「世界史 20 回計畫」的精華，編纂成《瞄過一眼就忘不了的世界史》出版成書。

這本歷史入門書內容以歐洲、中東、印度、中國四個地區為「主角」，不用年分，而是用「一則完整的故事」來解讀古代到現代的歷史。

與一般教科書令人眼花撩亂的年代或地區相比，這本書得到許多讀者「簡單好讀」的評價，託大家的福成為暢銷書。

於是，這次《瞄過一眼就忘不了的世界史》續篇：商業篇也出版了。

世界史有各種不同的主題，如文化史、宗教史等，至於為什麼我會優先考慮「商業」這個題材，那是因為了解「金錢」與「貨物」的流動，就能具備「橫向」的歷史觀。

以「每個地區淵源自什麼樣的歷史」的「直向」連結，與「歷史上同一時代東西方有什麼關聯」的「橫向」視角這兩種視角來審視，就能更深入的理解世界史。

「直向」視角是指將古代到現代的歷史盡可能排列為一直線解讀，也就是第一冊的世界史。而「橫向」視角，便是「著眼於同時代各地區之間『連結』的世界史」。

如果把全世界當成人的身體，「金錢」就相當於血液，血液巡

迴全身，將各個器官連結起來，就如同金錢流通於全世界，將各個地區連繫起來。血液流動停滯時人體會生病，金錢流動停滯，則有可能引起大規模的戰爭。

因此，如果我們把重點放在相當於「血液循環」的經濟活動（金錢流動），就能讓各地區的「連結」更鮮明的浮現出來。

本書解說的「橫向世界史」，具體而言有以下三大特徵：

① 將古代到現代分割成 10 個時代，以故事方式解讀同時代各地區的「連結」。

② 故事的「主角」是「金流」。

③ 不使用年分。

對已經讀過第一冊的讀者來說，本書是「橫向視角解讀的世界史」，但對從這本書開始閱讀的讀者而言，也能當作「從金流解讀世界史」的一本書，充分享受閱讀。

和第一冊一樣，也許有人會想：「歷史書怎能沒有年分⋯⋯」但是一打開本書，讀著充分突顯以經濟為背景的事件及國家間「連結」與「因果關係」的故事，相信您就能理解，這樣的編排可以讓讀者更加專注於故事脈絡。

希望本書能對想更愉快的學習歷史、想增進歷史涵養的讀者有些許幫助。

山崎圭一

第1章 貨幣的誕生

西亞地區、希臘、商朝(史前～西元前4世紀)

第2章 相連結的古代帝國

羅馬帝國、秦朝、漢朝(西元前 3 世紀～西元 3 世紀)

第3章 伊斯蘭世界與印度洋

伊斯蘭教的誕生與隋朝、唐朝(4世紀～10世紀)

第4章　貨幣經濟向前邁進

商業復興與蒙古帝國(11世紀～14世紀)

第5章　白銀轉動世界

地理大發現與明朝(15世紀～16世紀)

第6章 霸權國家的變遷

荷蘭、英國的繁榮與大西洋革命(17・18 世紀)

第7章 擴大的「帝國」

工業發展與帝國主義(19世紀)

第8章 從恐慌到分裂

兩次大戰與經濟大恐慌(20世紀初～第二次世界大戰)

第9章 超級大國間的拔河

冷戰下的經濟(第二次世界大戰～1980年代)

第10章 合而為一的世界
全球化與經濟危機(1990年代〜現代)

世界史有「直向」和「橫向」兩種視角！

 ## 在前作中釐清的「直向」世界史

如同「前言」所述，2021 年夏天出版的《瞄過一眼就忘不了的世界史》是從**古代到現代，「直向」解讀的世界史。**

如同右圖，書中把世界史的舞臺分成「歐洲」、「中東」、「印度」、「中國」四大區域，盡可能不移動視角，**「直向」的看待各地區的世界史。**這點與一般教科書眼花撩亂、不斷轉換地區與年代的編排方式十分不同。

前一本世界史，從歐洲到中東、印度、中國、合而為一的全球時代、古代到近代、現代，將所有時代全都串成串珠，把地區、王朝、國家等故事「主角」的變化減至最小，盡可能不改變主詞，以「一則故事」表現世界史。

不過，其實除了「直向」之外，世界史還有「橫向」的連結。

「橫向」連結，具體來說就是「同時期東西方國家之間發生了什麼事，有什麼關連呢？」

了解世界史的「直向」與「橫向」連結，換句話說，擁有「直向」與「橫向」兩種視角十分重要。那麼，我們該怎麼了解「橫向」連結呢？其中一個線索就是解讀以「金流（經濟）」為「主角」的故事。

圖 H-1 「從歐洲到現代」將一切連成串珠！

人類出現

文明的誕生

歐洲	中東	印度	中國
	古代西亞文明	印度古文明	黃河文明
愛琴海文明	古巴比倫		
希臘	波斯帝國		殷商
希臘化時代		佛教誕生	周
		孔雀王朝	秦
			西漢
羅馬共和時代			
	安息帝國	貴霜王朝	
羅馬帝政時代			東漢
	薩珊王朝		
			三國
日耳曼人遷徙			魏晉南北朝
		笈多王朝	
法蘭克王國			隋
	伊斯蘭教誕生		唐
	奧瑪雅王朝	戒日王朝	
查理曼大帝	阿拔斯王朝		
		加茲尼王朝	
			宋
十字軍東征	塞爾柱王朝	古爾王朝	南宋
		德里蘇丹王朝	元
英法百年戰爭	伊兒汗國		明
		蒙兀兒帝國	
	鄂圖曼帝國		清

全球合而為一（地理大發現、歐洲各國進軍海外）

歐美	中東、印度	中國
工業革命	鄂圖曼帝國衰微	鴉片戰爭
民主革命		列強瓜分中國
民族國家的發展	印度殖民地化	辛亥革命
帝國主義		九一八事變
兩次世界大戰	各地區的民族運動	對日抗戰

「冷戰」形成、現代世界

從「金流」學世界史！

 ## 第二冊是「橫向」的歷史

　　有句話說「金錢讓世界運轉」，金錢在全世界流動，同時也將各地區連結在一起。

　　本系列第一冊的世界史中，將世界分成歐洲、中東、印度、中國四大區塊，但是它們並非各自獨立存在，人們絡繹不絕的在各地區之間往來，金錢和貨物也跟著移動。

　　高中「公民」課本說：「經濟指的是物資從生產到消費的所有過程中人們所經營的各種社會關係。」

　　也就是說，包含貨物流通在內的所有人類活動都是「經濟活動」，而「金錢」就位於它的中心。自從金錢誕生以來，獲取金錢、追求富裕一直是人類和國家最關心的事。人們有時甚至為了獲得更多財富而發動戰爭，或是擴大殖民地。

　　因此，藉由把關注點放在「金流（經濟活動）」上，更容易看見世界史的橫向「連結」。

　　請見右圖。本書為了說明「橫向」的歷史，將第一冊《瞄過一眼就忘不了的世界史》整理的直向脈絡，切割成 10 個年代區塊，將每個區塊的金錢和貨物流動當成「主角」，變成一則故事。

　　把這些故事像串珠一般串連起來，就能理解各地區的「橫向」關係了。

總論

人類出現

文明的誕生

歐洲	中東	印度	中國
愛琴海文明 希臘 希臘化時代	西亞文明 古巴比倫 波斯帝國	印度古文明 佛教誕生	黃河文明 殷商 周
羅馬共和時代 羅馬帝政時代	安息帝國 薩珊王朝	孔雀王朝 貴霜王朝	秦 西漢 東漢 三國
日耳曼人遷徙 法蘭克王國 查理曼大帝	伊斯蘭教誕生 奧瑪雅王朝 阿拔斯王朝	笈多王朝 戒日王朝	魏晉南北朝 隋 唐
十字軍東征 英法百年戰爭	塞爾柱王朝 伊兒汗國 鄂圖曼帝國	加茲尼王朝 古爾王朝 德里蘇丹王朝 蒙兀兒帝國	宋 南宋 元 明 清

全球合而為一（地理大發現、歐洲各國進軍海外）

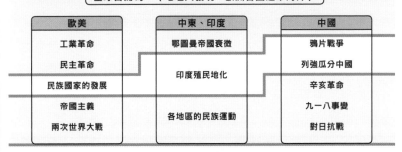

歐美	中東、印度	中國
工業革命	鄂圖曼帝國衰微	鴉片戰爭
民主革命		列強瓜分中國
民族國家的發展	印度殖民地化	辛亥革命
帝國主義		九一八事變
兩次世界大戰	各地區的民族運動	對日抗戰

「冷戰」形成、現代世界

15

關於本書的結構

 將世界史「橫向切割」，從西方向東方移動視角

本書的結構是將世界史分成 10 個區塊，視角從每個區塊的西方往東方移動，同時說明各區塊內歷史事件的「經濟背景」。

本書一如《瞄過一眼就忘不了的世界史》，幾乎不用記憶年分，讓故事較容易留在腦海裡，只有在切割各時代的需要上，按「世紀」來區分（一個事件有可能橫跨世紀，所以這個區分方式並不嚴謹）。

從第 1 章到第 4 章，我們主要會分別看看歐洲、中東、印度、中國等地區的經濟發展，以及商人如何在各地區間穿針引線。

第 1 章介紹各地區貨幣經濟的誕生；第 2 章中，羅馬帝國與中國的漢朝等兩大國出場，歐亞大陸的經濟交流更加深化；第 3 章，伊斯蘭教誕生，介紹印度洋周邊伊斯蘭商人活躍的經濟活動；第 4 章則談到中世紀後半的歐洲世界與中國宋、元朝的貨幣經濟發展，另外也會提及在經濟上對東南亞與日本的影響。

《瞄過一眼就忘不了的世界史》的第 5 章敘述地理大發現的來臨，將歐洲、中東、印度、中國 4 大地區合而為一，是世界史的一大關鍵。本書的關鍵點也在第 5 章。西班牙與葡萄牙等國的航海家將世界連結在一起，把在墨西哥和秘魯銀山挖掘出的白銀流通到全世界。白銀在世界流轉，對各個不同地區的物價和社會結構帶來巨大的影響。

圖 H-3 從時代的「橫切面」，用橫向視角了解當時的經濟發展

史前

第1章 西亞地區、希臘、商朝

從地理位置由西向東解說 →

歐洲　中東　中國

前4

前3
3

第2章 羅馬帝國、秦朝、漢朝

4
10

第3章 伊斯蘭教的誕生與隋朝、唐朝

11
14

第4章 商業復興與蒙古帝國

15

第5章 地理大發現（大航海時代）與明朝

歐洲　中東　印度　中國　日本

轉動世界的白銀

16

17
18

第6章 荷蘭、英國的繁榮與大西洋革命

19
20

第7章 工業發展與帝國主義

第8章 兩次大戰與經濟大恐慌

1945

第9章 冷戰下的經濟

1990

第10章 全球化與經濟危機

總論

第 6 章之後，掌握經濟「霸權」的國家登場，成為了世界經濟中心。

第 6 章中將會介紹「霸權」從西班牙換手給荷蘭、英國的過程、美國獨立革命與法國革命等「大西洋革命」。在這些變動中，近代以來的經濟組織，如股份公司、損害保險的架構、財產權保障等逐漸成形。第 7 章是帝國主義的時代，工業發展導致世界殖民地化。第 8 章說明兩次世界大戰與兩戰之間出現的經濟大蕭條。第 9 章希望大家理解的是第二次世界大戰到蘇聯瓦解的時期，眾多國家在美國與蘇聯兩大霸權間「走鋼索」的情形。

而最後的第 10 章，則舉出 1990 年代到現代的全球化進展，與經濟危機擴大到全世界的狀況。

從以物易物、鑄幣到紙幣，再到無現金交易和虛擬貨幣，「金錢」隨著時間不斷改變面貌，希望各位能透過本書，將這些變化當成另一則「故事」來閱讀。

了解「橫向連結」便能更加了解「直向的歷史」

本書是一本從經濟面向來解說高中「世界史」事件背景的「歷史」書。

因此，我們省略了很多「公民」課中教到的「經濟學說」解說與「經濟結構」方面的說明。

但是，從本書學會了事件的經濟背景之後，將有助於增進對公民課內容的理解，對於各位以前學過的世界史知識也會有新的發現，恍然大悟「原來它有這樣的背景啊」，想必也會增添對「直向的歷史」觸類旁通的樂趣。

第 1 章

貨幣的誕生

西亞地區、希臘、商朝

（史前～西元前4世紀）

第1章 西亞地區、希臘、商朝 概述

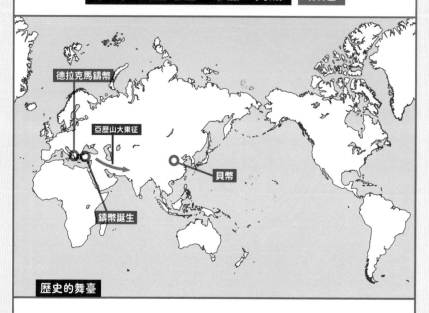

德拉克馬鑄幣

亞歷山大東征

貝幣

鑄幣誕生

歷史的舞臺

貨幣誕生，
人們圍繞著貨幣的故事也應運而生

　　本章將解說從農耕、畜牧的開始，到貨幣誕生的過程。最初，人們將農耕、畜牧生產出的物品當成貨幣使用，後來在古代西亞地區出現了金屬鑄幣並傳到了希臘，於是「德拉克馬」貨幣漸漸受到廣泛的使用。貨幣不會腐爛，可以長久保持價值，積蓄貨幣致富的人能「長保富有」，無法貯存貨幣的窮人則會困在「貧窮狀態」，因此產生了貧富差距擴大的情形。

第1章 【西亞地區、希臘、商朝】章節架構圖

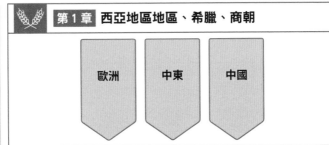

先史

第1章 西亞地區地區、希臘、商朝

| 歐洲 | 中東 | 中國 |

前4

前3
3

第2章 羅馬帝國、秦朝、漢朝

4
10

第3章 伊斯蘭教的誕生與隋朝、唐朝

11
14

第4章 商業復興與蒙古帝國

15
16

第5章 地理大發現與明朝

歐洲　希臘地狹山多，所以希臘人在地中海各地建立「殖民地」定居，鑄幣從東方傳來後，希臘製造了古代代表性的鑄幣「德拉克馬」。

中東　中東國家領先世界開始了農耕和畜牧等「生產經濟」，從物品貨幣轉為使用貴金屬，接著也開始採用鑄幣。鑄幣為龐大的帝國帶來了國家統一。

中國　中國的商朝以南海出產的寶螺作為貨幣，南海不在殷商的勢力範圍內，因此貝幣極為稀有。只要具有稀有性，即使不是貴金屬也能發揮「貨幣」的功能。

第1章 西亞地區、希臘、商朝、

第2章 羅馬帝國、漢朝、

第3章 伊斯蘭教的誕生與隋朝、唐朝

第4章 商業復興與蒙古帝國

第5章 地理大發現與明朝

第6章 荷蘭、英國的繁榮與大西洋革命

第7章 工業發展與帝國主義

第8章 兩次大戰與經濟大恐慌

第9章 冷戰下的經濟

第10章 全球化與經濟危機

農耕、畜牧的開始，啟動了「經濟的歷史」

「剩餘的產物」是經濟的開端

本書中，我想從農耕和畜牧的開始作為故事的開端。

在農耕、畜牧開始前，人類以「採集經濟」為中心，四處移動找尋食物，或是靠狩獵、採集來收集食物。當然，把狩獵和採集來的肉類和果實與別人交換、分配也是「經濟」，但是肉類和果實很快就腐敗了，無法長期保存。

農耕與畜牧這類「生產經濟」所產出的穀物和家畜，比肉類和果實更能長期保存，所以，人們開始在食物的儲藏地附近生活，定居的習慣就此開始。**由於食物可以儲存，剩餘的產物便成為分配、交換、交易的對象，「借」與「貸」等一連串「經濟」行為也就此展開**（像這樣將穀物和家畜當成「貨幣」使用的行為，稱為「物品貨幣」）。這個情況，也衍生出了有能力累積貨幣與沒有能力累積貨幣的人之間的「貧富差距」。

美索不達米亞將白銀當成「金錢」

在歐洲人所謂「東方地區」西亞周圍，底格里斯河與幼發拉底河流域的美索不達米亞到敘利亞、巴勒斯坦地區，與尼羅河流域的埃及形成「肥沃新月地帶」，是農耕和畜牧等「生產經濟」的起源地帶。

在美索不達米亞，人們從底格里斯河與幼發拉底河等大河引水

第1章 西亞地區、希臘、商朝、

第2章 羅馬、帝國朝、秦朝、漢朝、

第3章 與伊斯蘭教的誕生隋朝、唐朝

第4章 蒙古帝國商業復興與

第5章 與地理大發現明朝

第6章 榮與大西洋革命荷蘭、英國的繁

第7章 帝國主義工業發展與

第8章 經濟大恐慌與兩次大戰與

第9章 經濟冷戰下的

第10章 經濟危機全球化與

灌溉土地，生產小麥等穀物。美索不達米亞的地形平坦，向周圍開敞，所以，周邊的許多民族常為了豐美的收成而入侵此處，造成許多王朝的興亡。

美索不達米亞地處乾燥地帶，只要離河水超過一定的距離，就無法耕作。因此周邊的地區都住著游牧民族，以放養耐乾旱的山羊和駱駝為生。這些游牧民族為了取得穀物，必須用羊和岩鹽與大河邊的居民交換。最初，這種交換用的是羊、穀物或岩鹽等「物品貨幣」，不過漸漸的，他們開始測量「白銀」的重量放入袋裡用於交換。穀物或家畜雖然可以保存，但最多也不過數載。白銀則更有利於保存，如果累積多年，還能成為「儲蓄」。**白銀是一種貴金屬，有一定程度的價值和光澤，因為具有半永久的價值，白銀也成為了大家所公認的「通貨」**。當白銀被認可為「通貨」之後，也變得更加普及。在美索不達米亞建立的古代王朝中，古巴比倫王朝算是相當有名的一個，它建立的「**漢摩拉比法典**」就因「以眼還眼，以牙還牙」的復仇法而聞名。法典中意外的有很多「靠錢解決紛爭」的條文，如「市長必須支付遭強盜殺害的被害者約 500g 的銀子」、「上流市民打傷一般市民的眼睛時，必須支付約 500g 的銀子」，由此可看出白銀已被當成貨幣廣泛使用。白銀的稀有性「正好適合當做通貨」，因此它直到 20 世紀仍然是世人大量使用的貨幣之一（相比之下，黃金則多用於儲蓄）。

🌾 地中海東岸成為中東的「十字路口」

地中海東岸的**敘利亞、巴勒斯坦地區，不但是連結美索不達米亞與埃及的貿易路線，更是通往地中海周邊的出入口，發揮「十字路口」的功能，將各地連接在一起**。由於這一帶被海洋和沙漠包圍，地形複雜，所以很難形成大型國家，但是西臺人和腓尼基人等

在貿易上扮演重要的角色。敘利亞的**西臺人**積極發展陸上的轉口貿易，他們最知名之處就是在美索不達米亞與埃及之間，建立了如同「血管」般的陸路網絡。而**腓尼基人**在地中海從事貿易活動，相當於中東世界地中海的「玄關」，他們的貿易特色是用船運輸貨物，所以主要的貿易物品是少量但高價的金屬資源和貴重商品，也將銀、鐵、錫、鉛、琥珀、象牙等物品從地中海帶進了中東世界。

黃金成為法老們的裝飾品

埃及南部的努比亞一帶是黃金主要的生產地。「努比亞」這個地名源自於古埃及語中代表「黃金」的「努布」。由此可知埃及是古代黃金的一大產地，但是，黃金主要都被握有強大權力的法老們壟斷，用來當作裝飾品，並沒有使用在貿易上。因此，埃及民眾依然使用穀物作為物品貨幣。

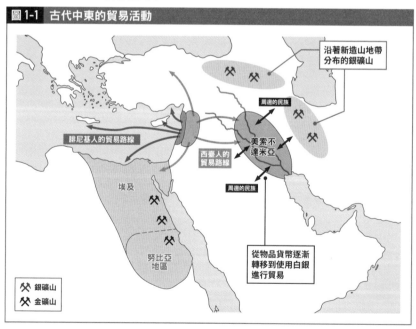

圖 1-1 古代中東的貿易活動

沿著新造山地帶分布的銀礦山

周邊的民族

美索不達米亞

西臺人的貿易路線

腓尼基人的貿易路線

周邊的民族

埃及

努比亞地區

從物品貨幣逐漸轉移到使用白銀進行貿易

⚒ 銀礦山
⚒ 金礦山

始於中東，「貨幣」的悠久歷史

第1章
西亞地區、
希臘、商朝

第2章
秦朝、漢朝、羅馬帝國

第3章
與隋朝、唐朝
伊斯蘭教的誕生

第4章
商業復興與
蒙古帝國

第5章
地理大發現
與明朝

第6章
荷蘭、英國的繁
與大西洋革命

第7章
帝國主義
工業發展與

第8章
經濟大恐慌與
兩次大戰

第9章
經濟冷戰下的

第10章
全球化與
經濟危機

硬幣誕生對經濟史造成巨大衝擊

在「近東」地區國家的交替興亡之間，經濟史上出現了一個足以造成巨大衝擊的變化：**在小亞細亞的呂底亞王國，「硬幣」誕生了。** 呂底亞的砂金產量豐富，因此他們將砂金放在袋中，使用時稱重作為貨幣。後來，呂底亞王克羅索斯將黃金秤重後分成小份，熔成圓盤狀凝固、刻印，做成「貨幣」的形狀。

金錢被附加了「信用」價值

一開始，就算聲稱每一枚貨幣的「重量均一」，通常也很難取信於人，所以許多人也許會一枚一枚的將硬幣逐一秤重後再使用。但是，**一旦產生了「呂底亞鑄刻的硬幣，每一枚重量都一樣重」的共識，人民對呂底亞發行的鑄幣便再無疑義，漸漸的所有人都開始使用它來結帳了**。這便是金錢被附加了超出金屬的價值，也就是「信用」的時刻。

人們發現用「硬幣」交易比使用金屬更方便，硬幣也變得更加盛行。硬幣不但縮短了交易時間，也擴大了商業規模。使用共通貨幣的呂底亞更容易將國民團結起來，**不知不覺間，人們對呂底亞鑄幣的「信用」已經超過金錢本身的價值了。**

現在的國家也是在紙片或廉價的金屬片上附加了「信用」價值，將它們當成「錢幣」來流通，這一點就和呂底亞的鑄幣一樣，

可以說，金錢的本質正是「信用」。

龐大帝國的「鑄幣」之力

　　將呂底亞鑄造的貨幣活用為統治工具的則是「**波斯帝國**」。波斯帝國是第一個擁有廣大領土和眾多民族的國家，為了領導多支民族，維持和平統治，必須有精巧的組織。

　　為了維繫帝國的運作，波斯帝國派遣「**總督**」治理各地，執行寬容的統治政策，尊重各民族的傳統和風俗，此外，金幣和銀幣等鑄幣更發揮了巨大的功能。**使用統一的貨幣，讓帝國中產生了團結感。**此外，波斯帝國最知名的另一點就是，它奠定了統一性的稅賦徵收制度。過去，帝國會按照每一省的經濟狀況，設定各民族向國王繳納「貢品」的納稅額。「經濟」是將龐大的波斯帝國統合為一的重要因素。

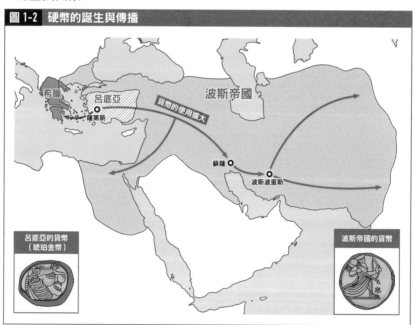

圖 1-2 ｜ 硬幣的誕生與傳播

擴大貨幣經濟發展的希臘世界

第1章 西亞地區 希臘、商朝、

第2章 羅馬帝國、漢朝、

第3章 與伊斯蘭教的誕生 隋朝、唐朝

第4章 商業復興與 蒙古帝國

第5章 與地理大發現 明朝

第6章 榮與大西洋革命 荷蘭、英國的繁

第7章 帝國主義與 工業發展與

第8章 經濟大恐慌與 兩次大戰與

第9章 經濟下的 冷戰下的

第10章 經濟危機 全球化與

希臘在地中海沿岸建立「殖民城邦」

在波斯帝國利用鑄幣建立統一帝國的同時，從呂底亞隔著愛琴海看去的「對岸」希臘，也開始使用鑄幣。

希臘多山且國土狹窄，人口一旦增加，就會造成土地不足。因此希臘人離開國土，在地中海沿岸建立都市，積極的展開殖民活動，在所到之處建立了**殖民城邦**。殖民城邦的網絡遍布地中海，現在的馬賽、拿坡里、舊名「拜占庭」的伊斯坦堡等地都是當時的殖民城邦。當時，從希臘本土輸出橄欖油和葡萄酒、自埃及和黑海沿岸輸出穀物、從歐洲帶回金屬等工商業活動昌盛，而在背後支撐著這些活動的正是希臘的鑄幣。

支撐雅典國防的「貨幣」與「貿易」

雅典是古希臘成長最明顯的希臘代表性城邦。雅典發展時，遭到強大的波斯帝國侵襲，雅典雖然是希臘最繁榮的城邦，但是國力仍遠遠不及波斯帝國。兩軍之間爆發**波希戰爭**，希臘於馬拉松戰役和薩拉米斯海戰大勝，這都是雅典經濟發展所帶來的成果。

「重裝步兵」乃是雅典傲人軍隊的核心。古希臘時代原本的戰鬥模式都是由少數富有貴族騎馬單獨戰鬥，但是此時從呂底亞傳入的貨幣逐漸普及，加上人們從歐洲北方帶回銅和錫等金屬，**有些居民會將多餘的農作物換成貨幣儲存起來，這時便可以用貨幣購買低**

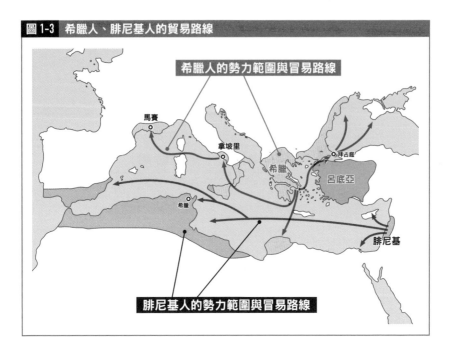

圖 1-3　希臘人、腓尼基人的貿易路線

希臘人的勢力範圍與貿易路線

馬賽
拿坡里
拜占庭
希臘
呂底亞
希臘
腓尼基

腓尼基人的勢力範圍與貿易路線

**價的銅和錫鑄成的青銅器武器或防禦用具，組成重裝步兵加入戰
局。**也就是說，雅典的國防基礎是靠著「貨幣」與「貿易」打造出
來的。

　　此外，雅典打敗波斯的薩拉米斯海戰之前，雅典幸運的在國土
南方發現了一座大規模銀山「拉夫里翁」。他們用這些銀礦為資
金，大量建造當時最新銳的軍船「三列槳座戰船」，希臘也因此能
在薩拉米斯海戰獲勝。

　　因為發現拉夫里翁銀礦，雅典鑄造出代表性的貨幣「**德拉克
馬**」。其中的「4 德拉克馬銀幣」，成為到亞歷山大大帝東征時代
為止，古希臘流通最廣的銀幣。對希臘人來說，「德拉克馬」是民
族的驕傲。時至近代，希臘從鄂圖曼帝國獨立依然使用「德拉克
馬」為貨幣單位，直到改用歐元為止。現在由希臘發行的 1 歐元
硬幣也沿用了古代「4 德拉克馬銀幣」的設計。

圖 1-4 波希戰爭與「德拉克馬」貨幣

波斯軍的進攻路線

波斯帝國

希臘

馬拉松戰役

雅典

薩拉米斯海戰

拉夫里翁銀礦

波斯軍的進攻路線

斯巴達

希臘的
4 德拉克馬銀幣

波斯帝國

第1章
西亞地區、希臘、商朝

第2章
羅馬帝國、秦朝、漢朝、

第3章
伊斯蘭教的誕生與隋朝、唐朝

第4章
商業復興與蒙古帝國

第5章
地理大發現與明朝

第6章
荷蘭、英國的繁榮與大西洋革命

第7章
工業發展與帝國主義

第8章
兩次大戰與經濟大恐慌

第9章
冷戰下的經濟

第10章
全球化與經濟危機

🌾 獲得發言權的公民

　　經過多次戰爭，雅典的民主政治也有了長足的發展。**擔任重裝步兵上戰場作戰的市民與擔任戰船划槳手的底層市民們，認為「我為了國家搏命參戰，應該讓我們說句話！」要求發言權的呼聲漸漸升高，因此，所有成年男性公民都得到了參政權。**雅典從同盟各國的貢品中獲得大量金錢，用於興建大規模的公共事業，其中又以「帕德嫩神殿」最廣為人知。

拒絕貨幣經濟的斯巴達

另一方面，與雅典同為城邦的**斯巴達**，則是以專制的軍國主義聞名。斯巴達扎實剛健，重視嚴格的紀律，認為「金錢可以儲蓄，但會分隔富人與窮人，破壞公民的團結」，因此禁止國民使用貨幣，也不可以自由與其他國家交易，採取某種類似「鎖國」的政策。因此，斯巴達雖然擅長作戰，卻無法將統治力擴及希臘全境。

希臘文明時代的終結與經濟

波希戰爭時，斯巴達與雅典同心協力保護了希臘世界，但是戰爭一結束，希臘世界就分裂成以雅典為盟主的**提洛同盟**和以斯巴達為盟主的**伯羅奔尼撒同盟**，互相爭奪霸權，最後發展成擴及整個希臘世界的戰亂。

此時，在波希戰爭中戰敗的波斯出手干預了希臘世界的局勢。波斯視希臘為仇敵，因此若是雅典和斯巴達繼續分裂的話對他們更有利。所以，當雅典占優勢時，波斯便金援斯巴達，而斯巴達崛起時便援助雅典，煽動希臘人互相對立。

如此一來，儘管斯巴達厭棄貨幣經濟，還是無法阻止貨幣經濟的侵入。於是，財富集中在少數有錢人手中，貧富差距擴大，最後戰士階級沒落，失去了過去的地位。

整個希臘世界瀰漫著重視個人利益勝過城邦全體利益的氛圍，社會撕裂，曾經從軍守衛國家的公民大多賣掉土地，家道中落，城邦只好用錢雇用傭兵上戰場作戰。國防力大幅衰落的希臘世界，終於被新興起的馬其頓吞併。

亞歷山大大帝
傳播希臘貨幣

🌾 錢幣上也留下亞歷山大大帝的痕跡

　　馬其頓帝國吞併了日暮途窮的希臘，國王**亞歷山大大帝**繼承了父親統治希臘全境的戰績，決心**遠征東方**。他滅了波斯帝國，建立邊境直趨印度的龐大帝國。**亞歷山大大帝在帝國內使用希臘的「德拉克馬」貨幣，因此希臘貨幣也流通到了亞洲**（後來，伊斯蘭世界的貨幣單位「迪拉姆」，其語源便是來自「德拉克馬」，直到現在還有兩個國家使用「迪拉姆」）。

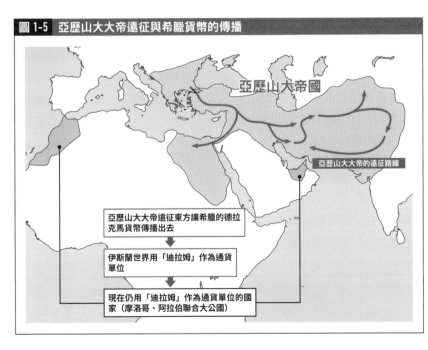

圖 1-5　亞歷山大大大帝遠征與希臘貨幣的傳播

亞歷山大大帝遠征東方讓希臘的德拉克馬貨幣傳播出去

↓

伊斯蘭世界用「迪拉姆」作為通貨單位

↓

現在仍用「迪拉姆」作為通貨單位的國家（摩洛哥、阿拉伯聯合大公國）

第1章 西亞地區、希臘、商朝、

第2章 秦朝、漢朝、羅馬帝國、

第3章 與伊斯蘭教的誕生隋朝、唐朝

第4章 蒙古帝國與商業復興

第5章 與明朝地理大發現

第6章 荷蘭、英國的繁榮與大西洋革命

第7章 帝國主義工業發展與

第8章 兩次大恐慌與經濟大恐慌

第9章 冷戰下的經濟

第10章 全球化與經濟危機

將貝殼當作錢幣的商朝

與錢有關的漢字都有「貝」字邊的原因

　　說到「錢的起源」，雖然美索不達米亞的銀幣和呂底亞用的金幣都十分有名，但是在古代中國也找到了「錢的起源」。人們發現，中國古代的商朝使用貝殼來作為貨幣。

　　這些用來當作貨幣的貝殼來自東南亞等熱帶海洋，地處中國黃河流域的商朝並沒有這種貝殼，因此貝幣具有稀少性。現在，「財」、「買」、「貨」等與金錢相關的漢字都含有「貝」字邊，就是源自於此。

圖 1-6　使用貝殼貨幣的商朝

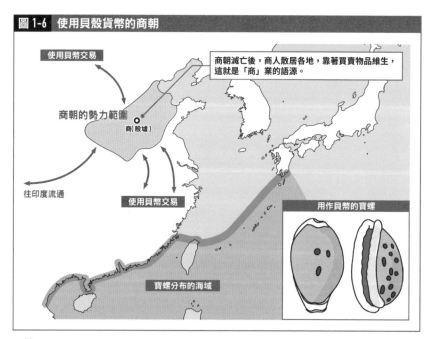

使用貝幣交易

商朝滅亡後，商人散居各地，靠著買賣物品維生，這就是「商」業的語源。

商朝的勢力範圍
商（殷墟）

往印度流通

使用貝幣交易

用作貝幣的寶螺

寶螺分布的海域

第 2 章

相連結的
古代帝國

羅馬帝國、秦朝、漢朝

（西元前3世紀～西元3世紀）

第 2 章 羅馬帝國、秦朝、漢朝　概述

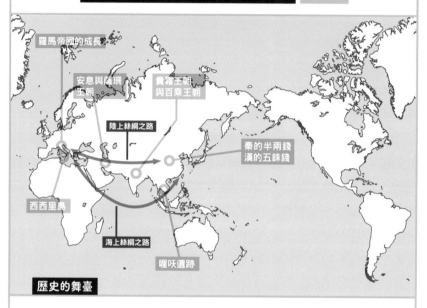

羅馬帝國的成長

安息與薩珊王朝

貴霜王朝與百乘王朝

陸上絲綢之路

秦的半兩錢漢的五銖錢

西西里島

海上絲綢之路

喔哇遺跡

歷史的舞臺

貿易路線將
東西大國連結起來

　　這個時代「西方」的主角是羅馬帝國。羅馬成為圍繞地中海的大帝國，發展貨幣經濟的同時，卻也因為接二連三的戰爭使得社會結構漸趨空洞。至於「東方」的主角是中國的秦、漢王朝。這兩個王朝的時代，統一了中國的鑄幣，推展貨幣經濟化。東西兩大帝國之間貿易活絡，位處中間的中東和印度王朝也隨之繁榮。從亞洲各地都能發現羅馬鑄幣的存在，也可窺知東西兩國交流的頻繁。

第2章 【羅馬帝國、秦朝、漢朝】章節架構圖

第1章 西亞地區、希臘、商朝、

第2章 羅馬帝國、秦朝、漢朝、

第3章 伊斯蘭教的誕生與隋朝、唐朝

第4章 商業復興與蒙古帝國

第5章 地理大發現與明朝

第6章 荷蘭、英國的繁榮與大西洋革命

第7章 工業發展與帝國主義

第8章 兩次大戰與經濟大恐慌

第9章 冷戰下的經濟

第10章 全球化與經濟危機

先史・前4

第1章 西亞地區、希臘、商朝

前3

第2章 羅馬帝國、秦朝、漢朝

歐洲　中東　印度　東南亞　中國

3・4・10

第3章 伊斯蘭教的誕生與隋朝、唐朝

11・14

第4章 商業復興與蒙古帝國

15・16

第5章 地理大發現與明朝

歐洲　羅馬皇帝命人將肖像刻在錢幣上，用於統治。羅馬停止擴張時，社會結構出現「空洞化」的現象。

中東　伊朗的大國安息帝國、薩珊王朝陸續興起，這些國家因為位在連結東西的絲綢之路上而繁榮。

印度　印度位於陸上貿易路線「陸上絲綢之路」與海上貿易路線「海上絲綢之路」的交差點，南北兩王朝都靠著和羅馬的貿易而興盛。

中國　統一中國的秦朝與漢朝，藉由統一貨幣將中國統合為一。漢朝的貨幣後來流通了近 700 年。

羅馬擷取希臘的貨幣經濟壯大自我

 「面積」不斷擴張的羅馬

亞歷山大大帝建立橫跨東西的大帝國，同時義大利半島上的城邦國家羅馬也不斷壯大。

希臘國土狹窄，不適合大規模的農業，所以尤其重視商業交易，相較之下，**羅馬是個將重心放在農業的國家，羅馬發展過程的一大特色在於他們從接壤的敵國掠奪土地，納入自己的統治範圍，逐步擴大國土面積。**

另一方面，貨幣經濟也在國家成長的過程中滲透到整個社會。義大利南部的涅阿波利斯是希臘人建立的殖民城邦（即現在的拿坡里。把「涅阿波利斯」唸快一點的話就會變成「納波利斯」，與拿坡里讀音相近），所以它們比羅馬更早開始使用希臘的德拉克馬貨幣。因此，羅馬將涅阿波利斯收入版圖後，也採納了他們的貨幣經濟系統。

初期羅馬貨幣上刻的圖案，大多是與羅馬建國相關的神話或馬拉「戰車」等有關羅馬擴張、建國與戰爭的圖像。

對羅馬來說，貨幣的作用具有共享國家理念以及將國家團結一致的「廣告」效果。

 羅馬從占領西西里島開始國力飛躍

羅馬統一義大利半島之後，接著就開始與強敵作戰。這個強

敵，就是在地中海建立龐大勢力的腓尼基人國家：迦太基。

迦太基與羅馬有過三次激烈戰役，稱為「布匿克戰爭」。在第一次布匿克戰爭中，羅馬占領了西西里島，第一次取得了義大利半島之外的領地，於是西西里島便成為羅馬第一個行省（義大利半島之外的國土）。

對羅馬而言，獲得西西里是飛躍般的一大步。西西里島是重要的農業地帶，生產小麥、柑橘類、橄欖和葡萄，在之後成為「羅馬的穀倉」，支持著帝國的發展。小麥、檸檬、橄欖等西西里島的物產，也都是「義大利菜」不可或缺的食材。

羅馬在第二次和第三次布匿克戰爭中都擊敗了迦太基，躍升為征服整個地中海周邊的國家。

第1章 希臘、西亞地區、商朝、

第2章 羅馬帝國、秦朝、漢朝、

第3章 伊斯蘭教的誕生與隋朝、唐朝、

第4章 商業復興與蒙古帝國

第5章 地理大發現與明朝

第6章 荷蘭、英國的繁榮與大西洋革命

第7章 工業發展與帝國主義

第8章 兩次大戰與經濟大恐慌

第9章 冷戰下的經濟

第10章 全球化與經濟危機

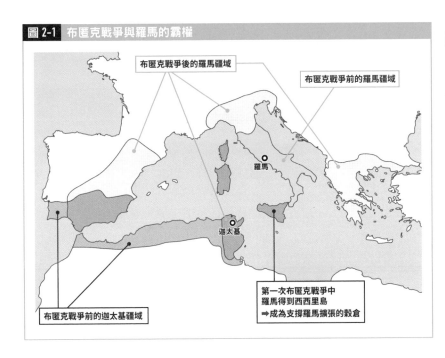

圖 2-1　布匿克戰爭與羅馬的霸權

布匿克戰爭後的羅馬疆域

布匿克戰爭前的羅馬疆域

羅馬

迦太基

布匿克戰爭前的迦太基疆域

第一次布匿克戰爭中
羅馬得到西西里島
➡成為支撐羅馬擴張的穀倉

逐步晉升為「帝國」的羅馬

 擴大版圖的羅馬，面臨「內部空洞化」

羅馬在布匿克戰爭之後也順利的擴大統治領域，但是這個狀況也讓羅馬出現從內部開始衰弱的隱憂。

版圖擴大的羅馬陸續將西西里島、埃及、高盧（現在的法國）等生產力高的地區納為行省，低廉的穀物因而從生產力高的地區大量流入羅馬。

義大利半島農民同時也是羅馬軍的主力，經常需要拿起武器投入戰爭，有時甚至得離開耕作地從軍好幾年。但是，農地不整理很快就會荒廢，這些農民每次從戰地歸來，就必須曠日費時的除草、重新耕種。最後，義大利半島農地的作物成本也大幅升高。

再者，由於行省的廉價穀物源源不絕的流入，所以在「價格競爭」方面，也對義大利半島的農民不利。他們漸漸放棄了耕地，不再從事農業。

於是，這些荒廢的耕地落入了富人們的手中。他們低價收購中小農民放棄的土地，再命令從戰爭中獲得的奴隸下田耕作，經營奴隸制的大規模「莊園」。由於羅馬在戰爭中屢戰屢勝，於是莊園面積不斷擴大，也取得了大量的奴隸，因此花在奴隸上的費用節節下降，自然也能以低價供應農作物。

行省的廉價農作物持續流入，義大利半島農民必須與奴隸生產的廉價產品進行「價格競爭」，生活因此更加艱困。最後，身為義大利半島「產業基礎」的農民在競爭中落敗並且失去工作，只好抱

著「也許到了都市就能生活下去」的心態，流入都市討生活。

羅馬的掌權者為了平息這些「失業農民」的不滿情緒，於是被迫採取安撫的手段，提供他們食物、娛樂，即所謂的「麵包與馬戲」，以防止農民叛亂。（譯注：麵包與馬戲原文為 panem et circenses，意指溫飽與娛樂，源自於羅馬詩人尤維納利斯的諷刺詩詞）。

此外，中小農民必須擔任重裝步兵上戰場作戰。中小農階級沒落，變賣土地到都市去生活，意味著從軍士兵的總人數也在減少。羅馬的軍力衰退，用錢雇用的傭兵增加，表面上看來羅馬好像順利的擴張國土，成為環地中海的強盛大國，但是，實際上內部卻已經出現「基礎產業變成空殼」的現象。

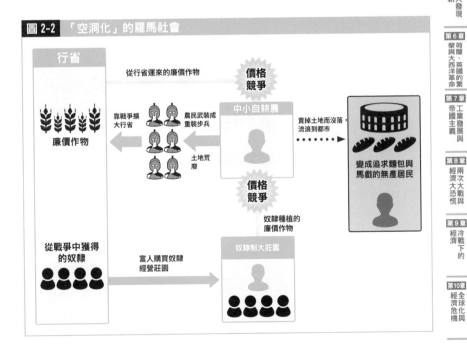

圖 2-2　「空洞化」的羅馬社會

第1章　西亞地區、希臘、商朝、

第2章　羅馬帝國、秦朝、漢朝、

第3章　伊斯蘭教的誕生與隋朝、唐朝

第4章　商業復興與蒙古帝國

第5章　地理大發現與明朝

第6章　荷蘭、英國的繁榮與大西洋革命

第7章　工業發展與帝國主義

第8章　兩次大戰與經濟大恐慌

第9章　冷戰下的經濟

第10章　全球化與經濟危機

羅馬從沒有領袖的「共和政體」轉移到由一位「皇帝」治理的「帝國政體」，在轉型的過程中，出現了少數掌權者統治的「三雄政治」架構。然而在「三雄政治」時期，羅馬的貨幣發生劃時代的變化，開始這個轉變的就是開創三雄政治的**龐培**和**凱撒**。

羅馬貨幣上的圖案據說有數萬種，據說這種做法的濫觴便是龐培將自己的名字刻在貨幣上，以及凱撒在貨幣上刻下自己的頭像。

過去以共和政治為原則的羅馬，從來沒有發生過「把在世的人物名字或頭像刻在貨幣上」的慣例，不如說以前的羅馬排斥將權力集中在個人身上，甚至禁止在世的人物出現在貨幣上。

凱撒為了避免引起公民的反感，將自己描繪成羅馬的大祭司，而不是「掌權者」。但是，正因為凱撒做了打破規則的「領頭羊」，後來的羅馬便開始盛行在皇帝登基後將自己的肖像畫鑄造於錢幣上。

有些皇帝會將自己的肖像畫鑄造在前任皇帝肖像的背面，展現帝位繼承的正統性，或是在錢幣背面描繪自己的豐功偉績和羅馬眾神，總之，羅馬皇帝們都在貨幣上發揮種種巧思，想方設法的展示自己的權力，為自己打「廣告」。

羅馬最廣為流通的貨幣是銀幣；最為人熟知的代表性貨幣則是「第納里烏斯」銀幣，重量約 4 克。雖然羅馬人也會鑄造金幣，不過價值太高，一般作為「儲蓄用」，流通性並不高。但是，在帝政後期由**君士坦丁大帝**所鑄造的金幣「索利都斯」因為純度高，成為中世紀標示價值的基準，也被稱為「中世紀的美金」。

羅馬停止擴張，步向衰微

從「奴隸」轉變為「佃農」

　　羅馬帝國並沒有無止境的擴大，他在帝政初期便已停止擴張，到了「軍人皇帝時代」和「君主制」時代，光是保持國境就已窮盡全力，此時，**帝國的經濟也出現了變化。**

　　羅馬無法再依靠戰爭擴大領土及獲取奴隸，同時，由於奴隸逃走、死亡，使得採行奴隸制的大莊園也無以為繼。所以，富人們稍微改善了原本迫使奴隸逃走或死亡的待遇，讓那些從沒落農民轉變

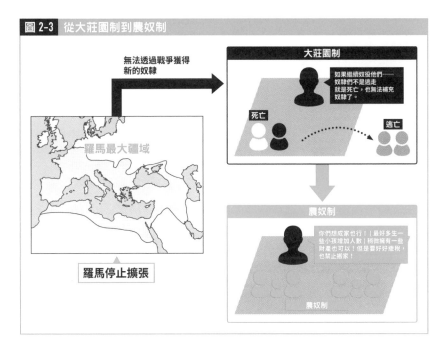

圖 2-3 從大莊園制到農奴制

無法透過戰爭獲得新的奴隸

大莊園制

如果繼續奴役他們……奴隸們不是逃走就是死亡，也無法補充奴隸了。

死亡

逃亡

羅馬最大疆域

羅馬停止擴張

農奴制

你們想成家也行！（最好多生一些小孩增加人數）稍微擁有一些財產也可以！但是要好好繳稅，也禁止搬家！

農奴制

第1章 西亞地區、希臘、商朝、

第2章 羅馬帝國、秦朝、漢朝、

第3章 伊斯蘭教的誕生與隋朝、唐朝

第4章 商業復興與蒙古帝國

第5章 地理大發現與明朝

第6章 荷蘭、英國的繁榮與大西洋革命

第7章 工業發展與帝國主義

第8章 兩次大戰與經濟大恐慌

第9章 冷戰下的經濟

第10章 全球化與經濟危機

為都市底層人口的公民，和長期受到苛刻奴役的奴隸們成為「佃農」。佃農擁有建立家庭、生養子嗣的自由（不如說佃農多子多孫，對富人而言是有利的），但是不能搬家，以「半奴隸」的形式從屬於所有者。這種「半奴隸式的佃農」叫做「農奴」。使用農奴耕作的「農奴制」土地體制取代了大莊園制。**這種「半奴隸式的佃農」就是中世紀社會「農奴」的起源。**

對鑄幣數量「灌水」的羅馬

羅馬停下擴張的腳步，於是羅馬的貨幣經濟也起了變化。以往羅馬靠著擴張國土發現了多座銀山，鑄造出質地精純的銀幣，但是不再擴張後就只能挖掘現有的銀山，於是銀礦也跟著漸漸枯竭。

但是，羅馬是一個巨大的國家，維持國家運作和軍事需要莫大的經費，因此，**他們將銀幣縮小，或減少錢幣的銀含量，以這種手法對銀幣的數量「灌水」**。後來還出現銀含量只有 5%，幾乎完全是以銅鑄成的銀幣。

以往羅馬的銀幣接近純銀，貨幣的價值就等於「銀」的金屬價值，但隨著銀含有率的降低，「硬幣本身的價值雖然降低了，但流通時代表的面額還是跟純銀幣一樣」。**換言之，「靠著羅馬帝國的『信用』，銀幣得以用高於金屬價值的『面額』流通」。**

但是，隨著長期發行品質低劣的硬幣，羅馬貨幣漸漸失去信用，出現物價上升（通貨膨脹）的情形，同樣的東西需要比以前更多的硬幣才能買到。羅馬經濟的混亂也成為衰亡的重要原因之一。

據守貿易路線的伊朗王朝

第1章
西亞、希臘、地區、商朝

第2章
羅馬帝國、秦朝、漢朝、

第3章
與隋朝、唐朝伊斯蘭教的誕生

第4章
蒙古帝國與商業復興與

第5章
與明朝地理大發現

第6章
榮與大西洋革命的繁荷蘭、英國的

第7章
帝國主義與工業發展與

第8章
經濟大恐慌與兩次大戰與

第9章
經濟冷戰下的

第10章
經濟危機與全球化與

在羅馬與中國之間發展的兩大王朝

我們把目光轉向中東，這段時期，伊朗陸續出現了安息帝國與薩珊王朝兩個國家。

安息帝國是游牧民族建立的國家，一面與羅馬對抗，同時因為**位於羅馬與中國之間，便以「路霸」的姿態，介入經過自己領土的絲綢貿易賺取利益。**

後來，安息帝國被薩珊王朝取代，薩珊王朝也據守著東西之間的貿易路線，建立起一大勢力。

圖 2-4　諸「大國」與陸上絲綢之路

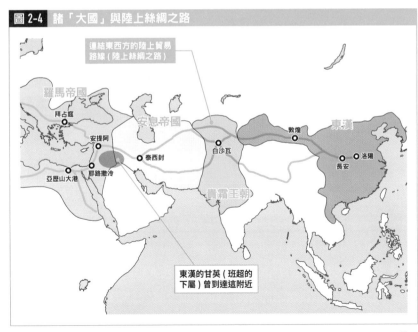

連結東西方的陸上貿易路線（陸上絲綢之路）

羅馬帝國
拜占庭
安提阿
亞歷山大港
耶路撒冷
泰西封
安息帝國
白沙瓦
貴霜王朝
敦煌
東漢
洛陽
長安

東漢的甘英（班超的下屬）曾到達這附近

依靠陸上貿易、海上貿易致富的兩大王朝

 金、銀從羅馬流入貴霜王朝

橫亙在中國與羅馬之間的還有另一個大國，就是印度的貴霜王朝。貴霜王朝利用海陸兩條貿易路線與羅馬進行密切的交易。印度生產的辛香料、象牙、棉布等頗受羅馬人的珍視，因此羅馬用大量的金錢進口貴霜王朝的物產。**羅馬的金、銀量不足而造成貨幣價值降低的原因之一，就是在與印度的貿易中流出太多貨幣所致。**

貴霜王朝取得大批的金幣及銀幣後，便參考羅馬的貨幣制度，大量發行等重的金幣和銀幣而為人所知。

 百乘王朝與希臘人的活躍

連結羅馬與中國的「大動脈」之一，就是經過安息王朝與貴霜王朝的陸上貿易路線，又稱為「陸上絲綢之路」。另一條「大動脈」則是名為「海上絲綢之路」的海上貿易路線。

南印度的百乘王朝位於向印度洋突出的「印度次大陸」上，由於領土橫亙東西，自然處於「東西交會點」的位置。它和北印度的貴霜王朝一樣，靠著辛香料、寶石、香料、棉布等貿易而繁榮。而希臘商人活躍於印度洋的貿易路線，希臘雖然受羅馬統治，但是保留了海上貿易的傳統和航行技術，為羅馬開闢了貿易的路線。據傳是由希臘人撰寫的《愛利脫利亞海周航記》中就詳細記述了印度洋沿岸的各都市和交易商品，是十分珍貴的史料。

東南亞成為海上絲綢之路的「十字路口」

第1章
西亞地區、
希臘、商朝、

第2章
羅馬帝國、
秦朝、漢朝

第3章
與隋唐教的誕生
朝、唐朝

第4章
商業復興與
蒙古帝國

第5章
與明大發現
朝、地理

第6章
榮與大西洋革命
荷蘭、英國的繁

第7章
帝國主義
工業發展與

第8章
經濟大恐慌與
兩次大戰與

第9章
經濟冷戰下的

第10章
經濟危機與
全球化與

在東南亞發現的羅馬金幣

　　東南亞自古就擔當海上絲綢之路「十字路口」的角色，當地從肉豆蔻等辛香料，到白檀、沉香等香料、象牙及犀牛角等珍貴物產繁多，中國的各代皇帝也都渴望取得這些東南亞的珍奇物產。而在東南亞最早建國的扶南，其海港的喔呋遺跡中，便出土了中國東漢時代打造的銅鏡與印度的佛像，以及用羅馬金幣改造的獎牌。**由此可見東南亞是連繫東西的「海上十字路口」。**

圖 2-5 連結東西方的「海上絲綢之路」

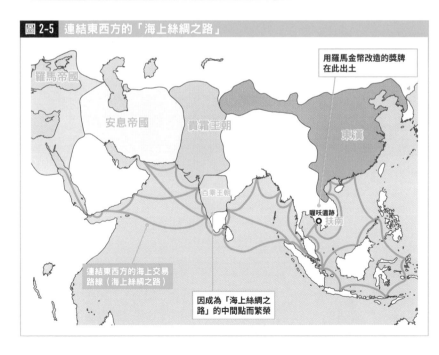

用羅馬金幣改造的獎牌在此出土

羅馬帝國

安息帝國

貴霜王朝

東漢

百乘王朝

喔呋遺跡
扶南

連結東西方的海上交易路線（海上絲綢之路）

因成為「海上絲綢之路」的中間點而繁榮

中國也有鑄幣的歷史

 在中國，銅幣成為經濟的中心

　　商朝滅亡後，中國經歷了周朝，進入長期戰亂的「春秋戰國時代」。周朝奉農業之神為祖先，並以農業生產為經濟中心而聞名。

　　周朝的權威日漸式微，正式進入戰國時代。各國競相使用鐵製農具、疏引水道提高生產力，致力贏過其他國家。都市和商業也隨之蓬勃發展，這樣的經濟發展也促使各國發行各種式樣的青銅製貨幣。**相對於近東與希臘、羅馬都以金幣和銀幣為大宗，在中國則以**

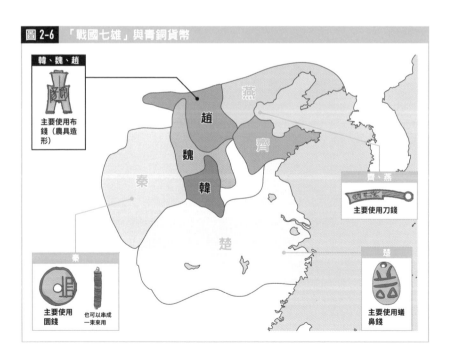

圖 2-6　「戰國七雄」與青銅貨幣

韓、魏、趙

主要使用布錢（農具造形）

趙

魏

韓

燕

齊

秦

楚

齊、燕

主要使用刀錢

秦

主要使用圓錢

也可以串成一束來用

楚

主要使用蟻鼻錢

青銅製的「銅幣」為流通的主要貨幣。

秦始皇統一貨幣

　　各國戰爭紛亂，直到秦朝的**始皇帝**統一天下。秦始皇出身於戰國時代的秦國，這個時代使用的是中央有方孔的圓形貨幣「圜錢」，之所以做成這種形狀，是為了讓繩子穿過中央的孔以便攜帶，而且將 100 個銅幣用繩子串成一串，就能把 100 個銅幣當成一個單位，像現在的鈔票束一樣方便計算。另一方面，其他國家使用的貨幣則是打造成刀或農具的形狀，方便性低於秦國的方孔圓錢，因此在貨幣經濟的發展上也落後於秦國。**貨幣形狀的優勢，也是始皇帝的統一事業之所以成功的原因之一。**

　　統一中國後，始皇帝還將戰國時代各國不同的物品單位、道

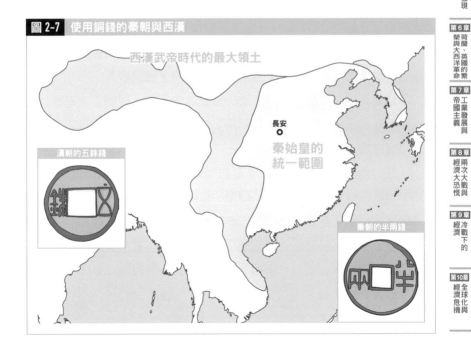

圖 2-7　使用銅錢的秦朝與西漢

西漢武帝時代的最大領土

漢朝的五銖錢

長安

秦始皇的
統一範圍

秦朝的半兩錢

第1章
西亞地區、
商朝、希臘

第2章
羅馬帝國、
秦朝、漢朝

第3章
伊斯蘭教的誕生、
隋朝、唐朝

第4章
商業復興與
蒙古帝國

第5章
地理大發現
與明朝

第6章
荷蘭、英國的繁
榮與大西洋革命

第7章
工業發展與
帝國主義

第8章
兩次大戰與
經濟大恐慌

第9章
冷戰下的
經濟

第10章
全球化與
經濟危機

路、文字等度量單位加以「統一」，貨幣也是這個統一事業的一環，於是秦始皇發行的貨幣也跟著流通到全中國各地。

秦始皇所發行的貨幣，是一種稱作「半兩錢」的銅幣。「一兩」是重量的單位，約 16 克。「半兩錢」就表示銅幣的重量為 8 克，它的特色就是以重量作為貨幣的單位。同樣以「重量」為貨幣單位的還有英國的「英鎊」。

流通多年的西漢五銖錢

短命的秦朝結束後，建立起長期政權的是人稱西漢、東漢的「漢朝」。西漢時代的**武帝**則發行了名為「五銖錢」的貨幣。

「五銖」和秦的「半兩錢」一樣，是重量單位的一種，五銖約為 3.35 克。西漢時代共發行了超過 250 億枚五銖錢銅幣，它也和羅馬銀幣一樣，在使用期間面臨品質下降、重量有所改變，不過它還是流通了將近 700 年，一直使用到唐朝初期。武帝時漢朝的領土擴展到朝鮮、越南以及中亞等地，但屢屢出兵的軍事費用全靠**採取鐵、鹽、酒「專賣制」，壟斷生意才取得了國家收入。**

西漢與東漢之間曾經出現過一個短命的王朝「新朝」。它採行極端的復古政治，恢復使用商朝的貝幣，造成經濟混亂，直到東漢建立後經濟才回到穩定。

在政治上，東漢的幾位皇帝都年幼夭折，因此政局十分不安定，但是在經濟上，與羅馬、印度、東南亞相結合，形成了大範圍的經濟圈。為了銷售主力商品：絲綢織品，東漢派遣**甘英**到西方尋找直達羅馬的貿易路線，但是這項嘗試失敗了，甘英受到安息帝國的阻撓，沒能到達羅馬。不過，東漢王朝仍以和東南亞、印度之間的熱絡貿易而聞名。

第3章

伊斯蘭世界
與印度洋

伊斯蘭教的誕生與隋朝、唐朝

（4世紀～10世紀）

第3章 伊斯蘭教的誕生與隋朝、唐朝　概述

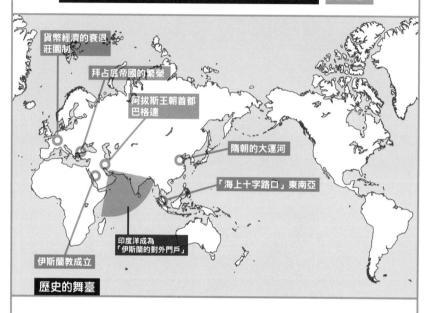

貨幣經濟的衰退
莊園制

拜占庭帝國的繁榮

阿拔斯王朝首都
巴格達

隋朝的大運河

「海上十字路口」東南亞

印度洋成為
「伊斯蘭的對外門戶」

伊斯蘭教成立

歷史的舞臺

印度洋是伊斯蘭世界
的外玄關

　　盛極一時的羅馬帝國分裂因而喪失勢力，貨幣經濟在歐洲暫時衰退。中東方面，伊斯蘭教創立，伊斯蘭商人大展身手。尤其是阿拔斯王朝將首都遷到接近印度洋的巴格達，伊斯蘭商人發揮本領的舞臺也因此大幅擴展到印度洋全域。在中國，隋朝時代開鑿了連貫南北的大運河，後來的王朝皆蒙受這項建設的恩惠。中國商人與伊斯蘭商人在東南亞往來交融，讓這個地區成為熱鬧的「海上十字路口」。

第1章
希臘、西亞地區、商朝、

第2章
秦朝、羅馬帝國、漢朝、

第3章
伊斯蘭教的誕生與隋朝、唐朝

第4章
商業復興與蒙古帝國

第5章
與明朝地理大發現

第6章
與英國的榮景荷蘭、大西洋革命

第7章
帝國主義工業發展與

第8章
經濟大恐慌兩次大戰與

第9章
經濟冷戰下的

第10章
經濟危機與全球化

第3章 【伊斯蘭教的誕生與隋朝、唐朝】章節架構圖

先史
前4

| 第1章 | 西亞地區、希臘、商朝 |

前3
3

| 第2章 | 羅馬帝國、秦朝、漢朝 |

4

| 第3章 | 伊斯蘭教的誕生與隋朝、唐朝 |

| 歐洲 | 中東 | 東南亞 | 中國 | 日本 |

10

11
14

| 第4章 | 商業復興與蒙古帝國 |

15
16

| 第5章 | 地理大發現與明朝 |

歐洲

中世紀黑暗時期，貨幣經濟在西歐暫時衰退，回到以物易物的時代。此外，莊園制建立，開始出現「農奴」階層。相對的，東方的拜占庭帝國邁向安定的繁榮期。

中東

伊斯蘭教創立，出現奧瑪雅王朝和阿拔斯王朝等大規模的國家。阿拔斯王朝遷都巴格達，伊斯蘭商人在印度洋大展身手。這個時代，會計技術也大幅度進步。

中國

隋朝開鑿了大運河，後來的朝代也運用它作為物流的「大動脈」，成為中國經濟的基礎。歷時悠久的唐朝，貨幣經濟更加發達，開始懂得將現金以票據的形式來運送。

西歐的混亂
與拜占庭帝國的繁榮

📖 中世紀的「混亂時期」貨幣經濟衰微

羅馬帝國分裂後，歐洲進入漫長的「中世紀」時代。中世紀前期的歐洲，是日耳曼人等各種民族遷徙的舞臺，諸多國家誕生又滅亡，形成了一段「混亂時期」。

在日耳曼人建立的諸國中獨占鰲頭的**法蘭克王國建國後，貨幣經濟終於復活，但是一般百姓階級還是以自給自足的「以物易物」經濟為中心，「退回」到貨幣經濟之前的世界**。雖然交易熱絡，但是羅馬帝國時代大範圍交易網絡的規模下降，轉變為以鄰近的交易為中心。

📖 被加諸各種負擔的農奴們

中世紀時代，以羅馬帝國末期的土地架構「農奴制」為基礎，「莊園制」逐漸成形。附庸得到領主封賞的土地，開闢土地經營「莊園」。

在莊園耕作的農民稱為「農奴」，農奴從一出生開始就被課以種種稅賦，直到嚥下最後一口氣為止。

農奴必須無償的耕種領主擁有的土地，這部分稱為「勞役」，耕種的收穫必須全部上繳領主，而且農奴還必須為分配到的土地向領主「納貢」。結婚或死亡時，也必須繳結婚稅和死亡稅，另外還有烤麵包窯的使用費以及其他各種各樣的稅賦。此外，還必須將收

成的 10%交給教會，這種稅稱為「十分之一稅」。

第1章
希西臘亞、地商區朝、、

第2章
秦羅朝馬、帝漢國朝、、

第3章
與伊隋斯朝蘭、教唐的朝誕生

第4章
商蒙業古復帝興國與

第5章
與地明理朝大發現

第6章
榮與大西國洋的革繁命、、荷蘭、英

第7章
帝工國業主發義展與

第8章
經兩濟次大大恐戰慌與

第9章
經冷濟戰下的

第10章
經全濟球危化機與

走向繁榮盛世的拜占庭帝國

在西歐陷於中世紀前期混亂時期的同時，橫跨東歐到西亞的拜占庭帝國（東羅馬帝國）卻迎來了繁榮的盛世。

拜占庭帝國的首都君士坦丁堡（現在的伊斯坦堡）位於歐洲與亞洲的接口，形成連接歐洲與亞洲各都市的交會點。各國的文化、資訊匯聚於此，在拜占庭帝國皇帝的統治下，商業與貨幣經濟都蓬勃發展。

拜占庭帝國鼎盛時期的皇帝**查士丁尼大帝**從中國輸入蠶卵並鼓勵養蠶，將絲織品作為主要產業。在查士丁尼大帝時代，拜占庭帝國發展成環繞地中海的大帝國，並因為派遣長距離貿易船到現在的英國附近一帶而聞名。

圖 3-1 封建制、莊園制與中世紀歐洲國家

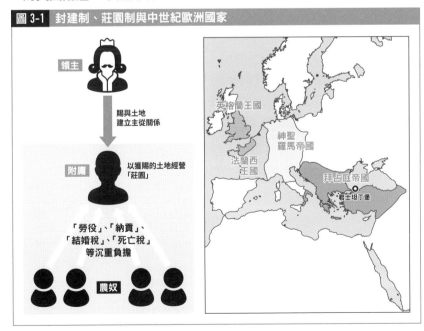

領主

賜與土地
建立主從關係

附庸

以獲賜的土地經營
「莊園」

「勞役」、「納貢」、
「結婚稅」、「死亡稅」
等沉重負擔

農奴

英格蘭王國

神聖
羅馬帝國

法蘭西
王國

拜占庭帝國

君士坦丁堡

大型宗教因經濟因素而誕生

「貧富差距」孕育出世界宗教

伊斯蘭教被列為世界三大宗教之一，信徒的分布以西亞和東南亞等地為中心，現在共有 18 億人。這個大型宗教的成立的背景其實也與經濟因素有關。

在安息帝國之後，從事農耕的伊朗人在西亞建立了一個新的國家，名為薩珊王朝。

薩珊王朝和安息帝國一樣，控制著東西方的貿易路線，並且征服了北印度的貴霜王朝而成為繁榮的國家。

圖 3-2　形成伊斯蘭教的大國抗爭

君士坦丁堡

拜占庭帝國

拜占庭

商人無法通過抗爭地區

薩珊

薩珊王朝

泰西封

麥地那

商人網路

麥加

東西方產物集中
↓
阿拉伯半島西岸發達

→

貧富差距擴大
↓
主張「在神面前人人平等」的伊斯蘭教創始

來自「海上絲綢之路」的商品

第1章 希臘、西亞地區、商朝、

第2章 秦朝、羅馬帝國、漢朝、

第3章 與隋朝、唐朝 伊斯蘭教的誕生

第4章 蒙古帝國 商業復興與

第5章 與明朝 地理大發現

第6章 榮與大西洋革命 荷蘭、英國的繁

第7章 帝國主義 工業發展與

第8章 經濟大恐慌與 兩次大戰與

第9章 經濟 冷戰下的

第10章 經濟全球化 危機與

在薩珊王朝的西邊，存在著同樣進入鼎盛期的拜占庭帝國。而且，薩珊王朝與拜占庭帝國互相敵對，多次激烈對戰。由於兩者之間長年戰爭的關係，連結東西方的「陸上絲綢之路」也因而中斷。

所以，**阿拉伯半島西部的「漢志地區」就成了商人們避開戰火的必經路線。這個地方不只是「陸上絲綢之路」的替代路徑，也位在「海上絲綢之路」的路線上，因此歐洲、印度、東南亞、中國的產物全都匯集於此。**而漢志地區最繁榮的中心都市，便是麥加。

一般來說，**城市或國家越富足，貧富差距也會跟著擴大。**麥加也不例外，有人獨占貿易所獲得的財富，因此社會中富人與窮人之間便產生了隔閡。

穆罕默德就是在這樣的社會背景下出現的。他受到神的啟示而創立了伊斯蘭教，提倡在神的面前信徒皆為平等。獨占財富的富有商人們雖然想盡辦法迫害倡導「平等」的穆罕默德，但是他的思想漸漸傳播開來，終於整個阿拉伯半島都披靡在他的教義之下。

因為稅制不平等而滅亡的奧瑪雅王朝

穆罕默德死後，在他的繼承者中被稱為「正統哈里發」的領導者擴大了伊斯蘭教的範圍，於是，世襲王朝奧瑪雅王朝建立，使得伊斯蘭教更加擴展。

奧瑪雅王朝以敘利亞的大馬士革為據點，統治著從伊比利半島到西印度的廣大疆域，傲視歐亞地區。但是因為稅制的不平等，百姓的不滿日益高漲，最後導致國家滅亡。奧瑪雅王朝時期，對於同樣是伊斯蘭教徒的人民，阿拉伯人的稅賦較輕，其他地區的民族卻被課以人頭稅和地租等稅賦。民族之間的差別待遇違背了伊斯蘭高唱平等的理念，人們的不滿逐漸升高，因此引發了革命。

伊斯蘭世界成為
世界經濟中心

連結地中海與印度洋的阿拔斯王朝

　　阿拔斯王朝是藉由主張稅制平等的革命而成立的王朝，所以規畫了統一的稅制，所有的人民不論宗教、種族都必須繳納地租，而伊斯蘭教以外的異教徒，則是在地租之外再加上人頭稅。

　　除了稅制之外，阿拔斯王朝也為伊斯蘭世界的經濟帶來很大的變化，那就是**阿拔斯王朝將首都從過去奧瑪雅王朝的首都大馬士革，遷到了巴格達。**

　　從下面的地圖就可以了解，巴格達的位置相當於印度洋的「扇

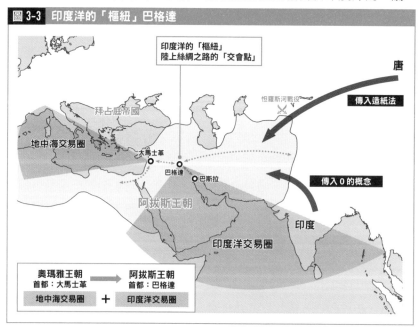

圖 3-3　印度洋的「樞紐」巴格達

印度洋的「樞紐」
陸上絲綢之路的「交會點」

唐

傳入造紙法

拜占庭帝國

地中海交易圈

怛羅斯河戰役

大馬士革

巴格達　巴斯拉

傳入 0 的概念

阿拔斯王朝

印度

印度洋交易圈

奧瑪雅王朝　　→　　阿拔斯王朝
首都：大馬士革　　　　首都：巴格達
地中海交易圈　　+　　印度洋交易圈

第1章
希臘、商朝、西亞地區

第2章
秦朝、羅馬帝國、漢朝

第3章
與隋朝、唐朝
伊斯蘭教的誕生

第4章
蒙古帝國與商業復興與

第5章
與明朝
地理大發現

第6章
榮與大西洋革命的繁
荷蘭、英國的

第7章
帝國主義
工業發展與

第8章
經濟大恐慌與
兩次大戰

第9章
經濟
冷戰下的

第10章
經濟危機與
全球化與

柄」處，也是過去安息帝國、薩珊王朝等伊朗王朝經營的貿易路線「陸上絲綢之路」所通過的地方。

過去的首都大馬士革位在臨近地中海的敘利亞，商人的貿易網也將重心放在地中海地區。**將伊斯蘭的重心從敘利亞轉移到伊拉克，代表伊斯蘭的對外門戶也從地中海轉變為印度洋，於是出現了連接著地中海與印度洋經濟圈的廣大伊斯蘭經濟圈。**

當時巴格達的人口超過 150 萬人，與唐朝首都長安一樣，都是繁榮的世界中心。

伊斯蘭文學最偉大的傑作《一千零一夜》中，巴格達便是故事的主要舞臺，其中的主角水手辛巴達更是活躍於印度洋上的巴格達商人之一。

助長會計技術發展的「數字」與「紙」

阿拔斯王朝也從印度和中國得到了兩件「革命性」的產物。一件是印度創造的「零的概念」，另一件是在與中國唐朝的戰爭中取得的「造紙法」。

從印度傳入的零的概念和位值記數法誕生出了「阿拉伯數字」。過去的「羅馬數字」因為沒有代表「零」的數字，所以不能「進位」，但有了「零」就能用數字的位置表現出位數。這個系統可以記載、計算大的金額和數量，也讓商業交易更加順暢。

另外，「紙張」的製造方法也從中國傳入。阿拔斯王朝在怛羅斯河戰役中戰勝唐朝，俘虜了唐朝的製紙工人，因而取得了造紙的技術。

「數字」與「紙」帶來各種會計技術的發展，進而擴大了阿拔斯王朝的經濟規模。權威性的觀點認為，簿記、匯票、支票等沿用至現代的種種會計技術都源自於阿拔斯王朝。

穆斯林商人與中國商人聚集的東南亞

兩種船隻在東南亞交會

　　阿拔斯王朝的穆斯林商人（伊斯蘭教徒又稱為「穆斯林」）積極拓展印度洋市場的同時，中國唐朝商人也開始著力於海上交易，中國南方揚州和廣州的航船頻繁前往南方。穆斯林商人使用的是三角帆的阿拉伯帆船，中國商人駕駛的則是張掛四角帆的戎克船。

　　阿拉伯帆船與戎克船兩種式樣的船隻在東南亞的港口交會，可以想見那裡會是多麼熱鬧的「海上交會點」。

圖 3-4　海上交易路線與「海上交會點」東南亞

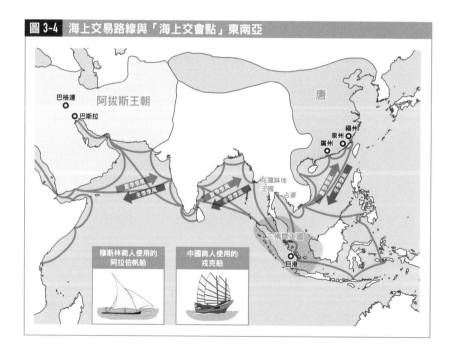

隋、唐對後來的中國經濟影響甚鉅

第1章
西亞地區、
希臘、商朝、

第2章
秦朝、漢朝、
羅馬帝國、

第3章
伊斯蘭教的誕生
與隋朝、唐朝

第4章
蒙古帝國
商業復興與

第5章
與明朝
地理大發現

第6章
榮與大西洋革命的繁
荷蘭、英國的

第7章
帝國主義
工業發展與

第8章
經濟大恐慌與
兩次大戰與

第9章
經濟冷戰下的

第10章
經濟危機與
全球化與

煬帝開鑿的物流「大動脈」

在中國，出現了隋、唐這兩個朝代，日本也曾派遣「遣隋使」及「遣唐使」前往。

東漢滅亡之後，中國進入了長期的分裂時代，直到隋朝才重新統一。隋朝相當短命，國祚只有 37 年，但是隋朝治世卻給後來的中國經濟帶來重大的影響。

所謂的影響便是隋朝第二任皇帝煬帝建設的「大運河」。過去

圖 3-5　隋朝的大運河

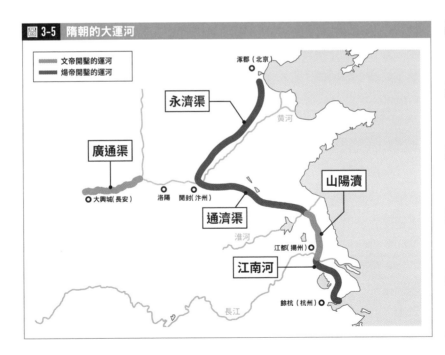

```
文帝開鑿的運河
煬帝開鑿的運河

涿郡（北京）

黃河

永濟渠

廣通渠

大興城（長安）　洛陽　開封（汴州）

通濟渠

淮河

山陽瀆

江都（揚州）

江南河

餘杭（杭州）

長江
```

的中國皇帝肯定也思考過「若能以運河連結黃河與長江就方便得多」的想法，但實際上開鑿運河工程浩大，需要莫大的預算和人力，所以沒有一個皇帝著手建設。煬帝下令開挖運河，代價是花費大量的預算及人力，因此招致反抗，導致隋朝最終的滅亡，煬帝也因此被封為「史上最殘酷的暴君」。

大運河的建設雖然讓隋朝快速滅亡，但是**大運河形成物流的「大動脈」，將北部政治中心與南部經濟中心相連結，也終於讓廣大的中國合為一體。**

後來的朝代都受惠於這條大運河，所以也有人認為，正因為煬帝選擇「扮黑臉」建設了運河，後來的朝代才能維持安定的政權。

🏮 國際文化百花齊放的唐朝

唐朝疆域廣大，東起朝鮮半島，西至現在的烏茲別克一帶，掌控了陸上絲綢之路的東半部，而陸上絲綢之路的終點站正是首都長安，西方的文化與物產源源不絕的傳入，東南亞和日本的貢品則從海上絲綢之路運達，國際的多元文化在此百花齊放。

🏮 唐朝財政困難與貨幣經濟的進展

唐朝擁有約 300 年的歷史，然而後半期卻處於長年的停滯與衰退。在唐朝強盛的前半期，周邊各國無不臣服，但是到了後半期唐朝國力衰退，敵對勢力與叛亂勢力頻繁出現，與這些反叛勢力作戰使軍費陸續增加，朝廷陷入財政困難。

而唐的稅制也隨之改變。前半期的稅制稱為「租庸調制」，是向分得土地的每個百姓課以定額的穀物和勞役。但是唐朝後期因財政困難而改採「兩稅法」，由國家事先制定預算，再將預算按「累

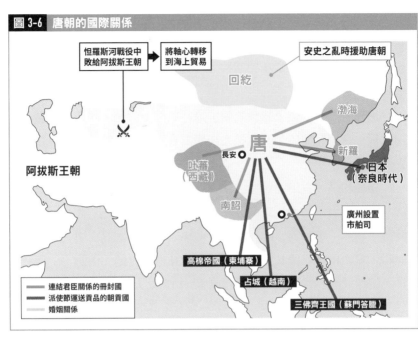

圖 3-6 唐朝的國際關係

恆羅斯河戰役中敗給阿拔斯王朝

將軸心轉移到海上貿易

安史之亂時援助唐朝

回紇

渤海

阿拔斯王朝

吐蕃（西藏）

長安

唐

新羅

日本（奈良時代）

南詔

廣州設置市舶司

高棉帝國（柬埔寨）

占城（越南）

三佛齊王國（蘇門答臘）

――― 連結君臣關係的冊封國
━━━ 派使節運送貢品的朝貢國
――― 婚姻關係

第1章 西亞、希臘地區、商朝、

第2章 秦朝、羅馬帝國、漢朝、

第3章 伊斯蘭教的誕生與隋朝、唐朝

第4章 蒙古帝國商業復興與

第5章 地理大發現與明朝

第6章 荷蘭、英國的繁榮與大西洋革命

第7章 工業發展與帝國主義

第8章 兩次大戰與經濟大恐慌

第9章 冷戰下的經濟

第10章 全球化與經濟危機

進稅制」的方式分配各個家庭，配合支付能力徵收稅賦。

由於軍費不斷擴大，預算也隨之增高，因此百姓所分配到的稅金增加，負擔加重。而且這種稅原則上是以貨幣來徵收，也就是說，**農民必須將生產的穀物賣給商人，換成錢去繳稅，而商人們當然會以賤價收購穀物。**農民為稅金增加而苦惱，商人卻從中得利。不過，透過將農作物換成金錢的過程，貨幣經濟也因此流通到百姓生活中的各個角落。

唐朝為了解決財政困難，將鹽改成專賣制，賺取的利益相當於市面行情的 10 倍，因此黑市私鹽橫行。政府加緊取締之餘，終於導致走私業者起兵造反，唐末的經濟也陷入混亂。

 唐朝是「海上絲綢之路」的終點站

唐朝的衰退對海上貿易也造成了影響，最初唐的貿易是在國家管制之下，以「周邊國家進貢」、「我朝賞賜周邊國家」的形式進行國與國間的貿易。當唐朝衰敗之後，管制廢弛，商人開始以個人名義參與貿易。

另外，透過「陸上絲綢之路」進行的陸上貿易，也在「怛羅斯河之役」中唐朝敗給伊斯蘭勢力後漸漸衰退。商人的目光於是投注到海上貿易。

揚州和廣州是海上貿易的據點，同時也因為身為海上絲綢之路的終點站而繁榮，大量東南亞和伊斯蘭地區的商人造訪此地。唐朝設置了名為「市舶司」的貿易監督機構，處理外國商人出入手續、徵稅，貨物檢查和違禁品取締等，功能類似現在的「海關」。據統計，唐朝末期時當地的外國居住者高達 12 萬人。

「用紙張運送現金」，票據的出現

在隋朝建設的大運河加持下，唐朝時代遠距離交易也開始活絡。商人將中國西北部的馬匹和岩鹽等物產輸往南方，南方的物產則輸往北方，其他許多物資也運到遠方買賣。

雖然貨幣經濟也同時擴展到社會的各個角落，但是當時主要的結帳方法仍然是銅錢。**銅錢有一定的重量，大量搬運會耗費極高的運輸成本，所以並不適合遠距離交易。**於是人們想到一個解決辦法，就是使用名為「飛錢」的匯票代替銅錢。商人將錢存在都市的大商家，領取相當於收據的半張票券，帶著它到目的地去。另外半張票券則另行送到目的地，兩張票券比對吻合時，商人就能從存錢的商家分店領出現金。雖然不太清楚當時是否可以把票據當成「紙幣」來買東西，但是**到了宋朝時，「以書面運送現金」的觀念也促成了紙幣的正式出現。**

連結草原的另一條「東西向道路」

游牧民族的遷徙與貿易

連結歐亞大陸的道路，除了「陸上絲路」和「海上絲路」外，還有另一條從蒙古高原經過阿爾泰山脈、哈薩克草原、南俄羅斯草原地帶的「草原絲路」。許多游牧民族在此地生活，東西方的物產也透過游牧民族的遷徙和交易被運送到各地。秦、漢時代匈奴和鮮卑等民族在此地興亡，唐朝時代是突厥和回紇，之後則是蒙古族，由於「陸上絲路」所經之地沒有定居的國家，因此從事貿易的「商業民族」粟特族（譯注：又稱為昭武九姓）商人大展才能。

圖 3-7　「草原絲路」與粟特族

63

日本也開啟貨幣的歷史

流通不廣的「和同開珎」

日本歷經了沒有貨幣存在的繩文時代與彌生時代後，來到飛鳥時代，貨幣也在日本出現了。最為人所知的是天智天皇時代發行的「無文銀錢」，和天武天皇時代發行的「富本錢」等，但是這些都沒有正式流通。

直到奈良時代初期發行的和同開珎才正式在市面流通，不過雖然說是正式流通，但是推動情況並不理想，朝廷於是發布「蓄錢敘位令」，**訂立只要存錢就給予官位的規定。但是，人們「儲蓄」的意願遠高於「使用」，所以反而沒有帶動和同開珎的流通。**再者，大寶律令之下整頓的稅制中，建立了上繳米糧的「租」，及繳納布匹或特產物的「庸」和「調」等等以物品繳稅的制度，所以貨幣經濟一直停滯不前。

最後，從奈良時代初期發行「和同開珎」到平安時代中期發行「乾元大寶」為止，日本在 250 年間發行了 12 種貨幣，但是都只在近畿一帶流通，因為缺乏錢幣的原料銅，到了最後，甚至只能做出大小不一、品質粗劣的貨幣。

在對外經濟方面，日本在奈良時代到平安時代初期經由遣隋使和遣唐使與中國貿易，但是到了平安時代中期停止遣使赴唐，民間層級的貿易則取而代之蓬勃發展。越來越多商人開始在日本使用唐朝貨幣，**這也是日後日本使用進口貨幣作為本國貨幣的開端。**

第 4 章

貨幣經濟
向前邁進

商業復興與蒙古帝國

（11世紀～14世紀）

第4章 商業復興與蒙古帝國 概述

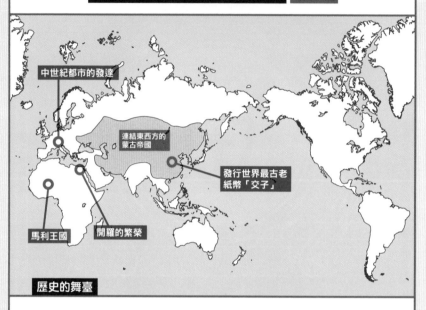

中世紀都市的發達

連結東西方的
蒙古帝國

發行世界最古老
紙幣「交子」

馬利王國

開羅的繁榮

歷史的舞臺

中世紀都市發展與
貨幣經濟的擴大

　　這個時期，在各個地域都能見到貨幣經濟的擴大。中世紀的歐
洲開始發展都市，埃及商人則在中東伊斯蘭世界裡大獲成功。而中
國在宋朝和元朝的治世下，貨幣經濟更加進步，也誕生了紙幣。蒙
古帝國創立後，世界更進一步的融合為一，商人往來於東西方，而
世界的融合，也將起源於中國的黑死病傳染到歐洲。中世紀後期氣
候寒冷，整個歐亞大陸陷入稱為「14世紀的危機」的狀況。

第4章 【商業復興與蒙古帝國】章節架構圖

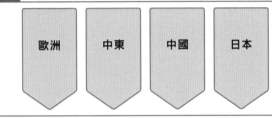

先史	
前 4	第1章 西亞地區、希臘、商朝
前 3	
3	第2章 羅馬帝國、秦朝、漢朝
4	
10	第3章 伊斯蘭教的誕生與隋朝、唐朝
11	第4章 商業復興與蒙古帝國

歐洲　中東　中國　日本

14	
15	第5章 地理大發現與明朝
16	

歐洲
十字軍東征後的歐洲，貨幣經濟復活、都市恢復發展，史稱「商業文藝復興」。中世紀後期，從中國傳入的黑死病與氣候的惡化產生所謂「14世紀的危機」。

中東
阿尤布王朝和馬穆魯克王朝成為伊斯蘭世界的中心，兩個王朝都以埃及的開羅為首都。一群被稱為卡里米商人的人們將印度與歐洲連結起來。

中國
北宋、南宋時期商業快速發展，貨幣的需求隨之高漲。為了滿足貨幣需要以及讓流通更順暢，中國開始發行紙幣。不過後來的元朝因為濫發紙幣，造成經濟混亂。

第1章 西亞地區、希臘、商朝、

第2章 秦朝、羅馬帝國、漢朝、

第3章 與隋朝、唐朝 伊斯蘭教的誕生

第4章 商業復興與 蒙古帝國

第5章 與明朝 地理大發現

第6章 榮與大西洋革命 荷蘭、英國的繁

第7章 帝國主義 工業發展與

第8章 經濟大恐慌 兩次大戰與

第9章 經濟 冷戰下的

第10章 經濟危機與 全球化與

貨幣經濟復活、都市發展的中世紀盛世

在十字軍東征的助力下，出現「商業復興」

基督教國家派遣「十字軍」遠征伊斯蘭勢力，為漫長的歐洲中世紀帶來了轉捩點。

中世紀前半的混亂告一段落後，西歐世界漸趨穩定。在轉趨溫暖的氣候加乘之下，農業生產力也隨之提升。人口飛速增長；商業復興之下都市跟著成長，形成了所謂的「商業復興」，各國也有了遠征國外的餘裕。

但在另一頭，伊斯蘭勢力不斷進逼東歐的拜占庭帝國，甚至有意占領基督教的聖地耶路撒冷。在這危急的狀況下，歐洲國王們紛紛響應羅馬教宗的呼籲出兵遠征，誓要奪回耶路撒冷。這些軍隊便是十字軍。

雖然十字軍最終以失敗收場，未能奪回耶路撒冷，但是卻對歐洲造成種種經濟上的影響。

留存至今的許多中世紀都市成為「世界遺產」

十字軍東征是一場大規模的軍事行動，動員了大量士兵，也需要龐大的物資。人和物的流量變多了，其必經的陸路和水路自然就會多加整建，購買軍需物資時也會用到貨幣。從現在的英國、德國，到出兵征討的目的地敘利亞、巴勒斯坦等地，物產這在廣大的範圍內川流不息。**十字軍東征帶動了交通建設、貨幣經濟復甦、長**

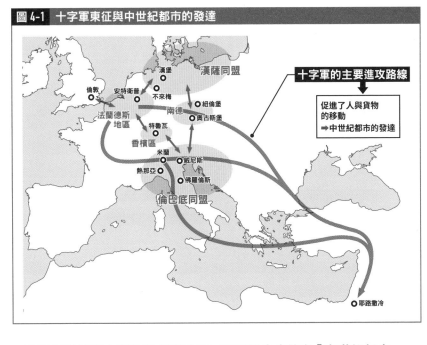

圖 4-1 十字軍東征與中世紀都市的發達

倫敦

安特衛普

漢堡

漢薩同盟

不來梅

紐倫堡

法蘭德斯地區

南德

奧古斯堡

特魯瓦

香檳區

米蘭

威尼斯

熱那亞

佛羅倫斯

倫巴底同盟

耶路撒冷

十字軍的主要進攻路線

促進了人與貨物的移動
➡中世紀都市的發達

第1章 西亞地區、希臘、商朝、

第2章 羅馬帝國、秦朝、漢朝、

第3章 伊斯蘭教的誕生與隋朝、唐朝

第4章 商業復興與蒙古帝國

第5章 地理大發現與明朝

第6章 荷蘭、英國的繁榮與大西洋革命

第7章 工業發展與帝國主義

第8章 兩次大戰與經濟大恐慌

第9章 冷戰下的經濟

第10章 全球化與經濟危機

途貿易發達等人與物的活絡交流，因而誕生出許多「中世紀都市」。

當時主要的經濟圈包括了以呂貝克和漢堡等地聞名的北德**漢薩同盟**，法國**香檳區**，奧古斯堡等南德各城市，以及米蘭、佛羅倫斯、威尼斯等北義大利的城市組成的**倫巴底同盟**等。現在，這些中世紀都市的大都市都成為歐洲代表性的古都而被列入世界遺產。

中世紀都市的商人與手工業者

城市內的工商業者設立了各種形式的組織，稱為「**行會**」（也稱作基爾特），「**商人行會**」是大商人為主的組織，擁有中世紀都市的行政權。相對的，工匠業者也組織了「**工匠行會**」。

商人是「販賣者」，工匠是「生產者」，所以，商人想盡辦法向手工業者用低價買進產品，相對的，手工業者也想把自己的商品

賣得更高價，所以，兩者的利害關係經常是對立的。後來工匠行會也獲得了參與都市行政的權利，加入了決定市政規劃的一員。

行會為了壟斷都市的市場以及保護自己的「既得權益」，禁止自由競爭，也禁止沒有沒有加入行會以及從其他城鎮來的工商業者在本地活動。行會有嚴格的階級關係，商人行會的商人指揮總管工作，而工匠行會的師傅則會指示工匠或徒弟作業。

在發展成熟的都市大商人之中，出現了幾乎與「貴族」平起平坐的大金主，像是德國南部奧克斯堡的大富翁**富格家族**，以及義大利中部佛羅倫斯的大富翁**麥第奇家族**。

富格家族最早從事農業兼作紡織工匠起家，從威尼斯購買織品材料的過程中，也做起了其他生意。他們靠著辛香料交易致富，後來還經營銀礦和銅礦事業，一時成為「歐洲的礦山王」，甚至涉足金融業。另一個麥第奇家族也在金融業大有展獲。富格家族與麥第奇家族都從資金方面支持羅馬教宗，因而權傾一時。

「猶太商人」們

另一個握有「金融」大權的團體則是猶太人。猶太人被視為「迫害耶穌基督、將祂釘上十字架」的民族，因此在基督教握有大權的歐洲世界中，猶太人成為迫害的對象。

在封建制、莊園制的社會中，歐洲人禁止猶太人持有土地，也不准他們加入工商業行會，所以他們無法開設店鋪，只能行商或是靠著借貸收取利息。這也就形成了猶太商人「在世界各國都有商業網絡，靠著金融業致富」的印象。

在十字軍東征的時期，猶太人就被冠上了「放高利貸」的制式形象，但是到了中世紀都市發達後，人們對猶太人擁有的錢財需求增高，這個形象才更加明確。

貨幣經濟普及改變了領主與農奴的關係

第1章 西亞地區、希臘、商朝、

第2章 羅馬帝國、秦朝、漢朝、

第3章 伊斯蘭教的誕生與隋朝、唐朝

第4章 商業復興與蒙古帝國

第5章 地理大發現與明朝

第6章 荷蘭、英國的繁榮與大西洋革命

第7章 工業發展與帝國主義

第8章 兩次大戰與經濟大恐慌

第9章 冷戰下的經濟

第10章 全球化與經濟危機

貨幣經濟普及農村

　　另一方面，農村因為氣候較為溫和，而採取**三田制**農法，將農地區分成「春天播種」、「秋天播種」與「休耕恢復生產力」等區塊輪流運用，也使用牛拖重犁來深耕，這些方法都讓農業的生產力有了飛躍性的增長。

　　在農業發展之外，「貨幣經濟」也隨都市發展而開始發達。都市充斥各地運輸而來的產物，像是溫暖的毛織品、用銀裝飾的鎧甲、可口的食物和讓食物更添美味的辛香料，以及寶石等商品。

　　領主為了獲得這些奢侈品，「獲取貨幣」的欲望也隨之增加。因此，**比起農作物，管理農奴的領主更想要以貨幣收取稅賦。**於是越來越多領主將納稅方法從作物改為貨幣。

領主與農奴立場的微妙「變化」

　　農奴也有自己的盤算。他們把生產物賣給商人換取貨幣來繳稅，同時也把**留在自己身邊，屬於自己的作物換成錢。**由於農業生產力增加，農奴得到的現金也漸漸變多。此外，貨幣不像農作物會腐敗，可以「保存價值」，也能傳承給子孫。

　　而這種狀況也為領主與農奴間的立場帶來微妙的變化。

　　地位卑微的農奴靠著辛勤儲蓄貨幣提高了經濟力，於是在繳稅時要求領主提供「抵押品」作為交換，顯示農奴可以比以往「稍微

71

強勢」一些。農奴繳交更多的稅金,相對的也要求領主承認自己對土地的所有權和允許他們進行土地的買賣。以前由領土強勢主宰農奴的「莊園制」開始鬆弛。

黑死病流行與封建制強化

到了中世紀後期,氣候轉為寒冷,同時國與國之間一再發生百年戰爭等大規模的戰爭,再加上俗稱「黑死病」的**鼠疫**大流行(據說是在蒙古帝國統一天下時,從中國傳入歐洲的),造成歐洲三分之一以上的人口死亡。在這個史稱「14 世紀的危機」的時代中,領主的收入減少,因此再次加強對農奴的管制,嚴格催收稅金。農奴也因此造反與之對抗。農民接二連三的發動大大小小的起義,其中在歷史上留名的有英國的**瓦特‧泰勒農民起義**、法國的**札克雷暴動**等大暴動。農奴要求減稅和自由,對領主「表現出更強勢的姿態」,擁有莊園的領主地位也更加低下。**諸侯與騎士等「莊園領主」沒落之後,突顯出更上一層的君主統治權,也加重了中央集權。**

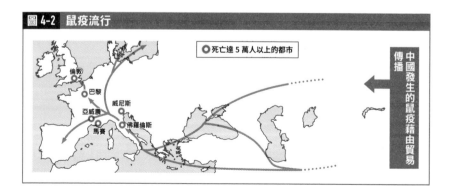

圖 4-2 鼠疫流行

◎死亡達 5 萬人以上的都市

中國發生的鼠疫藉由貿易傳播

倫敦
巴黎
亞威農
威尼斯
馬賽
佛羅倫斯

開羅成為伊斯蘭經濟中心

第1章 西亞、地區、商朝希臘

第2章 羅馬、帝國、漢朝

第3章 與隋朝、唐朝伊斯蘭教的誕生

第4章 商業復興與蒙古帝國

第5章 與明朝地理大發現

第6章 荷蘭、英國的繁榮與大西洋革命

第7章 工業發展與帝國主義

第8章 兩次大戰與經濟大恐慌

第9章 冷戰下的經濟

第10章 全球化與經濟危機

✛ 「胡椒與香料商人」卡里米商人

當歐洲世界發動十字軍東征的時期，在他們的「遠征地」伊斯蘭世界，塞爾柱王朝、阿尤布王朝、馬穆魯克王朝等朝代交替興起對抗基督徒。

阿尤布王朝與馬穆魯克王朝都定都於埃及的開羅。這個時期的埃及氣候相對穩定，因此尼羅河流域的農作生產也十分安定。此外還栽培新作物甘蔗，出口興旺，財富源源不絕的流入埃及。砂糖的阿拉伯語發音為「速卡」，它便成為英語「sugar」的語源。

圖 4-3　開羅成為伊斯蘭世界的中心

在阿拔斯王朝時代伊斯蘭的中心是巴格達，但是到了此時，中心則轉移到開羅。**經由巴格達通往印度洋的航線變成了「支線」，從開羅經尼羅河，通過紅海和索馬利亞半島近海的路線則轉變成「幹線」。**

當時往來於這條「幹線」的商人稱為**卡里米商人**，受阿尤布王朝和馬穆魯克王朝保護，他們也被稱為「胡椒與香料的商人」，在阿拉伯半島南端的亞丁港收購印度商人運來的辛香料和中國產的絲織品及陶瓷器，將商品自紅海北上運輸到埃及，經過陸路連接到尼羅河的河運，送達亞歷山大港，再轉賣給地中海的威尼斯或熱那亞商人獲取利益。

⚔🛡 「黃金之國」馬利王國

這個時代，伊斯蘭世界擴展到撒哈拉沙漠以南，其中位於西非、尼日河畔的**馬利王國**更是伊斯蘭世界中知名的強盛王國。

被喻為「黃金之國」的馬利王國，靠著挖掘撒哈拉沙漠的岩鹽與幾內亞灣附近據說「和胡蘿蔔一樣到處都是」的黃金與外地交易積蓄財富。岩鹽甚至販賣到了遙遠的歐洲交換回黃金，因此黃金更加集中在馬利王國。

傳說馬利王國的國王**曼薩・穆薩**曾帶領數千隨從前往麥加朝聖，途中在馬穆魯克王朝的開羅揮金如土的花錢與捐獻，甚至導致開羅的黃金行情因而暴跌。

此外，伊斯蘭的商船也駛到馬林迪、尚吉巴等東非的港口傳揚伊斯蘭教。這時誕生了融合當地原住民語和阿拉伯語的史瓦希利語，一直沿用至今。

世界最古老紙幣的誕生之地：宋朝

第1章 西亞地區、商朝、希臘

第2章 羅馬帝國、漢朝、秦朝

第3章 與隋朝、唐朝伊斯蘭教的誕生

第4章 商業復興與蒙古帝國

第5章 地理大發現與明朝

第6章 榮與大西洋革命荷蘭、英國的繁

第7章 帝國主義工業發展與

第8章 經濟大恐慌與兩次大戰與

第9章 經濟下的冷戰

第10章 經濟危機與全球化

商業飛躍性發展的宋朝、元朝

讓我們把目光移到中國。唐朝滅亡之後，中國暫時進入分裂狀態，在之後建立的宋朝和元朝時代，商業有了飛躍性的發展。中國南部更進一步開發，長江下游流域形成富饒的穀倉地帶。在中國南部生產力的支持下，都市經濟也隨之發展。

世界最古老的紙幣「交子」

宋朝前半期又稱為**北宋，定都於開封，它位於黃河與大運河的交會點附近，東西南北的物產全都匯聚於此，是當時的一大商業都市。**在唐朝時代的長安，人民只能在東市與西市進行買賣，而且禁止夜間外出；但是在北宋的開封，所到之處商店林立，店鋪可以經營到深夜。同時期，也形成商人和工匠的同業公會，類似歐洲的行會，稱之為「行」與「作」。

貨幣經濟也有進展，當時鑄造出大量的銅錢。宋朝人將煤蒸餾，製造出焦炭作為燃料，因而可以用更高的火溫精鍊銅和鑄造銅錢，這都帶動了銅錢生產量大增。

但是，此時銅錢的用量雖然比唐朝時更多，實際上卻不便於攜帶，所以人們改為使用木版印刷成的銀票，類似唐朝的「飛錢」，稱為「**交子**」。宋朝時「交子」由官方發行，也成為了正式流通的「紙幣」。

北宋時代民間經濟蓬勃發展的同時，國家經常受到契丹族、党項族等北方外族的侵擾，軍費龐大，不時為財政窘困而苦。而且，**為了平息北方契丹、党項的攻擊，每年都輸出大量的銀兩和絲綢，採取「花錢買和平」的歲幣政策，所以財政狀況每況愈下。**

南宋的安定與發展

北宋遭受北方民族女真的攻擊，皇帝被俘虜，國家滅亡。後來，北宋皇帝的家族逃到南方，重新建立王朝，史稱南宋。

南宋對女真族的姿態，比北宋對契丹和党項的態度更加卑躬屈膝，付給女真族的銀兩和絲綢是北宋上繳給契丹的 2.5 倍。以鉅額「購買和平」的舉措雖然在經濟上是一大損失，但是南宋位於米糧生產富饒的中國南半邊，而**中國是「蘇常熟，天下足」，北部仰賴南部生產力的經濟結構**，所以也有人認為只要握有「南半邊」，在經濟上就是有利的。

南宋在政治上較為安定，各式各樣的文化在此時開花結果。此外，延續北宋的「交子」，南宋則使用稱為「會子」的紙幣。

傳入歐洲的「三大發明」

經過北宋和南宋，商人的貿易活動更加活躍，亞洲各地的物產全都集中到宋朝。廣州、泉州、寧波、杭州等地都設有管理貿易的市舶司，青瓷、白瓷等瓷器，與茶、書畫等物產出口昌盛。

此外，**號稱「宋朝三大發明」的活版印刷、羅盤、火藥，經由蒙古的東西向網絡傳到了歐洲，在經過「文藝復興的三大改良」之後變得更加實用。**

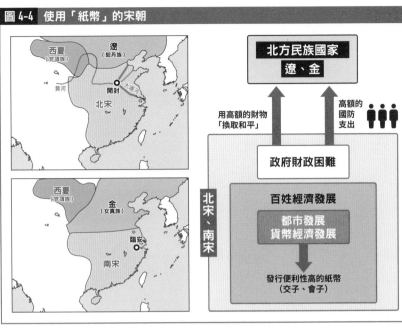

圖 4-4 使用「紙幣」的宋朝

西夏 (党項族)
遼 (契丹族)
黃河
大運河
開封
北宋

西夏 (党項族)
金 (女真族)
臨安
南宋

北方民族國家
遼、金

用高額的財物「換取和平」　高額的國防支出

政府財政困難

百姓經濟發展

都市發展
貨幣經濟發展

發行便利性高的紙幣
（交子、會子）

北宋、南宋

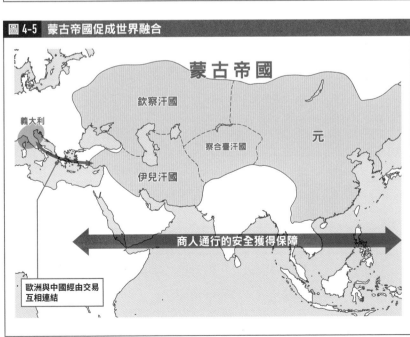

圖 4-5 蒙古帝國促成世界融合

蒙古帝國

欽察汗國

察合臺汗國

元

義大利

伊兒汗國

商人通行的安全獲得保障

歐洲與中國經由交易互相連結

第1章 希臘、西亞地區、商朝、

第2章 秦朝、羅馬帝國、漢朝、

第3章 伊斯蘭教的誕生與隋朝、唐朝

第4章 商業復興與蒙古帝國

第5章 地理大發現與明朝

第6章 荷蘭、英國的繁榮與大西洋革命

第7章 工業發展與帝國主義

第8章 兩次大戰與經濟大恐慌

第9章 冷戰下的經濟

第10章 全球化與經濟危機

將世界連結起來的成吉思汗子孫

蒙古帝國與元朝

人稱草原「蒼狼」的成吉思汗一族興起於蒙古高原，他們在轉瞬間建立起從中東到朝鮮半島的大帝國。中國的金國與南宋也都被蒙古吞併。成吉思汗的子孫在各自的征服地，分別建立了「**欽察汗國**」、「**伊兒汗國**」、「**察合臺汗國**」等國家。而成吉思汗的孫子忽必烈則在中國建立了**元朝**。這些國家雖然稱為「國」，但是都是由成吉思汗的子孫所建立，彼此並不互相爭搶，而是各自作為「**蒙古帝國**」的一部分，維持和緩的連結。

東西商人交互往來的蒙古帝國

蒙古帝國是東西橫跨歐亞大陸的大帝國，對來往東西方的商人來說正中下懷。**只要進入蒙古帝國的境內，從現今土耳其到中國的範圍內都能受到通行安全的保障。**蒙古帝國內各個國家都修建了街道，以及類似「驛站」的設施、旅店，方便貿易商人旅行。

此外，此時海上貿易也很興盛。元朝時確立了商運路線，在杭州或泉州卸貨的各國物產都能經由大運河運往北京。

許多商人運用幾條陸上和海上的網絡穿行於歐亞大陸。不只是伊斯蘭的商人（**穆斯林商人**），歐洲商人和傳教士也會來訪。像是威尼斯商人**馬可波羅**寫的《**馬可波羅遊記**》，以及生於摩洛哥的伊斯蘭教徒伊本·巴圖塔的《**遊記**》中，就描寫了元朝等蒙古帝國各

地的景象。

此外,**對歐洲商人,尤其是對北義大利商人而言,蒙古帝國就在「地中海對岸」**,經由蒙古帝國的網絡,就能輕鬆取得來自中國、印度、波斯的物產。義大利商人將這些物產推銷出去獲取財富,這也是北義大利最早開始文藝復興的原因之一。

🛡️ 導致通貨膨脹的元朝紙幣「交鈔」

元朝也有如同北宋「交子」、南宋「會子」的紙幣,它叫做「**交鈔**」。以往宋朝的「交子、會子」都只用來替銅錢,是一種可以與銅錢交換的「**可兌換紙幣**」(可與「具有金屬價值的貨幣,即金屬貨幣」交換的紙幣),相對的,元朝幾乎完全沒有鑄造新銅幣,所以元朝的「交鈔」都是實際上不能與銅錢交換的「**不可兌換紙幣**」(不可與具有金屬價值的貨幣交換的紙幣),全靠元朝的信用流通。

紙幣的重量輕,光是印刷就能產生價值這點十分方便,但是卻有**「容易偽造」、「容易因為濫發而降低價值,造成通貨膨脹」**這兩個缺點。

元朝官府重罰偽造行為,更在交鈔上印有「偽造者處死」,即使如此偽造者還是絡繹不絕。此外,**元朝歷代皇帝、家族和近臣都「狂熱信仰」藏傳佛教,於是濫發交鈔來填補用在寺院建設和裝飾上的費用,導致嚴重的通貨膨脹**,經濟混亂、民不聊生。這一點也被認為是元朝提早滅亡的原因之一。

第1章 西亞地區、商朝、希臘

第2章 秦朝、漢朝、羅馬帝國、

第3章 與伊斯蘭教的誕生 隋朝、唐朝

第4章 商業復興與 蒙古帝國

第5章 與明朝 地理大發現

第6章 荷蘭、英國的霸業與大西洋革命

第7章 帝國主義 工業發展與

第8章 經濟大恐慌 兩次大戰與

第9章 經濟 冷戰下的

第10章 經濟危機與 全球化

「銅錢」是日本最大宗進口商品

沒有「邦交」但「交流」熱絡

　　宋朝和元朝的經濟發展，當然對大海彼岸的日本也造成重大影響。日本與宋朝之間雖然沒有正式邦交，但是民間商人的交易卻十分熱絡，尤其是平安時代末期，大權在握的**平清盛**更是因為積極投入**日宋貿易**而聞名。

　　日本出口的產物有黃金、珍珠、水銀、硫黃、刀劍、扇子等，從宋朝進口最多的商品則是「銅錢」。日本從平安時代中期後不再鑄造貨幣，又回復到「以物易物」的狀態，但是平安時代末期日宋貿易開始熱絡，**越來越多商人輸入貨幣後，直接在日本國內流通。**鎌倉時代開始官方正式承認宋朝貨幣，原本必須用米繳納的稅也可以用宋朝貨幣繳納。（當時的「宋錢」不只在日本通行，也流通到東南亞、伊朗、非洲各地。據說是因為周邊各國企圖利用貿易獲取宋錢，使得宋朝國內銅錢經常不夠，宋朝才會發行紙幣。）

　　從「元寇」、「蒙古入侵」等日語詞彙，就能知道元朝與日本的關係帶有緊張感，但是侵略日本的忽必烈也同意民間層級的貿易。**因為貿易的熱絡，日本也與元朝的歐亞網絡最東端接觸。**

　　蒙古入侵造成開銷暴增，讓鎌倉幕府的家臣十分苦惱，不時因為窮困而到處借貸。這也成為經濟上動搖鎌倉幕府基礎的其中一個因素。

第5章

白銀轉動
世界

地理大發現與明朝

（15世紀～16世紀）

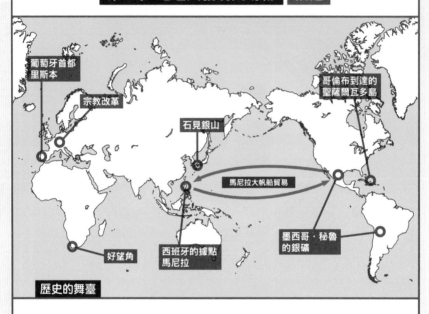

葡萄牙首都
里斯本

宗教改革

石見銀山

哥倫布到達的
聖薩爾瓦多島

馬尼拉大帆船貿易

好望角

西班牙的據點
馬尼拉

墨西哥‧秘魯
的銀礦

歷史的舞臺

「白銀時代」
世界大翻轉

　　本章將解說地理大發現下世界合而為一的過程。

　　西班牙、葡萄牙將世界連結起來,把在新大陸挖掘到的白銀帶到全世界。白銀在世界流轉,改變了世界各國形形色色的社會結構。此外,歐洲宗教文化的世界中,宗教改革和文藝復興等變革也衍生出經濟的變化。以石見銀山為中心,身為白銀一大產地的日本也成為世界知名的「白銀島」,加入了「白銀時代」。

第1章
希臘、商朝、西亞地區、

第2章
秦朝、漢朝、羅馬帝國、

第3章
與隋朝、唐朝伊斯蘭教的誕生

第4章
蒙古帝國商業復興與

第5章 【地理大發現與明朝】章節架構圖

先史	
前4	**第1章** 西亞地區、希臘、商朝
前3	
3	**第2章** 羅馬帝國、秦朝、漢朝
4	
10	**第3章** 伊斯蘭教的誕生與隋朝、唐朝
11	
14	**第4章** 商業復興與蒙古帝國
15	

第5章 地理大發現與明朝

歐洲	中東	印度	中國	日本

轉動世界的白銀

16

美洲	西班牙發現「新大陸」美洲，開始開發墨西哥和祕魯的銀礦山，然後將挖掘的白銀帶到全世界。
歐洲	都市發展之下誕生了地理大發現與文藝復興；宗教改革成為孕育資本主義社會的背景，在經濟面上，這個時代成為一大轉機。
中東	鼎立於中東到印度一帶的三大國家走向巔峰期。也出現對歐洲出兵，或靠著對歐貿易收益豐碩的國家。
中國	明朝派遣鄭和率領大船隊，藉著朝貢貿易，創造出空前的廣大經濟圈。後來白銀的流入使社會結構發生變化。

第5章
與明朝地理大發現

第6章
榮與大西洋革命荷蘭、英國的繁

第7章
帝國主義與工業發展與

第8章
經濟大恐慌與兩次大戰與

第9章
經濟冷戰下的

第10章
經濟危機與全球化與

大富豪成為
文藝復興贊助人

 歐洲發生的 3 個大變化

　　「中世紀」時代結束後，歐洲進入「近代」的階段。而為「近代」拉開序幕的事件，有史稱**「文藝復興」**的文化變革，還有歐洲各國一連串航向海外的**「地理大發現」**，以及基督教世界的**「宗教改革」**運動等。

 自然科學和社會科學也與文化一同發展

　　文藝復興的文化運動起源於北義大利，而力挺藝術家、成為「贊助人」提供資金的就是北義大利的商人。例如家族中出了好幾位羅馬教宗的佛羅倫斯大富豪**麥第奇**家族，就是**米開朗基羅**和**拉斐爾**等許多藝術家的資助者。之後將會敘述因為地理大發現，北義大利各都市的經濟趨向沒落，文藝復興也擴大到各國。

　　文藝復興不只在繪畫和文學方面及科學技術上都有所發展，從中國傳入的活版印刷、羅盤、火藥等三大發明，也以「文藝復興的三大改良」之姿普及於民間。由於自然科學、社會科學的進步，人們開始用科學的角度看待經濟，天文學家**哥白尼**撰寫的《鑄幣論》中就對「金錢」方面寫道：**金屬本身的價值與貨幣面額價值出現差異時，實質價值較低的貨幣會繼續流通，價值高的金幣、銀幣等貨幣都會被貯存起來未雨綢繆，不會在市面上流動**，也就是所謂的「劣幣逐良幣」。

葡萄牙進軍亞洲尋求香料

第1章 西亞地區、希臘、商朝、

第2章 羅馬帝國、漢朝、秦朝

第3章 伊斯蘭教的誕生 與隋朝、唐朝

第4章 商業復興與 蒙古帝國

第5章 地理大發現 與明朝

第6章 荷蘭、英國的繁 與西洋革命

第7章 帝國主義 工業發展與

第8章 經濟大恐慌與 兩次大戰

第9章 經濟 冷戰下的

第10章 經濟危機與 全球化與

地理大發現對經濟造成巨大衝擊

在「文藝復興」、「地理大發現」、「宗教改革」之中，對經濟造成最強大衝擊的事件，就是「地理大發現」。第4章中說明過「蒙古帝國」藉由陸上貿易將世界合而為一，而「地理大發現」中歐洲諸國則是以海上貿易迅速連結起全世界。

在過去，大海在歐洲人的認知中就是「地中海」和「印度洋」，而地理大發現讓歐洲人認識到還有「大西洋」和「太平洋」兩個海域，全世界開始正式的合為一體。

對辛香料的需求增加

推動歐洲人航向大海的原因，是他們對亞洲豐富物產的關注，尤其是對辛香料的興趣。中世紀末期之後，肉食的習慣漸漸普及，為了防腐和消除肉腥味，人們對辛香料的需求日益升高。馬可波羅在《馬可波羅遊記》將日本介紹為「黃金之國」，這也讓歐洲人對亞洲的富裕充滿好奇（黃金之國原文為 Cipangu。譯注：這是馬可波羅對日本的稱呼。語源應該是來自中國南方方言對「日本國」的發音）。

過去，歐洲人一般都是經由義大利各都市購買從「路上絲路」運到東地中海的亞洲產物。然而**鄂圖曼帝國**日漸壯大，對領土的野心強盛，成為東地中海陸路的「路霸」，讓歐洲人難以買到亞洲的

產物，於是義大利商人漫天喊價，辛香料一時間洛陽紙貴。

　　因此，歐洲各國積極開拓直接連結到亞洲一帶的海路，位於歐洲最西端的**葡萄牙**成為先驅者，在人稱「航海王子」的**亨利親王**和國王**若昂二世**的支持下，許多航海者前仆後繼的出海開拓航線。其中在歷史上留下名字的航海家，有到達非洲南端**好望角**的**巴爾托洛梅烏‧狄亞士**、到達印度古里將胡椒帶回歐洲的**瓦斯科‧達伽馬**，以及飄流到巴西，讓巴西成為葡萄牙屬地的**卡布拉爾**。

連結「點與線」的葡萄牙

　　在達伽馬出航之前，**西班牙**王室也曾支持**哥倫布**出海遠征，抵達了「新大陸」（哥倫布認為那裡就是「印度」）。往西航行的西班牙與目標是東方的葡萄牙之間簽訂條約，決定了彼此的勢力範圍，**由西班牙掌控「新大陸」，葡萄牙握有「亞洲」**。因此，將「被分配到的」亞洲視為主要目標的葡萄牙，對達伽馬的航海成功抱著非常大的期望。

　　亞洲雖被視為葡萄牙的勢力範圍，但是這大片地區有伊斯蘭教徒來往的印度洋，和受中國影響濃厚的東南亞國家，葡萄牙人必須在伊斯蘭地區和中國文化圈內，一面與穆斯林商人及中國商人對抗，一面設立貿易據點，所以他們只能派遣艦隊占領港口，或是請求當地政府給予居住權。他們採取軍事行動占領印度的**臥亞**、馬來半島的**麻六甲**、斯里蘭卡等地，而在中國的**澳門**則是獲得明朝許可的居住權。

　　葡萄牙在歐洲各國中屬於人口較少的國家，所以不可能採取大規模的軍事行動——征服地大人多的亞洲國家。所以維持據點與貿易路線，連結各個港口獲取利益，就成為葡萄牙的貿易策略。**可以說「點與線」就是葡萄牙的貿易策略。**

🚢 葡萄牙商人將亞洲各國串連起來

從亞洲運輸進口的辛香料與絲綢，聚集到葡萄牙的首都**里斯本**，當地一時成為世界商業中心。葡萄牙商人不只進行著將亞洲的產物帶回葡萄牙國內的長途貿易，也從事「把從澳門收購的中國絲綢，運到麻六甲或印度賣掉」這樣**串連起亞洲各個貿易據點的貿易活動**。推測最早將槍枝傳入日本的人物，就是搭上中國的船隻漂流到日本進行亞洲貿易的葡萄牙人。

後來，日本也被納入了葡萄牙的貿易網絡。葡萄牙人在平戶、長崎設置商館，成為西日本領主們進行「南蠻貿易」的對象。「鈕扣」、「杯子」、「金平糖」、「天婦羅」等等**現在日本仍在使用的詞彙中，有許多都是由葡萄牙商人帶進日本來的。**

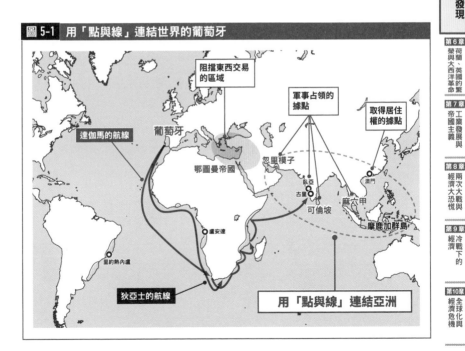

圖 5-1 　用「點與線」連結世界的葡萄牙

第1章 西亞地區、希臘、商朝

第2章 秦朝、羅馬帝國、漢朝

第3章 與伊斯蘭教的誕生、唐朝

第4章 商業復興與蒙古帝國

第5章 地理大發現與明朝

第6章 荷蘭、英國的繁榮與大西洋革命

第7章 工業發展與帝國主義

第8章 兩次大戰慌與經濟大恐

第9章 冷戰下的經濟

第10章 全球化與經濟危機

抵達新大陸的西班牙開始大有作為

 ## 西班牙開拓大西洋航線

在世界的另一頭，西班牙的地理大發現中負責打頭陣的則是**哥倫布**。

哥倫布來自北義大利的熱那亞，並不是西班牙人。但是，他向西班牙王室說明大地是球狀的，往西走才是前往印度的捷徑。王室接受了這套說法，支持他的航海計畫。

當時，葡萄牙的狄亞士已經抵達好望角，西班牙想在與葡萄牙

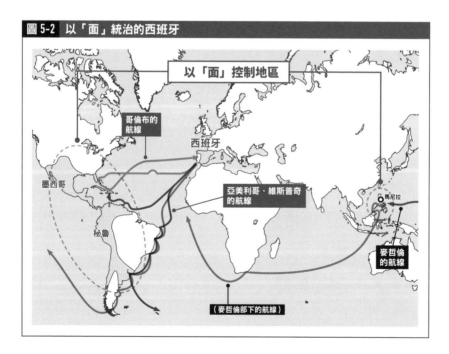

圖 5-2 以「面」統治的西班牙

以「面」控制地區

哥倫布的航線

西班牙

墨西哥

亞美利哥·維斯普奇的航線

秘魯

馬尼拉

麥哲倫的航線

（麥哲倫部下的航線）

第1章 西亞地區、希臘、商朝、

第2章 羅馬、帝國、秦朝、漢朝、

第3章 與伊斯蘭教的誕生、隋朝、唐朝

第4章 商業復興與蒙古帝國

第5章 地理大發現與明朝

第6章 荷蘭、英國的繁榮與大西洋革命

第7章 帝國主義與工業發展

第8章 兩次大戰與經濟大恐慌

第9章 冷戰下的經濟

第10章 全球化與經濟危機

的競爭中獲勝，哥倫布也因此脫穎而出。哥倫布航行了兩個多月之後到達「新大陸」，並且宣稱那裡是「印度」（後來哥倫布又向新大陸出航四次，不過並沒有留下曾到達「印度」的證明）。但是，義大利的航海家**亞美利哥・維斯普奇**調查南美洲後，證明這塊土地並不是「印度」，而是「新大陸」。由於亞美利哥的功績，這塊「新大陸」於是被取名為「亞美利加洲」。

接下來，西班牙王室積極的開拓環繞世界一周的航線。此時雀屏中選的是葡萄牙本地的航海家**麥哲倫**。麥哲倫選擇西行航線渡過太平洋抵達菲律賓，但在與菲律賓某個島主作戰時不幸身亡。不過麥哲倫的部下平安回到歐洲，「完成」了環繞世界的航行。

恣意「分割」地球的條約

葡萄牙王室與西班牙王室有親戚關係，王室本身的關係並不差，但是在地理大發現時期為了開拓航線，彼此針鋒相對，激烈競爭，因此兩國為了避免在「發現」的土地發生爭執，經常劃分勢力範圍。當哥倫布在航行中發現西方有陸地後，兩國就簽訂了**《托德西利亞斯條約》**決定勢力範圍。這個條約在現在的里約熱內盧附近劃了一條線，界線以西為西班牙的勢力圍範，以東屬於葡萄牙。

後來，麥哲倫的航行證實了地球是球體，必須在地球上再劃一條界線，也就是規定亞洲勢力範圍的**《薩拉戈薩條約》**。依據這道條約，標示勢力範圍的界線通過了日本土地，由此可知，這些地盤劃分是由葡萄牙與西班牙兩國「恣意」決定的。

至此，葡萄牙和西班牙兩國確立了的各自的勢力範圍。

葡萄牙的勢力範圍是亞洲和巴西；西班牙除了占有「新大陸」之外，也將菲律賓據為己有，而葡萄牙在事後也承認了他們的占領宣言。

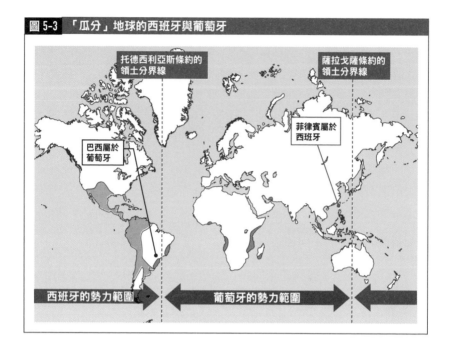

圖 5-3　「瓜分」地球的西班牙與葡萄牙

托德西利亞斯條約的領土分界線

薩拉戈薩條約的領土分界線

巴西屬於葡萄牙

菲律賓屬於西班牙

西班牙的勢力範圍　　葡萄牙的勢力範圍

⛵ 以「面」控制新大陸的西班牙

　　相對於葡萄牙以「點和線」的形式從事貿易活動，**西班牙進軍海外的最大特徵，是以「面」的方式控制新大陸。**西班牙將「征服者」送到新大陸，以軍事占領並且「經營」該地來獲取利益。**科提斯**和**皮薩羅**等征服者率軍殲滅了**阿茲特克王國**與**印加帝國**。

　　西班牙採取**賜封制度**統治征服的土地。這個制度是將當地少數原住民分配給征服者們，承認他們使用這些勞動力的權利，相對的，征服者有義務保護當地居民並且讓居民改信基督教。

　　雖然西班牙宣稱這是在「保護原住民」，但是他們的統治手段極為殘酷，例如強迫原住民到礦山工作或是種植甘蔗等等。從歐洲傳入的瘟疫，更導致大量原住民死亡。留下的紀錄甚至顯示在 10

第1章 希臘、西亞地區、商朝

第2章 秦朝、漢朝、羅馬帝

第3章 與伊斯蘭教的誕生 隋朝、唐朝

第4章 商業復興與 蒙古帝國

第5章 地理大發現 與明朝

第6章 榮與大西洋革命 荷蘭、英國的繁

第7章 帝國主義與 工業發展與

第8章 經濟大恐慌與 兩次大戰與

第9章 經濟 冷戰下的

第10章 經濟危機與 全球化與

個原住民中就有 9 人死亡。

為了彌補減少的原住民，西班牙人又從非洲運送許多奴隸來到美洲，於是歐洲、美洲大陸、非洲大陸之間連結了起來，形成共同的經濟圈。

西班牙人熱衷於經營銀礦，他們在玻利維亞的**波多西**和墨西哥都發現了大規模的銀礦。歐洲的貨幣以銀幣為主，對歐洲人來說，擁有大規模銀礦的新大陸，簡直有如「遍地黃金」的土地。

此外，西班牙人之所以同時經營甘蔗種植園，是因為他們**進軍海外並非只是為了進行「貿易」，更包含了「經營」的元素，帶有類似資本主義的色彩。**

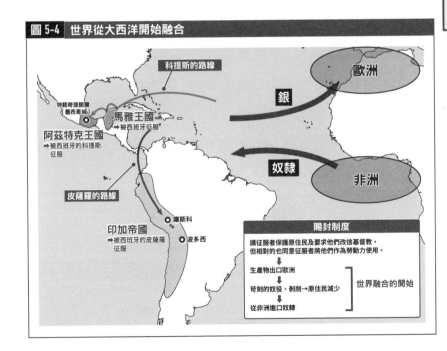

圖 5-4　世界從大西洋開始融合

科提斯的路線

歐洲

銀

特諾奇提特蘭
（墨西哥城）

馬雅王國
→被西班牙征服

阿茲特克王國
→被西班牙的科提斯征服

奴隸

非洲

皮薩羅的路線

印加帝國
→被西班牙的皮薩羅征服

庫斯科

波多西

賜封制度

讓征服者保護原住民及要求他們改信基督教，但相對的也同意征服者將他們作為勞動力使用。

↓

生產物出口歐洲

↓

苛刻的奴役、剝削→原住民減少

↓

從非洲進口奴隸

世界融合的開始

地理大發現改變了人們的生活

商業重心在大西洋沿岸

靠著葡萄牙與西班牙在海外的開拓，亞洲的辛香料、絲綢以及美洲的白銀、砂糖紛紛運輸到歐洲，接著，歐洲人又把目光集中在大西洋沿岸。過去擔任海上貿易主角的義大利各城市，必須經過直布羅陀海峽才能參與大西洋的貿易，多了這一道門檻，在競爭中十分不利。

商業重心從「地中海」轉移到「大西洋」的過程，稱為「商業

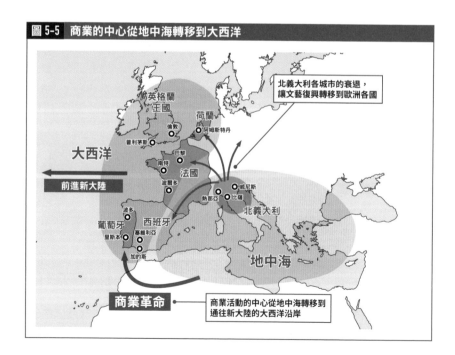

圖 5-5　商業的中心從地中海轉移到大西洋

北義大利各城市的衰退，讓文藝復興轉移到歐洲各國

大西洋

前進新大陸

商業革命

商業活動的中心從地中海轉移到通往新大陸的大西洋沿岸

英格蘭王國
倫敦
荷蘭
阿姆斯特丹
普利茅斯
巴黎
南特
法國
波爾多
威尼斯
熱那亞　比薩
北義大利
波多
西班牙
葡萄牙
塞維利亞
里斯本
加的斯
地中海

革命」，**英國、法國、荷蘭等大西洋沿岸的國家都從這場商業革命中受惠。**

 ## 地理大發現帶來新生活型態

此外，地理大發現帶來的新大陸產物，也為世界帶來了改變人們生活和飲食文化的「**哥倫布大交換**」。在墨西哥栽培的玉米，成為全世界的主要糧食和畜產飼料（現在世界半數以上的飼料都以玉米為原料）。番茄成了西班牙和義大利料理中不可缺少的素材，原產於安地斯高原的馬鈴薯，由於在低溫貧瘠的土壤也能栽培，所以在東歐和愛爾蘭受到歡迎。辣椒也成為東南亞、朝鮮半島、中國四川地區必備的辛香料。而推測為加勒比海周邊的地方疾病「梅毒」，也是經由哥倫布一行人從外地帶回歐洲造成流行。

圖 5-6　地理大發現改變了世界的生活

第1章　西亞地區、希臘、商朝、

第2章　秦朝、羅馬帝國、漢朝、

第3章　與隋朝　伊斯蘭教的誕生・唐朝

第4章　蒙古帝國　商業復興與

第5章　與明朝　地理大發現

第6章　榮與大西洋革命　荷蘭、英國的繁

第7章　帝國主義　工業發展與

第8章　經濟大恐慌　兩次大戰與

第9章　經濟　冷戰下的

第10章　經濟危機　全球化與

宗教改革也產生
「經濟上的變化」

 ## 宗教改革的經濟背景

　　「**宗教改革**」與「文藝復興」和「地理大發現」並列為歐洲社會的重大變化。德國的路德教派和瑞士的喀爾文教派發動教會改革運動，於是基督教世界分裂成「舊教(天主教)」與「新教(基督教)」兩個宗派。但是在發動宗教改革的背景中，經濟也占了相當重要的因素。

天主教會販賣「贖罪券」

　　德國的**路德**與天主教會大唱反調，發起了正式的宗教改革。他嚴厲批判天主教，並將矛頭指向天主教會販賣「**贖罪券**」的行為。

　　贖罪券是「羅馬教宗**利奧十世**為了籌措聖彼得大教堂修建費用」而開的財路。但是就連奧古斯堡的大富翁富格家族也參與其中，向德國美因茲城的大主教出借大筆金錢。

　　「大主教」在天主教會是位高權重的聖職人員，只要受到羅馬教宗的任命，就能得到宗教的至高權威和貴族般的生活。美因茲大主教為了得到這個地位，而向富格家族借了巨款作為活動資金。羅馬教宗利奧十世注意到這一點，便允許「想盡辦法開拓財路」的美因茲大主教販賣贖罪券（當時的德國由許多小國組成，領主的權力不大，所以天主教會在領地內從事「買賣」並不會受到太多限制）。

　　「即使犯了罪，只要買贖罪券，罪責就能得到赦免，靈魂也能

獲得拯救。」因此信徒們為了求得救贖，爭相購買贖罪券，大主教和教宗也因此賺得龐大的利益。

路德對贖罪券的販賣產生了疑惑，主張「只有依靠純粹的信仰，人的罪行才能得到赦免」。

宗教改革成為資本主義的精神背景

另一個發起批判天主教運動的代表性人物是**喀爾文**。喀爾文在瑞士發起教會改革運動，而他的主張之一是**容許人們儲蓄和借貸並收取利息。**

猶太教和基督教的聖典舊約聖經裡這樣寫道：「借給外邦人可以取利，只是借給你弟兄不可取利」，所以天主教會遵從聖經，嚴禁收取利息（但另一方面，猶太教徒並不把基督視為弟兄，所以「猶太商人可以經營高利貸事業」。以往由基督教徒經營的金融業，則是用「匯兌的手續費」和「延遲還款的『罰款』」等偽裝的名目，隱藏收取「利息」一事）。

對於這種觀念，喀爾文認為「儲蓄是一件好事，是人們遵循神的教義、勤奮的執行神給予的工作所獲得的結果」、「財富不該只為富人所有，應該借給窮人來幫助他們」，並且主張利息可以「促進人們使用金錢互相幫助」、提升「全體的福祉」，所以利息應該獲得容許。

這一番說法尤其受到工商業者和金融業者等想賺錢的公民階級歡迎與推廣。後來德國的社會學者馬克斯也表示喀爾文思想成為工商業、金融業發展的背景，並且孕育出資本主義社會。

第1章 希臘、西亞地區、商朝、

第2章 秦朝、羅馬帝國、漢朝、

第3章 與隋朝、伊斯蘭教的誕生、唐朝

第4章 蒙古帝國與商業復興與

第5章 與明朝 地理大發現

第6章 荷蘭、英國的繁榮與大西洋革命

第7章 工業發展與帝國主義

第8章 兩次大戰與經濟大恐慌

第9章 冷戰下的經濟

第10章 全球化與經濟危機

走向繁盛的亞洲三王朝

鄂圖曼帝國、薩法維王朝、蒙兀兒帝國

　　讓我們把目光轉到中東、伊朗和印度。這片土地上，**鄂圖曼帝國**、**薩法維王朝**和**蒙兀兒帝國**三個龐大的伊斯蘭王朝出現，並且走向巔峰期。鄂圖曼帝國擁有強大的軍力，屢屢向歐洲出兵。薩法維王朝與歐洲各國締結外交、通商關係，繁榮發展。蒙兀兒帝國為了融合伊斯蘭教徒與印度教徒，在稅制上厲行改革，消弭不公。**但是在後來，這三個國家都將受到歐洲各國的壓迫。**

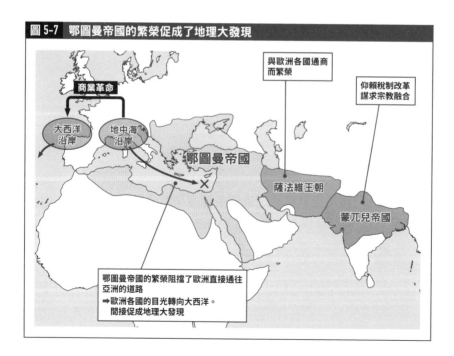

圖 5-7　鄂圖曼帝國的繁榮促成了地理大發現

與歐洲各國通商而繁榮

仰賴稅制改革謀求宗教融合

商業革命

大西洋沿岸　地中海沿岸

鄂圖曼帝國

薩法維王朝

蒙兀兒帝國

鄂圖曼帝國的繁榮阻擋了歐洲直接通往亞洲的道路
➡歐洲各國的目光轉向大西洋。間接促成地理大發現

早於地理大發現，明朝的「鄭和下西洋」

第1章
希 西
臘 亞
、 地
商 區
朝 、

第2章
桑 羅
朝 馬
、 帝
漢 國
朝 、

第3章
與 伊
隋 斯
朝 蘭
、 教
唐 的
朝 誕
興 生

第4章
商 蒙
業 古
復 帝
興 國
與

第5章
與 地
明 理
朝 大
發
現

第6章
榮 荷
與 蘭
大 、
西 英
洋 國
革 的
命 繁

第7章
帝 工
國 業
主 發
義 展
與

第8章
經 兩
濟 次
大 大
恐 戰
慌 與

第9章
經 冷
濟 戰
的 下

第10章
經 全
濟 球
危 化
機 與

🛥 鄭和下西洋

　　元朝是蒙古帝國版圖的一部分，在元朝滅亡後，新朝代明朝成立。事實上，明朝也有一段可與歐洲「地理大發現」相比擬的「大航海」時代。那便是明朝早期的「**鄭和下西洋**」。明朝皇帝派遣**鄭和**率領龐大船隊拜訪東南亞到印度各國，最遠曾到達非洲東岸。

　　鄭和的船隊共有 62 艘全長超過 120 公尺的巨船，參與的船員多達 28,000 人，規模浩大。相比之下，哥倫布航海時使用的船隻全長只有 30 公尺，3 艘船總共只有 90 名船員，可見鄭和的船隊多麼龐大。只是，**鄭和的航行雖然宏偉，但是他走的航線是明朝時既有的印度洋航線，宣揚國威的色彩較為濃厚。與歐洲國家在地理上的發現以及因此獲得的利益相比，明朝「鄭和下西洋」對後世的影響少了許多。**

🛥 海禁政策與朝貢貿易

　　元朝末年政局混亂，海上治安敗壞，出現名為「倭寇」的海盜集團，這也是明朝下令「鄭和下西洋」的原因。明朝為了維護治安，實施「海禁政策」，下令將貿易管道單一化，禁止民間從事海外貿易，只能進行「國與國之間的朝貢往來（**朝貢貿易**）」。鄭和就是為了招攬各國與明朝進行「朝貢貿易」而被派遣出海的。

　　「朝貢貿易」中，周邊國家對明朝採取的是下對上的立場，以

「朝貢」的形式將貨物輸出到中國。

　　雖然中國的周邊國家必須以下對上，表現出臣服的態度，但是明朝站在上位者的立場，也必須回贈比「貢品」更高價值的賞賜品才行。**對明朝來說，賞賜周邊國家利益的同時，相對的也得到了安全保障；而對周邊國家來說，可以透過「朝貢貿易」獲得各種各樣的進口「賞賜」品，可以說是對雙方都有利的貿易。**

靠「地利」而繁榮的麻六甲

　　鄭和下西洋之後，許多東南亞國家都開始向明朝進獻貢品。尤其是馬來半島的麻六甲王國更是積極與中國進行朝貢貿易，同時靠著東南亞、印度各國轉口貿易而興盛。但是，之後麻六甲王國被葡萄牙占領，後來也**因為「地利之便」受到矚目，成為荷蘭、英國的據點。**

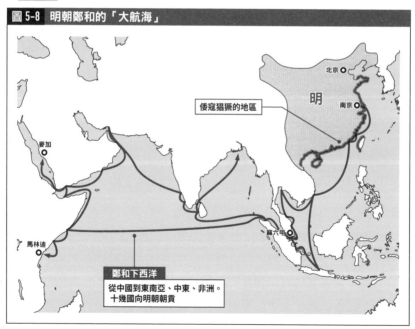

圖 5-8　明朝鄭和的「大航海」

北京

明

南京

倭寇猖獗的地區

麥加

馬林迪

麻六甲

鄭和下西洋
從中國到東南亞、中東、非洲。
十幾國向明朝朝貢

鎌倉、室町與日益發展的貨幣經濟

第1章
西亞地區
希臘、商朝、

第2章
秦朝、帝國
羅馬、漢朝、

第3章
與隋朝、唐朝
伊斯蘭教的誕生

第4章
蒙古帝國
商業復興與

第5章
與明朝
地理大發現

第6章
榮與大西洋革命
荷蘭、英國的繁

第7章
帝國主義與
工業發展與

第8章
經濟大恐慌與
兩次大戰與

第9章
經濟的
冷戰下的

第10章
經濟危機與
全球化

日本成為「金錢社會」

在鎌倉時代後期，日本的貨幣經濟也普及到武士與庶民之間，所到之處都有定期市集，也出現很多經營高利貸的業者。此外各地生產出的獨特物產，也透過商人流通到各地。

到了室町時代，貨幣經濟更加發達，室町幕府改為用貨幣徵收大部分的稅，農民向領主繳納的年貢普遍也轉換成以貨幣的形式繳納。在貨幣需求增高的同時，也衍生出慢性的貨幣不足。

足利義滿施行明日貿易

日本也不例外的加入了明朝的「朝貢貿易」體制。室町幕府的第3任將軍**足利義滿**為謀求朝貢貿易的利益而與明朝締結邦交，並接受「日本國王」的稱號。**幕府經由朝貢貿易自明朝輸入「永樂通寶」等銅錢，流通於日本國內。**

但是，這個政策還是無法解決貨幣不足的問題，民間鑄造的偽幣「私鑄錢」到處橫行。偽幣的作法，是將銅錢壓入砂或黏土中取得模型，再灌入銅鑄造成形，複製出銅錢後，將它們再次複製……偽造的銅錢品質低劣，幾乎無法辨識文字，因而無法流通。

應仁之亂削弱了幕府的實力後，由細川家和大內家等守護大名們掌管明日貿易，但細川家、大內家衰落滅亡之後，商人的私人貿易和走私貿易蔚為主流。

99

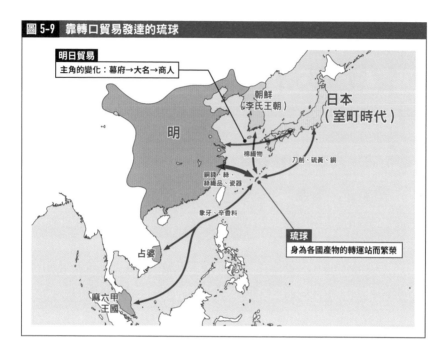

圖 5-9 靠轉口貿易發達的琉球

明日貿易
主角的變化：幕府→大名→商人

朝鮮
(李氏王朝)

日本
(室町時代)

明

棉織物

刀劍、硫黃、銅

銅錢、絲、
絲織品、瓷器

象牙、辛香料

占婆

琉球
身為各國產物的轉運站而繁榮

麻六甲
王國

　　到了戰國時代，葡萄牙、西班牙的船隻訪日，西日本在戰國大
名主導下發展出**南蠻貿易**。槍枝原本是由戰國大名透過南蠻貿易輸
入，之後日本也能自行生產，於是到了戰國末期，槍躍升為決定戰
爭勝敗的武器。

🚢 琉球成為亞洲貿易的軸心

　　日本正值室町幕府中期，原本各自分立的琉球統一為「琉球王
國」，**琉球雖然物產稀少，但是地處東亞的交易樞紐，前往日本、
朝鮮、明朝、東南亞都很方便，因而靠著轉口貿易而繁榮。**

　　琉球王獲得明朝的冊封，積極從事與明朝之間的朝貢貿易，頻
繁派出朝貢使節前往明朝，次數達 150 次以上，相較於日本的 19
次與麻六甲王國的 23 次，可以看出琉球王國的繁盛來自於和明朝
的朝貢關係。

「錢」與「物」的關係今非昔比

第1章
西亞地區、商朝、希臘

第2章
秦朝、帝國、漢朝、羅馬

第3章
與隋朝、教的誕生唐朝、伊斯蘭

第4章
商業復興與蒙古帝國

第5章
與明朝地理大發現

第6章
與大西洋革命的繁荷蘭、英國

第7章
帝國主義工業發展與

第8章
經濟大恐慌與兩次大戰

第9章
經濟冷戰下的

第10章
經濟危機與全球化與

白銀「轉動」世界的時代

經歷地理大發現，從西班牙統治的玻利維亞和墨西哥開採出的大量白銀被運回歐洲後，**「白銀」成為世界經濟運轉的中心**。讓我們來看看地理大發現之後，「白銀轉動世界的時代」。

墨西哥銀圓成為貨幣的「標準」

由西班牙統治的中南美洲陸續發現銀礦，西班牙用它鑄造稱為「墨西哥銀圓」的大型銀幣運回歐洲，這種銀幣的重量是原先西班牙銀幣的 8 倍。墨西哥銀圓也在新大陸和亞洲流通，是過去國際貿易中曾長期使用的貨幣。**墨西哥銀圓的重量約為 27g，與後來美國的 1 美元銀幣、明治時代的 1 日圓銀幣重量相同，可見它成為了後世貨幣的「標準」。**

由於流入歐洲的白銀數量是過去人們認知的數倍，因此「貨物」與「白銀」的價格關係也產生了大幅的變化。白銀的價值漸漸變得「普通」，「貨物」的價格相對升高，**歐洲的物價急遽上漲，發生通貨膨脹，據說當時物價增漲了 2 ～ 3 倍，這個事件又稱為「價格革命」。**

關於地理大發現對社會、經濟的影響，前面已經介紹過「商業革命」與「哥倫布大交換」，但是「價格革命」對歐洲帶來的巨大變化更遠超過前兩者。

統治者的「地位」改變

 領主與農奴們的關係變化

我們來看看「價格革命」造成社會變化的實際例子。

西歐遍地銀幣，引發了「價格革命」。而過去受領主支配的農奴把剩餘的農畜產物賣到市場，獲得了許多貨幣。

另一方面，領主們一如既往的用貨幣徵稅，但由於通貨膨脹越來越嚴重，所以某一年領主對農奴說的「喂，農奴們，交 5 枚銀幣上來」，與 10 年後說的「喂，農奴們，交 5 枚銀幣上來」，兩者的價值完全不同。

對領主來說，每年都還是按照慣例徵稅，但是對農奴來說，繳稅時卻越來越寬裕。不過，領主對地理大發現造成的通貨膨脹渾然不覺，徵收的稅金可以買到的物品卻越來越少，手頭日益拮据。

領主沒落，國王掌權

至此，農奴與領主的關係瓦解，過去權力凌駕於國王之上的領主走向沒落，完全向國王的權威俯首稱臣。中央集權越趨嚴重，誕生了幾近「絕對」王權統治的國家。**貨幣流通量與價值之間的關係，不時會像這樣，改變統治者與被統治者的關係**。即使是現在，控制通貨膨脹和通貨緊縮仍然是一件困難的事，經常讓執政者十分苦惱。

需銀孔急的東歐世界動向

第1章
西亞地區、
希臘、商朝、

第2章
羅馬帝國、
秦朝、漢朝、

第3章
與伊斯蘭教的誕生
隋朝、唐朝

第4章
商業復興與
蒙古帝國

第5章
地理大發現
與明朝

第6章
荷蘭、英國的繁
榮與大西洋革命

第7章
工業發展與
帝國主義

第8章
兩次大戰與
經濟大恐慌

第9章
冷戰下的
經濟

第10章
全球化與
經濟危機與

 ## 為了賣出農作物，強化農奴制

在西歐，農奴制因為白銀流入而瓦解；而東歐世界卻完全相反，反而強化了農奴制度。

從東歐的角度來看，大西洋沿岸的西歐從新大陸攜回白銀，刺激了經濟活動的熱絡，就像是個錢幣不斷「湧出」的經濟先進地區。他們也希望能沾點邊，多攫取一點銀幣。

因此，東歐的領主想出了輸出穀物到西歐賺取銀幣的主意，為了增產穀物，便加強農奴制，嚴格催收農作物。西歐地區的經濟發展使人口增加，造成穀物需求升高，因此也積極輸入穀物。

西歐著重於工商業發展，而東歐的重心則放在糧食增產，東西歐的分工體制因而成形，建構了後來歐洲經濟的結構。

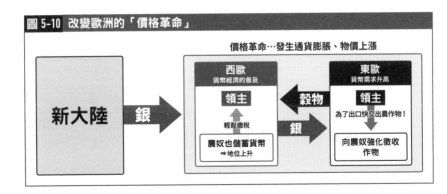

圖 5-10 改變歐洲的「價格革命」

價格革命…發生通貨膨脹、物價上漲

新大陸 → 銀 →

西歐
貨幣經濟的普及

領主
↓
輕鬆繳稅
↑
農奴也儲蓄貨幣
→地位上升

← 穀物
銀 →

東歐
貨幣需求升高

領主
為了出口快交出農作物！
↓
向農奴強化徵收作物

103

串連世界的「樞紐」馬尼拉

 亞洲的產物與運送白銀的「大帆船」

讓我們擴大視野，看看全世界的「白銀流向」。西班牙將墨西哥和玻利維亞的白銀運回歐洲的同時，也開闢了連結墨西哥阿卡普爾科與菲律賓馬尼拉的航線，穿越太平洋把銀運到菲律賓。這條貿易航線使用的是當時最大的帆船「加利恩大帆船」，所以這個航線上的貿易又叫「馬尼拉大帆船貿易」。

白銀運到馬尼拉後，用於收購東南亞的辛香料、中國的生絲、瓷器、印度產的棉布等，然後走同路線將商品反向運到墨西哥，經

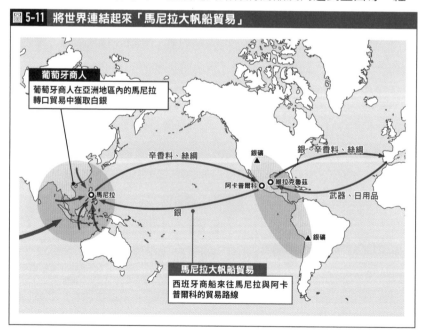

圖 5-11　將世界連結起來「馬尼拉大帆船貿易」

葡萄牙商人
葡萄牙商人在亞洲地區內的馬尼拉轉口貿易中獲取白銀

馬尼拉大帆船貿易
西班牙商船來往馬尼拉與阿卡普爾科的貿易路線

由陸地跨越墨西哥國土後，再橫渡大西洋，運到西班牙。大帆船貿易支撐了西班牙的經濟，一直持續到美國進軍太平洋為止。

亞洲各國也前往馬尼拉尋求白銀

相反的，葡萄牙不像西班牙直接統轄白銀生產地，所以只能透過貿易獲得西班牙的白銀。於是葡萄牙把重心放在轉口貿易，將印度、東南亞、中國的產物運到馬尼拉換取白銀，也就是**在菲律賓將「西班牙擁有的新大陸白銀」與「葡萄牙擁有的亞洲辛香料及絲綢等商品」進行交換。**

最初明朝採取海禁政策，只允許「朝貢貿易」，不准民間從事貿易，所以葡萄牙人只能利用非法手段攜出中國產品。東海沿岸的百姓組織成武裝的走私貿易商，後來葡萄牙人也加入了走私中國物產的行列。到了明朝後期海禁政策廢弛，政府對葡萄牙商人的行為轉為默許的態度。

學者推測，將槍枝傳入日本的葡萄牙人也是搭乘中國倭寇首領的船，在途中漂流到了日本。**葡萄牙發現了日本這個新的貿易夥伴，又得知日本是個足以與中南美洲匹敵的白銀產地，於是致力於與日本的大名發展貿易。**

東南亞、東亞市場的變化

葡萄牙正式加入轉口貿易，確立了從印度臥亞到麻六甲、澳門、日本平戶的航線。此後，過去因為東南亞、東亞轉口貿易而繁榮的麻六甲和琉球等地則轉向衰退。

後來麻六甲被葡萄牙占領，琉球則納入薩摩藩島津家的領地。

第1章 希臘、西亞地區、商朝、

第2章 秦朝、羅馬帝國、漢朝、

第3章 與隋朝、伊斯蘭教的誕生、唐朝

第4章 蒙古帝國 商業復興與

第5章 地理大發現 與明朝

第6章 荷蘭、英國的繁榮與大西洋革命

第7章 帝國主義 工業發展與

第8章 經濟大恐慌與 兩次大戰

第9章 經濟 冷戰下的

第10章 經濟危機與 全球化與

地理大發現 也是「大海盜時代」

 ## 「加勒比海盜」出現的原因

當白銀在世界流轉，各式商品也流通於世界時，「海盜」的行為也日益猖獗。因為**各地都是滿載著白銀和貴重貿易商品的船隻，只要突襲就能得到船上的貨物。**尤其是西班牙的商船，經常從殖民地出海沒多久，就在「加勒比海」一帶遭到搶劫。「加勒比海盜」的出現，是這時代的西班牙商船最害怕的事。

然而，法國、英國、荷蘭等國家卻對這些海盜事件大感興趣，為了削弱宿敵西班牙的國力，他們暗中資助海盜。法國將海盜視為合法的存在；本為西班牙屬地的荷蘭，因為一心想脫離西班牙獨立，所以也圖謀削弱西班牙的實力。英國的**德雷克**是最具代表性的海盜，他得到英國女王**伊莉莎白一世**的支援，完成環繞世界一圈的航行，並且在半途攻破了西班牙在太平洋的據點。西班牙商船都稱他「德拉克（與英文的「龍」發音相近）」，十分畏懼他。

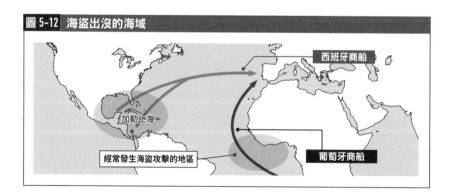

圖 5-12　海盜出沒的海域

西班牙商船
加勒比海
經常發生海盜攻擊的地區
葡萄牙商船

明朝的白銀
從南方向北方流動

第1章
西亞地區、
希臘、商朝、

第2章
羅馬帝國、漢朝、桑朝、

第3章
與隋朝、唐朝的誕生
伊斯蘭教

第4章
蒙古帝國與
商業復興與

第5章
與明朝
地理大發現

第6章
榮與
大西洋革命的
荷蘭、英國的

第7章
帝國主義
工業發展與

第8章
經濟大恐慌與
兩次大戰

第9章
經濟
冷戰下的

第10章
經濟危機與
全球化與

 明朝稅制轉為「銀本位」

　　世界白銀流通量增加後，銀也漸漸流入實施海禁政策的明朝。明朝初期，一般多以白米或勞力徵稅，發現用銀課稅更為有利，於是朝廷改革稅制為**一條鞭法**，將納稅方式統一為繳納白銀。

　　「北虜、南倭」是讓明朝最頭痛的異族，指的是北方的外族和南方的海盜集團。為了籌措萬里長城的修建費用與對抗海盜集團侵略的軍費，朝廷加重百姓的稅賦，而百姓為了用銀子繳稅，就必須獲取白銀。

 明朝百姓追求現金收入

　　於是，百姓們為了得到銀子，也努力的投入副業。除了生產糧食用的穀物，也開始生產生絲、棉線到市集販賣。

　　尤其是宋朝時代，在稻米一大產地的長江下游流域，農村手工業者為了追求「現金收入」，熱衷於栽種桑樹和棉花。於是，米的生產力略為下降，稻米的生產中心轉移到長江中游流域。

　　走私貿易商與葡萄牙商人將白銀攜入長江下游和中國東南沿岸，農村的手工業者得到銀錢，用其中一部分購買長江中游的稻米，於是白銀也流入中國內部，而明朝政府徵稅收取銀錢，作為防衛中國北方的軍事支出及萬里長城的修築費。可以說**白銀在中國內部的大流轉，是順著「從中國東南部到內陸，再從內陸到北方」的**

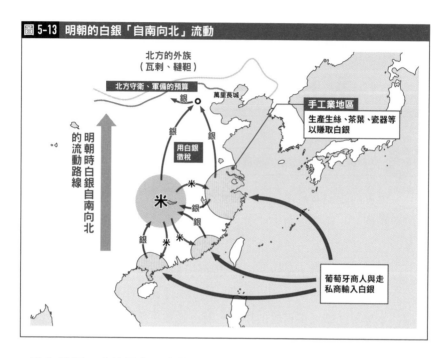

圖 5-13　明朝的白銀「自南向北」流動

北方的外族
（瓦剌、韃靼）

北方守衛、軍備的預算

銀

萬里長城

手工業地區
生產生絲、茶葉、瓷器等
以賺取白銀

明朝時白銀自南向北的流動路線

銀

銀

用白銀
徵稅

銀

米

米

米

米

銀

米

銀

米

銀

葡萄牙商人與走
私商輸入白銀

流向進行。尤其是中國產的生絲，透過走私商和葡萄牙商人運送到
日本和東南亞，再經由西班牙商人之手，從菲律賓輸出到美洲大陸
和歐洲，散布到世界各地。明朝末年，海禁政策轉為緩和，民間商
人可以自由的從事貿易，於是明朝的白銀流入量一舉大增。

白銀的流入引發貧富差距

　　在中國，「白銀」流入所帶來的利益，並沒有流入被壓榨的農
民手中。農民賣掉白米、生絲、棉線得到銀子，卻因為重稅而必須
立刻轉手交出。用生產物換取銀子時，又經常遭到商人的剝削，甚
至因為糾紛而引起暴動。真正得到利益的，不外乎是與政府勾結、
收買軍需物資送到北方的特權商人、稅賦部門的官吏，以及放高利
貸業者。他們住在城市中，過著極盡奢華的生活。

在經濟史上留名的「白銀之島」日本

第1章
希臘、西亞地區、商朝、

第2章
秦朝、羅馬帝國、漢朝、

第3章
與隋朝、伊斯蘭教的誕生、唐朝

第4章
蒙古帝國、商業復興與

第5章
地理大發現與明朝

第6章
榮與大西洋革命、荷蘭、英國的繁

第7章
帝國主義、工業發展與

第8章
經濟大恐慌與兩次大戰與

第9章
經濟冷戰下的

第10章
經濟危機與全球化與

世界級的大銀礦：石見銀礦

　　室町時代到戰國時代間，**投入明日貿易和走私貿易的中國商人以及葡萄牙商人來到日本之後，發現日本原來是世界數一數二的白銀生產國**。據推測日本當時挖掘出的白銀是世界產量的 1/3，是可與墨西哥和玻利維亞等中南美洲國家匹敵的白銀產地。當時日本的所有銀礦中，**石見銀山**的規模最大，推測從日本輸出的白銀大半都是從這裡出產的。現在這個銀礦遺址已被指定為世界遺產。

瞄準「白銀之島」的商人們

　　中國的走私商人與葡萄牙商人對開發「白銀之島」日本尤其積極。明朝時代，中國的白銀出現慢性缺乏，中國的走私貿易商與日本商人為了對抗海禁政策的取締，於是武裝組成倭寇集團。

　　葡萄牙在獲取白銀這一方面雖然比西班牙晚了一步，但是他們卻在自己的亞洲勢力範圍內發現了「白銀之島」。為了得到島上的白銀，開始積極的接近日本。自傳入槍枝之後，日本的戰國大名渴望購買槍枝，此外戰國的大大名（譯注：大名指的是奉祿一萬石以上的領主或諸侯。戰國時代，奉祿達 10 萬石的大名被稱為大大名，五萬石為中大名，以下稱為小大名）與都市的富商都穿著豪華絲綢，對白銀的需求量也因此升高。於是，葡萄牙商人從母國攜來槍枝，以及從中國收購生絲，賣給戰國大名和博多、堺的大商賈，

這就是所謂的「南蠻貿易」。西班牙商船看見了南蠻貿易的利益，也從菲律賓航行到日本加入南蠻貿易的行列。

歷史電視劇裡的「天下人」（譯注：指掌握天下政權的人，主要是戰國時代到江戶時代初期統一日本的人物）身上穿著的華麗絲綢衣袍所使用的生絲，就是在這個背景下輸入日本的。

西日本用銀，東日本用金

熱衷於南蠻貿易的主要是西日本大名，所以對外貿易較多的西日本，使用的貨幣以「銀」為主。相反的，東日本則因為武田家、北條家開發了甲斐、伊豆的金山，江戶時代初期更在佐渡開發出大規模的金礦，所以使用的貨幣以「金」為中心。**介紹江戶時代的日本經濟時，老師經常會用「西日本用銀，東日本用金」來解釋，形成這種現象的背景便是西日本的南蠻貿易與中國貿易。**

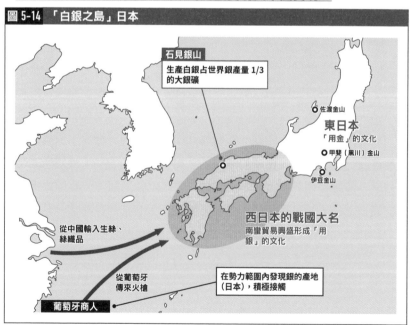

圖 5-14 「白銀之島」日本

石見銀山
生產白銀占世界銀產量 1/3 的大銀礦

佐渡金山

東日本
「用金」的文化

甲斐（黑川）金山

伊豆金山

從中國輸入生絲、絲織品

西日本的戰國大名
南蠻貿易興盛形成「用銀」的文化

從葡萄牙傳來火槍

在勢力範圍內發現銀的產地（日本），積極接觸

葡萄牙商人

將世界的白銀納入掌中的「日不落帝國」

第1章 希臘、西亞地區、商朝、

第2章 秦朝、羅馬帝國、漢朝、

第3章 與隋朝、唐朝伊斯蘭教的誕生

第4章 蒙古帝國商業復興與

第5章 與明朝地理大發現

第6章 榮與大西洋革命荷蘭、英國的繁

第7章 帝國主義工業發展與

第8章 經濟大恐慌與兩次大戰

第9章 經濟冷戰下的

第10章 經濟危機與全球化與

 ## 握有世界9成白銀的西班牙

前面我們大致看過了白銀的流轉路線,而在白銀的流通過程中,掌握霸權的就是西班牙。

西班牙不但握有玻利維亞、墨西哥薩卡特卡斯等地的巨大銀礦,又將南蠻貿易中取得的日本白銀,經由菲律賓馬尼拉匯集到墨西哥太平洋沿岸的阿卡普高和大西洋沿岸的維拉克魯斯,再從那裡將白銀運送到全世界。**據說當時全世界生產的白銀中,西班牙就握有9成。**

 ## 無法「有效使用」白銀的西班牙

西班牙的鼎盛時期,葡萄牙王室無人繼承,於是由當時的國王**腓力二世**兼任葡萄牙國王,合兩國之力的西班牙進入最強盛的時代,被稱為「日不落帝國」。但是,**西班牙從海外運回白銀後並沒有留下**,因為他們耗費莫大的軍事費用與敵國作戰、維持龐大的帝國,以及保護交易路線,防止在世界各地出沒的海盜。此外,強盛期的西班牙以「天主教國家盟主」的姿態,擔起了與鄂圖曼帝國等伊斯蘭教國家對抗的使命,使得軍事費用一再增加。

富格家族等金融業者看準西班牙財政困窘而借予巨款,利息也壓迫著西班牙的財政。腓力二世後來拒絕償還債務和利息,相當於「宣告破產」。

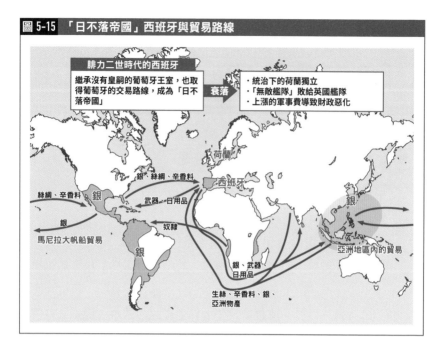

圖 5-15 「日不落帝國」西班牙與貿易路線

腓力二世時代的西班牙

繼承沒有皇嗣的葡萄牙王室,也取得葡萄牙的交易路線,成為「日不落帝國」

衰落

· 統治下的荷蘭獨立
· 「無敵艦隊」敗給英國艦隊
· 上漲的軍事費導致財政惡化

荷蘭

西班牙

銀、絲綢、辛香料

絲綢、辛香料

銀

武器 日用品

奴隸

銀

銀

銀

馬尼拉大帆船貿易

銀、武器
日用品

生絲、辛香料、銀、
亞洲物產

亞洲地區內的貿易

　　由此可見,西班牙並沒有運用白銀振興國內產業讓國民生活更加富庶,也沒有進行海外投資,反而任由白銀流出國外(這些白銀在後來造成了西歐的「價格革命」和東歐「強化農奴制」)。

取代西班牙的荷蘭與英國

　　西班牙陷入財政困境後,取代其地位的是荷蘭和英國。荷蘭在獨立戰爭中戰勝西班牙;英國則大破西班牙的無敵艦隊,迫使大國西班牙走向衰落。這兩國承接了葡萄牙和西班牙的貿易策略並且向外發展,最後終於取代了西班牙的霸權。

　　荷蘭充分運用葡萄牙的「點與線」貿易路線掌握霸權,英國則模仿西班牙,對美洲大陸採取大面積的統治,靠著經營殖民地取得霸權。

第6章

霸權國家
的變遷

荷蘭、英國的繁榮與大西洋革命

（17、18世紀）

第6章 荷蘭、英國的繁榮與大西洋革命　概述

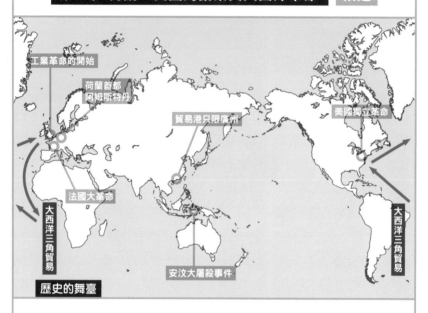

工業革命的開始

荷蘭首都
阿姆斯特丹

貿易港只限廣州

美國獨立革命

法國大革命

大西洋三角貿易

大西洋三角貿易

安汶大屠殺事件

歷史的舞臺

經濟體系發展，
重商主義與大西洋革命的時代

　　這個時代，舉國勃興產業、以貿易獲利的「重商主義」終於日漸興盛，荷蘭、英國等經濟上握有「霸權」的國家嶄露頭角。兩國內的近代化經濟系統逐漸確立，如股份公司的組織以及英格蘭銀行的創立。另外，美洲成為殖民地爭奪戰的舞臺，為了經營農業，歐洲人將奴隸運送到美洲。時代也迎向「大西洋革命」，尤其以工業革命對後世影響甚鉅。

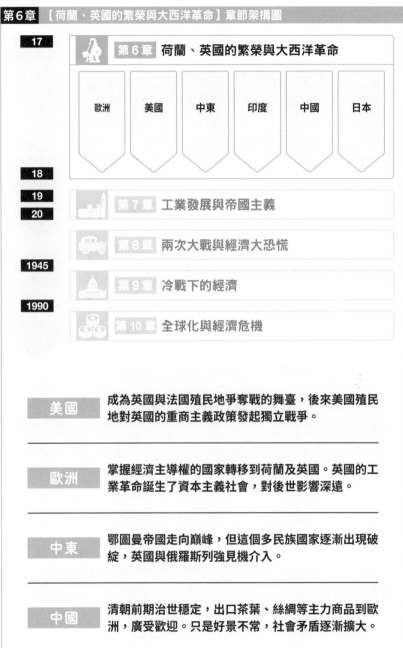

第6章　【荷蘭、英國的繁榮與大西洋革命】章節架構圖

17

第6章　荷蘭、英國的繁榮與大西洋革命

| 歐洲 | 美國 | 中東 | 印度 | 中國 | 日本 |

18
19
20

第7章　工業發展與帝國主義

第8章　兩次大戰與經濟大恐慌

1945

第9章　冷戰下的經濟

1990

第10章　全球化與經濟危機

美國　成為英國與法國殖民地爭奪戰的舞臺，後來美國殖民地對英國的重商主義政策發起獨立戰爭。

歐洲　掌握經濟主導權的國家轉移到荷蘭及英國。英國的工業革命誕生了資本主義社會，對後世影響深遠。

中東　鄂圖曼帝國走向巔峰，但這個多民族國家逐漸出現破綻，英國與俄羅斯列強見機介入。

中國　清朝前期治世穩定，出口茶葉、絲綢等主力商品到歐洲，廣受歡迎。只是好景不常，社會矛盾逐漸擴大。

第1章　西亞地區、希臘、商朝、

第2章　羅馬帝國、秦朝、漢朝、

第3章　伊斯蘭教的誕生與隋朝、唐朝

第4章　商業復興與蒙古帝國

第5章　地理大發現與明朝

第6章　荷蘭、英國的繁榮與大西洋革命

第7章　工業發展與帝國主義

第8章　兩次大戰與經濟大恐慌

第9章　冷戰下的經濟

第10章　全球化與經濟危機

舉國「賺」錢的時代來臨

 支持君主專制的重商主義

　　就在地理大發現和宗教改革的同一時期，歐洲各國紛紛形成了由「主權者」國王統治國家，並且劃分明確國境的「主權國家」。

　　君主專制的體制中，國王是為了維持所謂「專制主義」的權威而花費龐大經費來統治國家的「官僚」，並且必須配備「軍隊」，以便用武力統治國家以及與外國作戰。**各國的國王為了維持自己的權威，便衍生出必須「舉國賺錢」的需求。**這種「傾全國之力賺錢」的體制，又稱作「重商主義」。

　　最初，重商主義的形式是像地理大發現時期西班牙採取的「重金主義(貨幣差額論)」，目標是「從新大陸運回金銀，儲存在國庫」。但是，荷蘭、英國、法國等取代西班牙而興起的國家，採取的卻是「舉國從事買賣」的「貿易差額論」，目標是「把生產、收購的商品運到需要的地區賣掉，賺取利潤」。荷蘭、英國、法國創立的「東印度公司」，就是在這種「舉國賺錢」的國策下成立的。

　　想要「舉國賺錢」，**培育工商業者就非常重要。必須放寬經濟活動相關的規定，讓業者能在一定程度的自由下從事經濟活動及享受利潤。**在這過程中，生產的形態也產生了變化，開始了由商人將大量勞工集中在工廠，以分工的方式進行生產的**工廠制手工業**。

左右世界貿易的
「商人之國」荷蘭

第1章
希臘、西亞地區、商朝、

第2章
羅馬帝國、漢朝、秦朝、

第3章
與隋朝、唐朝伊斯蘭教的誕生

第4章
商業復興與蒙古帝國

第5章
與明朝地理大發現

第6章
荷蘭、英國的繁榮與大西洋革命

第7章
帝國主義工業發展與

第8章
經濟大恐慌與兩次大戰

第9章
經濟下的冷戰

第10章
全球化機與經濟危機

 荷蘭商人與喀爾文派的結合

在西班牙最強盛的時期，荷蘭的獨立動搖了這個「日不落帝國」。本為西班牙屬地的「尼德蘭」是個從事毛織品工業以及在波羅的海往來貿易的工商業地區。**宗教改革下誕生的喀爾文教派肯定儲蓄的想法，與工商業者意氣相投，因此在尼德蘭，信仰喀爾文派的民眾越來越多。**

天主教國家的「盟主」西班牙見此形勢，便禁止喀爾文教派傳播，強制百姓信仰天主教。

而在尼德蘭地區內的信徒也分成兩派，喀爾文派的新教徒較多分布在北部；天主教徒則多分布在南部，所以當地對於西班牙強制信仰天主教的命令，反應也不盡相同。北部發起獨立運動，南部則向西班牙靠攏。尼德蘭北部成為後來的「荷蘭」，而南部則成為後來的「比利時」。

尼德蘭北部的新教徒為獨立戰爭奮戰不懈，最終獨立成為「尼德蘭七省聯合共和國」，這便是所謂的「荷蘭」。

 串連全世界的荷蘭網絡

這場獨立戰爭，最終導致以工商業者和金融業者為主的新教徒聚集於荷蘭。荷蘭不只有技術高超的造船業，還在波羅的海進行貿易，將毛織品和鹽漬鯡魚外銷到歐洲全境。金融業者的資本結合了

這些專業技術，讓荷蘭的經濟發展日新月異。

荷蘭人口規模小，進軍海外時採用的策略比較接近葡萄牙「點與線」的形式，他們在葡萄牙占領的好望角附近建設開普敦，出兵占領斯里蘭卡和麻六甲，並且進一步在臺灣、印尼設立據點，更接觸江戶幕府，成為江戶時代唯一的歐洲貿易國。

當時有一條「黃金路線」，是進行印尼產辛香料的貿易，以及將東南亞產的砂糖運到日本賺取銀兩的航線，英國也對這條路線虎視眈眈。但是荷蘭人攻擊了印尼安汶島的英國商館，殺害了多位商館職員，引發了安汶大屠殺事件，英國也從這條連結印尼和日本的航線暫時退出。

「股份公司」的起源：荷蘭東印度公司

荷蘭東印度公司是荷蘭亞洲貿易的支柱，享有貿易壟斷權。英

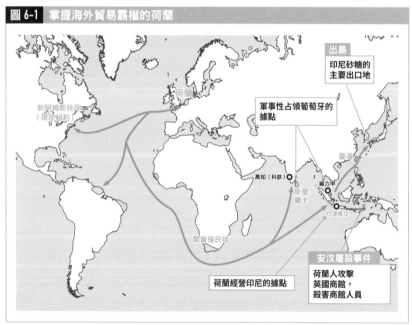

圖 6-1 掌握海外貿易霸權的荷蘭

出島
印尼砂糖的
主要出口地

荷蘭

軍事性占領葡萄牙的
據點

新阿姆斯特丹
（現在紐約）

臺灣

高知（科欽）

麻六甲

斯里
蘭卡

巴達維亞

開普殖民地

安汶屠殺事件
荷蘭人攻擊
英國商館，
殺害商館人員

荷蘭經營印尼的據點

國雖然在荷蘭之前也設立了「東印度公司」，但是英國會在每次出海前募集出資者，航行結束後分配所有的銷售金額，雖然名為公司，卻採取「逐次全額清算」的模式。荷蘭的東印度公司則採取長期經營商業活動的「股份公司」形態（後來英國東印度公司也改成「股份公司」）。

出資者可以投資小金額，公司有盈利的話，就能按照投資額度獲得紅利。其餘資金留在公司，用於下次航海和維持公司營運。即使公司破產了，出資者也不用負擔出資額以上的責任。而且集資的公司並不是向出資者貸款，所以沒有還錢的義務。「股票」是出資的證明書，它可以買賣，所以除了紅利之外，「股票」本身只要賣得比出資額高，就可以獲得轉讓的利益。建立「扁平化」且任何人都能直接向公司出資的組織，將資本擴大再生產，這種「股份公司」的根源就是「荷蘭東印度公司」。

 ## 鬱金香帶來世界第一次泡沫經濟

於是，荷蘭走向了「黃金時期」，靠著自己的貿易網，將流轉於全世界的白銀聚集起來，然後用這些錢投資東印度公司，再產生下一次利潤。從地理大發現開始的通貨膨脹依然持續，股票自然被民眾認為是「收藏起來就會升值」的財產，因而成為投機的對象。這種現象不只出現在股票，部分鬱金香愛好者所交易的珍貴鬱金香球根，也因為傳說「收藏就會升值」而成為獲利的工具，甚至出現價錢相當於一棟豪華住宅的高價球根。

但是，這種大幅超出實際價格的交易情形，正是「泡沫經濟」。當價格開始下滑，人們驚覺事態不妙，紛紛將球根脫手，於是球根價格直墜谷底。「泡沫崩壞」煞不住車，許多期待價格上漲而「出手」買下高價球根的人，最後都破產了。

第1章 西亞地區、希臘、商朝

第2章 羅馬帝國、秦朝、漢朝、

第3章 與隋朝、唐朝伊斯蘭教的誕生

第4章 商業復興與蒙古帝國

第5章 與明朝地理大發現

第6章 荷蘭、英國的繁榮與大西洋革命

第7章 工業發展與帝國主義

第8章 兩次大戰與經濟大恐慌

第9章 冷戰下的經濟

第10章 全球化與經濟危機

商業霸權英國的誕生

 英國的亞洲戰略將重點放在印度

　　英國在荷蘭之後也掌握了海上的霸權。這個國家自中世紀後期開始，羊毛產業就很興盛，領主和地主將農民趕出土地，改以牧草地飼養羊群，進行「圈養」。地主為了賺錢，寧可讓農民失業也要養羊而飽受批評，但是英國本身卻因此累積了財富。

　　英國女王伊莉沙白一世時代，羊毛產業成為國家的主要產業，靠著羊毛外銷，英國有了長足的發展。伊莉沙白一世授權創設英國

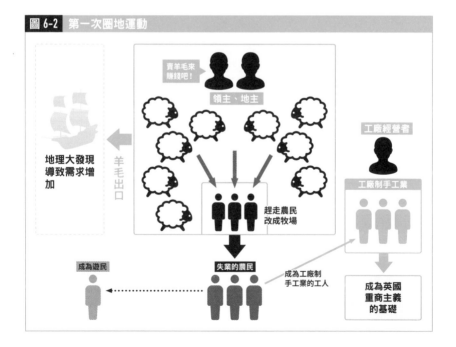

圖 6-2　第一次圈地運動

賣羊毛來賺錢吧！

領主、地主

工廠經營者

工廠制手工業

地理大發現導致需求增加

羊毛出口

趕走農民改成牧場

失業的農民

成為遊民

成為工廠制手工業的工人

成為英國重商主義的基礎

東印度公司，並授予它亞洲貿易的壟斷權。

英國雖然支持過想要脫離西班牙獨立的荷蘭，但是一旦要進軍世界時，荷蘭就成了對手。況且英國又因為發生了「安汶大屠殺事件」被迫退出東南亞市場，相當於被荷蘭恩將仇報。

因此，英國在**某種意義上「放棄」了東南亞，把重點轉移到經營印度和北美洲、加勒比海的殖民地。**

其中，英國尤其積極的從印度的馬德拉斯、孟買、加爾各答這3個主要城市進口印花棉布。這種棉織品**觸感平滑，清涼舒服，因而大受歡迎，風行一時，被稱為「衣料革命」。**英國政府擔心毛織品需求降低導致羊毛產業衰落，發布了「進口印花棉布禁止令」，但是也無法阻擋這股潮流。

另一方面，英國也在美洲大陸經營殖民地。被冠上伊莉莎白一世暱稱「童貞女王」（VIRGIN QUEEN）的維吉尼亞殖民地大量的

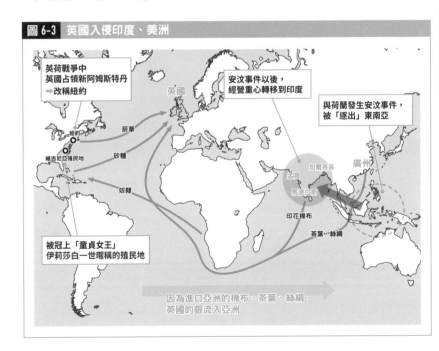

圖 6-3　英國入侵印度、美洲

英荷戰爭中
英國占領新阿姆斯特丹
➡改稱紐約

安汶事件以後，
經營重心轉移到印度

與荷蘭發生安汶事件，
被「逐出」東南亞

英國

紐約

菸草

維吉尼亞殖民地

砂糖

奴隸

加爾各答

孟買

馬德拉斯

廣州

印花棉布

茶葉 及び 絲綢

被冠上「童貞女王」
伊莉莎白一世暱稱的殖民地

因為進口亞洲的棉布、茶葉、絲綢，
英國的銀流入亞洲

第1章
西亞地區、商朝

第2章
羅馬帝國、漢朝

第3章
與伊斯蘭教的誕生、隋朝、唐朝

第4章
蒙古帝國與

第5章
與明朝地理大發現

第6章
荷蘭、英國的繁榮與大西洋革命

第7章
帝國主義與工業發展

第8章
兩次大戰與經濟大恐慌

第9章
冷戰下的經濟

第10章
全球化與經濟危機

開墾菸草農園以及輸入非洲的奴隸。

靠戰爭攫取的海上霸權

海上貿易的霸權從「支配白銀流動的西班牙」轉移到「以『點與線』控制亞洲到美洲範圍的荷蘭」。而英國在經過與荷蘭的「英荷戰爭」以及與法國的「西班牙王位繼承戰爭」兩場戰役後，奪得了海上的霸權。

英國制定了「航海法」來對付海上霸權國家荷蘭，這道航海法規定「出入英國與英國殖民地的貿易船，必須是由英國船員駕駛的英國船」，藉此打擊擅長以「點與線」貿易路線掌握轉口貿易的荷蘭。**荷蘭轉口貿易的「銷路」多為英國的城市或殖民地，如果因此無法做生意的話，荷蘭將會損失慘重。**

荷蘭按捺不了這番挑釁，發起了多達 3 次的英荷戰爭。戰爭本身並沒有明確的勝敗結果，但是荷蘭的轉口貿易確實受到傷害，英國從荷蘭手上取得了現在的紐約，得到了「實際利益」。

為了美洲與法國槓上

英國在「英荷戰爭」前後正處於動盪的時代，因為發生「清教徒革命」和「光榮革命」兩個大事件，政治體制有了顯著的轉變。隨著政治變化，外交關係也時時刻刻改變著。「光榮革命」導致擁有英國王室血脈的荷蘭總督被迎為英國君主（威廉三世），**英國與荷蘭關係變得親近，反倒是與法國形成對立關係。**

而法國正值君主專制最巔峰的**路易十四、路易十五**時代。英國與新對手法國，為了爭奪殖民地展開了激烈的戰爭，史稱「第二次百年戰爭」。

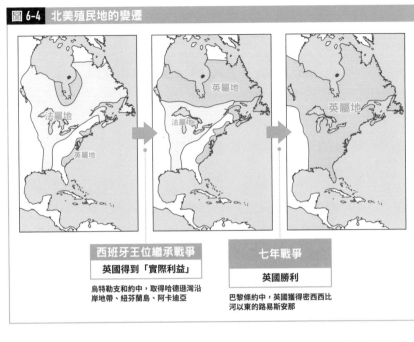

圖 6-4　北美殖民地的變遷

法屬地
英屬地

英屬地
法屬地

英屬地

西班牙王位繼承戰爭

英國得到「實際利益」

烏特勒支和約中，取得哈德遜灣沿
岸地帶、紐芬蘭島、阿卡迪亞

七年戰爭

英國勝利

巴黎條約中，英國獲得密西西比
河以東的路易斯安那

第1章 希臘、商朝、西亞地區

第2章 羅馬帝國、秦朝、漢朝、

第3章 伊斯蘭教的誕生與隋朝、唐朝

第4章 商業復興與蒙古帝國

第5章 地理大發現與明朝

第6章 荷蘭、英國的繁榮與大西洋革命

第7章 工業發展與帝國主義

第8章 兩次大戰與經濟大恐慌

第9章 冷戰下的經濟

第10章 全球化與經濟危機

　　其中，路易十四為了把自己的孫子安插進西班牙王室而引發的
西班牙王位繼承戰爭，正好給了英國經濟一個大進步的機會。

　　這場戰爭的談和條件「烏特勒支和約」中，英國雖然在「名義
上」承諾讓法國王室血脈繼承西班牙王位，但是實質上，英國卻獲
得了西班牙殖民地的奴隸貿易壟斷權與北美洲哈德遜灣沿岸地帶、
紐芬蘭島土地等巨大的利益。英國自從簽訂和約後，將大量的奴隸
送到西班牙殖民地和英屬牙買加的甘蔗農園，賺得了莫大的利益。

　　與路易十五在殖民地發生的七年戰爭中，英國也大獲全勝。英
國在這場戰爭中得到廣大的美洲殖民地，掌握了龐大的市場。

英國各種發達的「金錢」技術與制度

 英格蘭銀行的創設

英國能在七年戰爭這種大規模對外戰爭中獲勝的主要原因有兩個，一是議會制度的奠定，另一個則是國債鞏固了資金調度。

議會制度促進國民建立對戰爭的共識，讓政府能在國民的支持下進行戰爭，此外，政府發行的國債，也從資金面提高了持續作戰的能力。

「國債」就是政府借的錢，這種概念從中世紀開始就已存在，以前的國債的概念主要是「君主」的私人借款，沒有還錢的保證。

因此，在荷蘭早一步發行具有議會保障與還款保證的國債後，英國也引進這個概念。國民的稅金是在議會「建立共識」之下課徵，因為還有稅金可做為還款，就不用擔心政府「倒債」。

話雖如此，但是英國在剛開始招募民眾購買國債時，卻募集不到資金。因此，政府向商人募集資金，另外設立民間銀行供給資金給政府，這便是英格蘭銀行。英格蘭銀行購買政府的國債「融資」給政府；政府得到貸款，相對的也開放英格蘭銀行發行支票的權限。支票就是寫下面額，可與貨幣交換的證明書。

英格蘭銀行使用支票貸款給民間，而接受融資的對象再將支票當成「紙幣」，在需要的時候交給支付對象。收到支票的人可以持支票到英格蘭銀行兌換現金，而且隨時都能兌換英格蘭銀行保管的金幣，因為支票具有這種「信用」，所以也可以直接支付給別人。**總之，支票在實質上已被當成「紙幣」。對英格蘭銀行來說，將金**

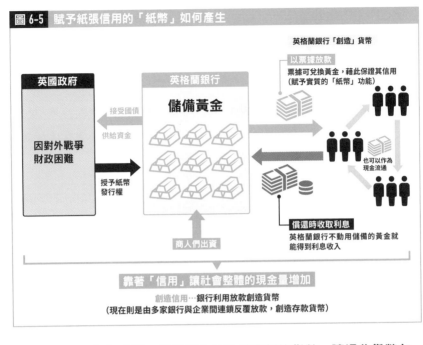

圖 6-5　賦予紙張信用的「紙幣」如何產生

英格蘭銀行「創造」貨幣

以票據放款
票據可兌換黃金，藉此保證其信用
（賦予實質的「紙幣」功能）

英國政府

接受國債

英格蘭銀行

儲備黃金

供給資金

因對外戰爭
財政困難

授予紙幣
發行權

也可以作為
現金流通

償還時收取利息
英格蘭銀行不動用儲備的黃金就
能得到利息收入

商人們出資

靠著「信用」讓社會整體的現金量增加

創造信用…銀行利用放款創造貨幣
（現在則是由多家銀行與企業間連鎖反覆放款，創造存款貨幣）

第1章
西亞
地區
朝、希
臘、商

第2章
秦羅
朝馬
、、漢帝
朝國、

第3章
與伊
隋斯
朝蘭
、、教
唐的
朝誕
生

第4章
蒙商
古業
帝復
國興
與

第5章
與地
明理
朝大
發
現

第6章
榮荷
與蘭
大、
西英
洋國
革的
命繁

第7章
帝工
國業
主發
義展
與

第8章
經兩
濟次
大大
恐戰
慌與

第9章
經冷
濟戰
下
的

第10章
經全
濟球
危化
機與

幣及銀幣保留在手邊，並且經由放款創造新的貨幣，讓這些貨幣在
社會上流通，便可以獲得利息收入。這種經由貸款創造新貨幣的銀
行功能，稱為「創造信用」，現在的銀行也具有這種功能。因為這
樣的高收益性，國內外的資金都流入英格蘭銀行，也帶動了整個英
國的資金調度力。

　　「南海泡沫事件」也是與英國「國債」有關的話題之一。「泡
沫經濟」的語源就是來自於這起「南海泡沫事件」。

　　這起事件發生時，英格蘭銀行創立未久，英國政府還無法獲得
銀行充分的資金調度，為了籌措英荷戰爭和西班牙王位繼承戰爭的
軍費而發行國債，卻難以承擔國債的利息，幾乎面臨破產危機。因
此，政府授權成立了南海公司（South Sea Company），給予西
班牙屬地中南美洲的貿易壟斷權，相對的要求南海公司接下國債，
代替政府承擔借款。由於民眾看好奴隸貿易的收益，南海公司的股

價在半年內急升了 10 倍以上，無數小規模的「泡沫」公司想趁機撈一票，引起一陣股票狂熱。隨後人們發現南海公司是無法獲利的公司，造成股價瞬間暴跌，許多人血本無歸，泡沫公司也在眨眼間消聲匿跡。

後來，南海公司更被揭發向政府要員頻繁賄賂，在政經界引起大風暴，「會計監察制度」和「公認會計師」的制度都是在這個事件的反省中創設的。

 ## 從咖啡館誕生的損害保險

荷蘭掌握海上霸權時，孕育出「股份公司」，而英國成為海上霸權時，則開創了「損害保險」與「證券交易所」。

世界的產物漸漸匯集到英國，各地開設許多名為「咖啡館」的社交場所，供民眾消費。有一家「勞埃德咖啡館」為顧客發行最新的航運新聞獲得好評，吸引了許多貿易商與船員在此聚會。有些保險業者以減輕海難意外的風險為由，向這些貿易商收錢。若船隻航海平安，**保險業者便將從貿易商那裡收到的保險金據為己有，若是發生意外就將這些錢付給貿易商，建立了今日「損害保險」的結構。**而源自這家「勞埃德咖啡館」的「勞埃德保險社」（又稱勞合社）就是世界上最有名的保險交易所。

另一家名為「強納森」的咖啡館則成為股票交易的聚會場所，成為現在倫敦證券交易所的原型。

追隨英國的歐洲各國

第1章
西亞地區、希臘、商朝、

第2章
秦朝、羅馬帝國、漢朝、

第3章
與隋朝、唐朝伊斯蘭教的誕生

第4章
蒙古帝國與商業復興與

第5章
與明朝地理大發現

第6章
榮與大西洋革命荷蘭、英國的繁

第7章
帝國主義工業發展與

第8章
經濟大恐慌兩次大戰與

第9章
經濟冷戰下的

第10章
經濟全球危機化與

落後英國一步的法國

與英國為爭奪殖民地開戰的法國，正處於波旁王朝**路易十三**、**路易十四**的「君主專制」的時期。

自稱「太陽王」的路易十四在財務總管**柯爾貝**的輔佐下，積極培育國內產業，計畫擴大殖民地。但是，**法國議會對戰爭並沒有形成共識，只能用重稅填補軍費，戰爭執行能力不如英國好，所以在與英國的殖民地戰爭中敗下陣來。**此外，路易十四時代建設豪奢的**凡爾賽宮**的花費也壓迫國家財政，再加上施行禁止信仰喀爾文教派的宗教政策，使得喀爾文教派的工商業者大多轉向國外，造成法國財政更加惡化。

「17世紀危機」的時代

其實，在荷蘭、英國掌握霸權時和法國君主專制時代，整個歐洲正處在史稱「**17世紀危機**」的時期。氣候寒冷、穀物生產歉收，再加上鼠疫大流行，使得人口停滯不前，經濟活動陷入低迷。荷蘭和英國成功克服了難關奪得霸權，但受害最嚴重的德國卻發生大規模的宗教戰爭，即「**三十年戰爭**」，在經濟上一蹶不振。

俄國在**彼得大帝**與**凱薩琳女王**的治理下，開始經營西伯利亞地區，將毛皮當成主要的貿易商品，同時也推動近代化，試圖擠入西歐強國之列。

往來大西洋的「黑色貨物」與「白色貨物」

被當成「商品」交易的人們

奴隸自古代美索不達米亞時代就存在，並且被當成「商品」買賣。尤其伊斯蘭商人自中世紀開始便將非洲黑奴的買賣當作印度洋貿易的一環。

地理大發現的先驅葡萄牙前往非洲西海岸探險，隨後西班牙征服了新大陸，形成從非洲西海岸到美洲大陸的新奴隸貿易路線。

由於嚴厲的奴役工作，加上歐洲帶來的傳染病，造成美洲大陸殖民地的原住民人口劇減，需要大量的奴隸來補充勞動力。從非洲載運奴隸到美洲大陸的奴隸船上擠滿了奴隸，擁擠得幾乎無法動彈，由於條件太過惡劣，許多人在航行中死去，即使平安的到達美洲大陸，但等待著他們的卻是甘蔗園、菸草、咖啡、棉花等農場的艱苦勞動。

大西洋的三角貿易

為了供給大量的奴隸，有些歐洲人還採取「獵捕奴隸」的手段，事實上還是讓「非洲人」自己執行。也就是說，歐洲各國看準了非洲部落社會的文化，便向特定部落提供武器，讓他們「獵捕奴隸」，把抓到的俘虜送到美洲大陸去當奴隸。

因此，非洲也產生武器的需求，不論是獵奴隸的部落與保護自己不被獵捕的部落都需要武器，**貿易的形態轉為「從非洲供給奴隸**

到美洲大陸」、「將美洲大陸生產的商品運往歐洲」、「從歐洲供應武器給非洲部落」這樣橫跨大西洋的「三角貿易」。

　　而進行奴隸貿易的主角也隨著世界的海上霸權的轉變，從葡萄牙、西班牙，演變為荷蘭、英國。

　　荷蘭的商業模式近似葡萄牙，他們的「銷路」也與葡萄牙相似，都是大量向當時葡萄牙的屬地巴西，和鄰近的荷屬幾內亞，也就是現在的「蘇利南」大量提供奴隸。英國成為三角貿易的主角，大權在握後，則供給奴隸到西班牙的殖民地和美洲西岸的英國殖民地，**奴隸是「黑色貨物」，而美洲生產的砂糖則稱為「白色貨物」，兩者帶給英國莫大的財富。這些財富也成為後來工業革命時的「資本」。**

第1章　西亞地區、希臘、商朝、

第2章　羅馬、帝國、秦朝、漢朝、

第3章　伊斯蘭教的誕生與隋朝、唐朝

第4章　商業復興與蒙古帝國

第5章　地理大發現與明朝

第6章　荷蘭、英國的繁榮與大西洋革命

第7章　工業發展與帝國主義

第8章　兩次大戰與經濟大恐慌

第9章　冷戰下的經濟

第10章　全球化與經濟危機

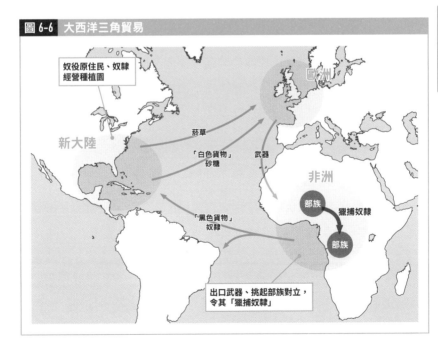

圖 6-6　大西洋三角貿易

奴役原住民、奴隸經營種植園

新大陸

歐洲

非洲

菸草

「白色貨物」砂糖

武器

「黑色貨物」奴隸

部族

獵捕奴隸

部族

出口武器、挑起部族對立，令其「獵捕奴隸」

隨著白銀流入而「沒落」的鄂圖曼帝國

 「多民族國家」鄂圖曼帝國的煩惱

讓我們把目光轉向亞洲，過去盛極一時的鄂圖曼帝國走向沒落之路。「白銀」是導致鄂圖曼帝國衰退的經濟因素之一。雖然晚了其他國家一步，但是在世界各地流轉的白銀還是流入鄂圖曼帝國。

鄂圖曼帝國是個多民族國家，其中由土耳其民族統治了阿拉伯人、埃及人、希臘人等民族。帝國為了凝聚語言、文化都不相同的民族，所以花費高額的成本去維持及管理國內的官僚和軍隊。

尤其是它的領土包含了歐洲的匈牙利、塞爾維亞、羅馬尼亞、希臘等廣大的範圍，必須投入龐大的軍事費才能維持「控制力」。

就在此時，白銀流入鄂圖曼帝國，物價飛漲。一般百姓得到銀子，景氣也轉好，但同時，軍隊武器和糧食的維持成本也跟著三級跳，鄂圖曼帝國的財政呈現慢性赤字。

 鄂圖曼帝國控制力減弱與近東問題

鄂圖曼帝國為了填補赤字而實施增稅，在各地派駐徵稅員確實徵收稅賦。但是從帝國統治下的各民族角度來看這是「加強管理」，農民與游牧民族頻頻起義造反。另外，在東歐地區，鄂圖曼帝國於「第二次包圍維也納」時失敗（譯注：1529 年時蘇丹蘇萊曼派鄂圖曼軍包圍維也納試圖入侵中歐失敗，是為第一次包圍維也納），失去匈牙利，又受到奧地利及來自黑海地區俄羅斯的壓迫。

國內有百姓造反，國外受到他國壓迫，鄂圖曼帝國統治多民族的「控制力」不斷減弱，各民族也展開追求獨立的運動。這種局面也進一步給了歐洲列強在經濟、軍事上入侵鄂圖曼帝國的機會。鄂圖曼帝國領土發生的一連串外交問題，稱之為「近東問題」。

沒落前夕的近代化政策

當歐洲各國加強介入鄂圖曼帝國政局時，鄂圖曼帝國國內也產生了積極引進西方的技術與文化，試圖追求近代化的想法。這個歡迎歐洲風格的時代稱為「鬱金香時代」，鄂圖曼帝國雖然正在走下坡，但在這個時代還留存著大國的風範。到了後來，受到俄羅斯南下及其他列強的壓迫，才真正開始走向沒落。

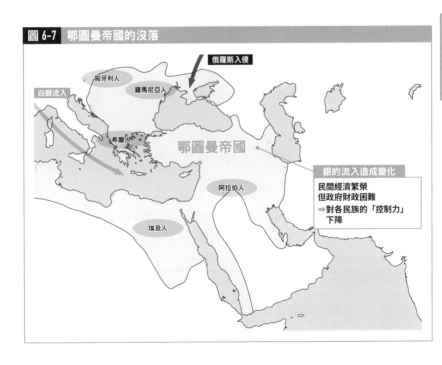

圖 6-7　鄂圖曼帝國的沒落

俄羅斯入侵

匈牙利人

羅馬尼亞人

白銀流入

希臘人

鄂圖曼帝國

阿拉伯人

埃及人

銀的流入造成變化
民間經濟繁榮
但政府財政困難
➡對各民族的「控制力」下降

第1章 西亞地區、希臘、商朝、

第2章 秦朝、羅馬帝國、漢朝、

第3章 與隋朝、唐朝伊斯蘭教的誕生

第4章 蒙古帝國商業復興與

第5章 與明朝地理大發現

第6章 荷蘭、英國的繁榮與大西洋革命

第7章 工業發展與帝國主義

第8章 兩次大戰與經濟大恐慌

第9章 經濟冷戰下的

第10章 經濟危機與全球化與

各方勢力的角力下 衰弱的蒙兀兒帝國

 ## 蒙兀兒帝國的最盛期與沒落

　　印度的蒙兀兒帝國也如同鄂圖曼帝國，度過了巔峰期，來到「夕陽西下」的時期。**奧朗則布**將領土擴張到最大範圍，改變了蒙兀兒帝國過去的宗教融合政策，成為伊斯蘭教國家，厲行褊狹的宗教政策，破壞印度教的寺廟、打破平等稅制，重新向印度教徒課徵人頭稅。最後，這種嚴厲的政策削弱了蒙兀兒帝國的「控制力」，各地反抗勢力揭竿而起，蒙兀兒帝國也陷入混亂。

 ## 壯大的英國入侵蒙兀兒

　　英國在「安汶大屠殺」事件後，被荷蘭掃地出門，被迫撤出東南亞的英國開始傾力於印度的經營。他們以馬德拉斯、孟買、加爾各答這3個城市為據點，積極的與印度發展商貿活動。

　　另一方面，法國浮上檯面成為英國的競爭對手，同時也取得朋迪治里和金德訥格爾兩個據點，專注經營印度。

　　英法兩國不但在美洲進行激烈的殖民地爭奪戰，在印度的競爭也逐步擴大。英國於馬德拉斯設置商館，法國也在附近的朋迪治里設置商館；法國得到金德訥格爾後，英國便「闖入」附近的加爾各答，兩國的衝突一觸即發。最後兩國在印度土地上發起了「卡那提克戰爭」。戰勝的英國確立了在印度的優勢地位。這個時期，印度有「蒙兀兒帝國」、「反蒙兀兒帝國各勢力」、「英國」、「法

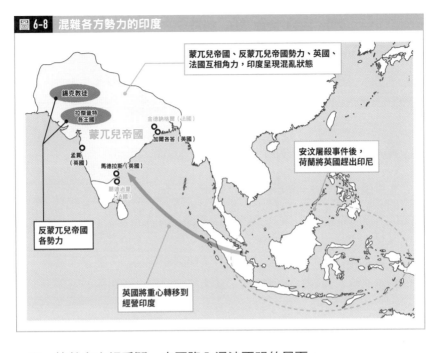

圖 6-8　混雜各方勢力的印度

蒙兀兒帝國、反蒙兀兒帝國勢力、英國、
法國互相角力，印度呈現混亂狀態

錫克教徒

拉傑普特
各王國

蒙兀兒帝國

金德訥格爾（法國）

加爾各答（英國）

孟買
（英國）

馬德拉斯（英國）

朋迪治里
（法國）

反蒙兀兒帝國
各勢力

安汶屠殺事件後，
荷蘭將英國趕出印尼

英國將重心轉移到
經營印度

第1章 西亞地區、希臘、商朝、

第2章 羅馬帝國、秦朝、漢朝、

第3章 與伊斯蘭教的誕生 隋朝、唐朝

第4章 商業復興與 蒙古帝國

第5章 與地理大發現 明朝

第6章 荷蘭、英國的繁榮與大西洋革命

第7章 工業發展與帝國主義

第8章 兩次大戰與經濟大恐慌

第9章 冷戰下的經濟

第10章 全球化與經濟危機

國」等勢力交相爭鬥，帝國陷入混沌不明的局面。

　　英國東印度公司向蒙兀兒帝國的皇帝取得印度東部的徵稅權
和司法權，實質性的管理領土，印度統治者的性質越趨明顯。

　　印度是個擁有龐大人口的廣大市場，英國有意將當時的主力產
品毛織品引進當地，但是銷路不佳。反倒是印度產的「印花棉布」
大量傾銷到英國，等價的大量白銀因而從英國流向印度。等到英國
賺回這些白銀時，已是工業革命以後的事。

133

清朝前半期 安定的統治與經濟

 移居東南亞的中國商人

中國的明朝末期放寬「海禁政策」，允許民間商人參與貿易。在明朝之後入主的清朝，統治前期除了一段時期之外，並不禁止民間交易，所以中國有很多商人與日本、東南亞進行貿易。

日本施行「鎖國政策」，也對清朝限制貿易額，於是中國商人便把重心從日本轉移到東南亞。其中出現了很多在東南亞各地定居的商人，與中國本土商人結合為貿易網絡。

清朝雖然開放商人們出國，但是並不准許他們滯留於海外。因為清朝並非由漢人統治，因此清政府懷有警戒之心，深怕心懷不滿的人民在海外設立反政府活動的據點。

但是實際上，**許多商人離開家鄉後，在東南亞各地建立廣大的中國人網絡，對東南亞經濟發揮重大的作用。** 這些人就是「華僑」、「華人」之始。

現在，東南亞各地有超過 2000 萬華裔民眾居住，新加坡的人口中，華裔更占了 3/4。

 在歐洲大受歡迎的清朝商品

再回頭看看中國與歐洲的貿易，就會發現清朝前半期也正是世界海上的霸權從荷蘭轉移到英國的時期。中國的茶、生絲、瓷器在歐洲大受歡迎，經由商人們大量收購後帶回歐洲去。

清朝發布貿易管理體制，將對歐貿易限定在廣州。從此之後前往中國的歐洲船隻都必須繞過中南半島停靠廣州。但是在最初，清朝在上海、寧波、漳州、廣州4個港口都設置了類似「海關」的對外貿易窗口，管理出入境和進出口管理，並沒有限定停靠港。

停靠港的限定，起因於廣州官吏的要求。原來廣州官吏從歐洲商人手中收取高額的手續費，嘗到了甜頭，於是想要獨占利益。然而部分英國船隻卻因為手續費負擔太高而不願停靠廣州，要求北上停靠寧波港。廣州的官吏和商人認為自己的利益會被寧波搶走，於是請求朝廷禁止歐洲船隻在廣州之外的港口交易。

到了最後，港口中只限廣州可與歐洲船貿易，清廷建立了一套規則，將貿易的專利權授予一些稱為「公行」的特權商人，再從他們得到的利益中抽取稅金。

由於停靠港和交易對象都被限制，購買商品時只能任由商人

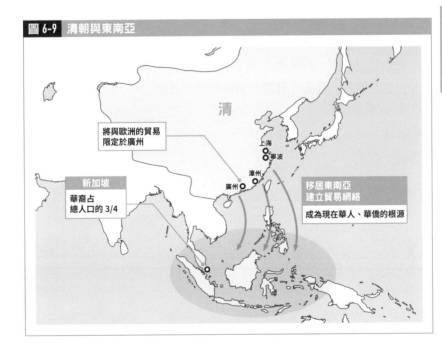

圖 6-9　清朝與東南亞

將與歐洲的貿易限定於廣州

新加坡
華裔占總人口的 3/4

移居東南亞建立貿易網絡
成為現在華人、華僑的根源

清

上海
寧波

漳州

廣州

第1章　西亞地區、希臘、商朝、

第2章　秦朝、羅馬帝國、漢朝、

第3章　與隋朝、唐朝伊斯蘭教的誕生

第4章　蒙古帝國商業復興與

第5章　與明朝地理大發現

第6章　荷蘭、英國的繁榮與大西洋革命

第7章　工業發展與帝國主義

第8章　兩次大戰與經濟大恐慌與

第9章　冷戰下的經濟

第10章　全球化與經濟危機與

「坐地起價」，歐洲人的不滿日益高漲。然而歐洲對茶葉、絲綢、瓷器等中國產品的需求還是很高，清朝與歐洲船隻的貿易量也持續增加，等價的白銀大量流入清朝。

好景氣下的社會矛盾

靠著外國流入的白銀，清朝進入了景氣暢旺的時代。明朝時實施「一條鞭法」將徵稅方式統一為以銀錢繳稅，但是清朝進一步改革，將針對「人與土地」課徵的稅，統一為對「土地」課稅（又稱攤丁入地），引進用銀錢繳納的地丁銀制，清的稅制也更加穩定。

從人民的層次來看，穀物生產增加之外，茶葉、蓼藍、桑等商業作物的栽培趨於多樣，瓷器生產等手工業也發展昌盛。百姓的生活逐漸富裕，山地也開始栽培從美洲大陸傳入的玉米、甘薯等可以供應多數人口的作物，清朝前半期，中國的人口增加了兩倍。

但是，白銀流入也導致沿海地帶與內陸的貧富差距擴大，官僚之間賄賂成風等，好景氣之下，社會的矛盾也正在擴大。

經歷康熙、雍正、乾隆三朝皇帝的「盛世」後，內陸百姓發起了大型的起義事件，史稱「天理教亂」。清廷為了鎮壓民變，將過去的積蓄大量投入，使得清朝財政頓時陷入困窘，不得不聽任歐洲各國入侵。

江戶初期
日本限縮貿易對象

第1章 西亞地區、希臘、商朝、

第2章 秦朝、羅馬帝國、漢朝、

第3章 伊斯蘭教的誕生與隋朝、唐朝

第4章 蒙古帝國商業復興與

第5章 地理大發現與明朝

第6章 荷蘭、英國的繁榮與大西洋革命

第7章 工業發展與帝國主義

第8章 兩次大戰經濟大恐慌與

第9章 冷戰下的經濟

第10章 全球化與經濟危機

 ## 採取「積極」貿易政策的江戶時代初期

　　日本經歷了戰國、安土桃山的亂世後，由**德川家康**開啟江戶幕府，進入長期的安定時代。

　　江戶幕府一向給人較強的「鎖國政策」印象，但是江戶時代初期，幕府的貿易政策意外的相當「積極」，例如派商人遠赴墨西哥、允許獲得航海許可的「朱印船」到東南亞從事貿易、在東南亞各地建立稱為「日本町」的城鎮等等。

　　不過，幕府認為積極拓展海外貿易會連帶導致天主教傳教士進入國內，於是發布禁教令，同時也採取貿易限制政策，限縮貿易的對象國和窗口。

 ## 金銀不斷流出的日本

　　這個政策實施雖然限制了貿易的窗口，但並沒有「封閉」國家，日本還是與清朝、朝鮮、荷蘭持續維持貿易，所以**日本自戰國時代起流出的金銀並沒有減少。**

　　幕府認為，金礦、銀礦的產量日益縮小，金銀卻一再流出的話，幕府的財政狀況將會越趨嚴峻，因此發出貿易限制令阻止金銀流出，但是效果有限，江戶幕府的財政持續慢性惡化，江戶中期提出的「三大改革」，就是力圖重建財政。

　　琉球歸降薩摩藩的島津家，實質上已屬於薩摩藩統治，但是仍然維持向中國清朝納貢的姿態。

改變世界結構的技術革新

 「大西洋革命」成為一大轉捩點

　　「資本主義」、「民族國家」形成，時代從「近代早期」來到「近代」時期，工業革命、美國獨立革命、法國大革命等革命與其中伴隨的各種社會變革，這一連串事件就是所謂的「大西洋革命」，也是這段期間不可缺少的元素。由於經濟上的「工業革命」與政治上的「民主革命」同時進行，所以這個時代又稱為「雙元革命」的時代。這一連串的革命，打破了過去以**國王、貴族等掌權者為中心的階級結構，握有主權的國民為了擴大自己的經濟利益，運用輿論與選舉改變國家**，形成了近代的資產階級社會。

 英國具備的「資本」與「勞動力」

　　英國是最早完成工業革命並且從「手工業」轉移到「機器工業」階段的國家。英國之所以能比其他國家提早開始工業革命，有幾個重要因素。

　　工業生產需要的是「財力」與「人力」，也就是「資本」和「勞動力」，以及「銷售」的「市場」。其中在「資本」與「市場」方面，英國掌握海上霸權，具有靠著大西洋三角貿易積蓄資本，還有控制進入市場的海上貿易路線這兩個強項。

　　接著，關於「勞動力」，與當時英國發生的改良農法，也就是「農業革命」有著密切的關係。英國東部諾福克地帶普及的新農法

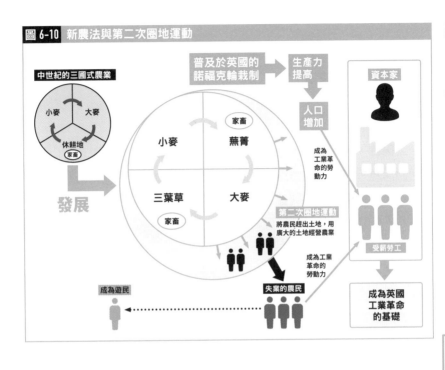

圖 6-10 新農法與第二次圈地運動

中世紀的三圃式農業

小麥　大麥

休耕地
家畜

發展

普及於英國的諾福克輪栽制

生產力提高

人口增加

家畜
小麥　蕪菁
三葉草　大麥
家畜

資本家

成為工業革命的勞動力

第二次圈地運動
將農民趕出土地，用廣大的土地經營農業

成為工業革命的勞動力

受薪勞工

成為遊民

失業的農民

成為英國工業革命的基礎

第1章　西亞地區、希臘、商朝、

第2章　秦朝、羅馬帝國、漢朝、

第3章　與伊斯蘭教的誕生、隋朝、唐朝

第4章　商業復興與蒙古帝國

第5章　與明朝地理大發現

第6章　荷蘭、英國的繁榮與大西洋革命

第7章　工業發展與帝國主義

第8章　兩次大戰與經濟大恐慌

第9章　冷戰下的經濟

第10章　全球化與經濟危機

「諾福克輪栽制」，帶來了穀物生產力的大幅提升。「諾福克輪栽制」是從中世紀的「三圃式」農法發展而來，在一塊農地上按照時間順序耕種蕪菁、大麥、三葉草和小麥。配合蕪菁和三葉草的栽培飼養家畜，也是現代不用休耕、有效利用土地的「混合農業」的濫觴。這種農法提升了穀物的生產力，也連帶使得人口增加。

　　此外，這種農法移動式的飼養家畜，所以需要廣大的農地，於是地主與議會聯手立法，合法的把農民趕出土地，將土地改造成廣大耕地，這稱為「第二次圈地運動」。失去土地的農民流入都市，變成了勞動力。在「人口增加」的背景下，又增加了「農民轉變成勞工」的因素，產生了豐富的「勞動力」。

英國的工業革命從棉織品工業開始。如前所述,英國在與印度的貿易中進口了「印花棉布」,付出等價的白銀給印度,也就是說,英國對印貿易是「赤字」的狀況。

因此,英國的纖維業者和技師致力於棉織品的技術革新。因為他們認為,**如果原本依賴進口的商品能在國內生產,就能滿足國內的需求,獲得龐大的利益。**於是,現在又將國家發展工業的第一步稱作「進口替代工業」。此外,蒸汽機等動力技術也與棉織品工業一同進步。

工業革命並不只是單純的「機械化」,也改變了整個社會的結構。**同時身為資本家及擁有許多機器的工廠老闆,雇用勞工在工廠內使用機器從事生產,資本主義系統也就此開始發展。**在資本主義的社會中,人們追求利益,永遠都在競爭。英國的經濟學者**亞當‧斯密**認為,在人們各自進行自由的經濟活動,為了追求自己的利益而互相競爭的同時,價格、需求量和供給量也會自動調整,整體國民的經濟變得豐裕,生活也隨之發展。這套理論成為資本主義經濟的基礎,直到現在依然適用。

工業革命期間設計出來的機器,連接水力或蒸汽機就能自動化。**勞工不需要熟練的技術,只要操作機器就能夠生產物品。正因為如此,勞工的酬勞低,不得不在惡劣的勞動及居住環境中生活,相反的,經營工廠的資本家卻能獲得很高的利益。**

資本家與勞工形成新的社會階層,此外,為了解決與勞工相關的新的社會問題,也誕生了新的思想和政策。

殖民地團結對抗英國的「重商主義」

第1章 希臘、西亞地區、商朝、

第2章 羅馬帝國、秦朝、漢朝、

第3章 伊斯蘭教的誕生與隋朝、唐朝

第4章 蒙古帝國商業復興與

第5章 與地理大發現明朝

第6章 荷蘭、英國的繁榮與大西洋革命

第7章 工業發展與帝國主義

第8章 兩次大戰與經濟大恐慌

第9章 冷戰下的經濟

第10章 全球化與經濟危機

在美國形成的各種殖民地

英國人在北美大陸東岸建設的 13 個殖民地，在「美國獨立革命」後脫離英國獨立，建立美利堅合眾國。但是，最初北部的殖民地多以自耕農和自營工商業者為主，南部則是使用奴隸經營菸草、稻米種植園為中心，13 個殖民地在經濟上各有各的需求，並非團結一心。各有特色的殖民地最後能齊心協力的與英國抗戰，爭取獨立建國，有經濟上的背景。

英國的重商主義與北美的反抗

英國本地為了發展本國的「重商主義政策」，希望北美殖民地一直保持「母國原料供應地」與「母國產品市場」的角色。如果殖民地開放自由貿易，或是當地工業發展起來，美國對英國來說就不再是「有利可圖」的土地，而成為「工商業上的競爭對手」了。

因此，英國從北美殖民地進口鐵礦，再將英國本地生產的鐵製品賣給美國殖民地，刻意阻礙鐵礦豐富的美國在鐵工業上的成長。

此外，英國與法國為了美洲殖民地發動七年戰爭，試圖用「向北美抽重稅」的方式來緩解籌措軍費產生的財政赤字。當然此舉引起殖民地人民的反抗，但英國限制殖民地民眾的自治權，試圖壓制人民的不滿。

茶葉引爆獨立戰爭

　　英國繼續加強課稅，像是要求印刷品或證書上有義務貼上英國本國發行印花的「印花稅」，以及對蘭姆酒原料甘蔗糖蜜課稅的「糖稅」等，殖民地的民眾對此頻頻抗議，對立越來越嚴重。

　　「茶稅法」的通過讓對立到達最高點。隨著東印度公司經營惡化，殖民地強烈反對這道讓東印度公司壟斷茶葉販賣權的法令，波士頓的居民攻擊停泊在波士頓港的東印度公司船隻，將茶葉倒入海中，史稱「波士頓茶葉事件」。殖民地召開大陸會議，向母國要求自治權，英國則試圖以武力鎮壓抗議，因而演變為戰爭。而美國在這場戰爭中取得勝利，贏得了獨立。

圖 6-11　美國獨立戰爭

獨立前的「13 個殖民地」

英法北美戰爭中英國獲得的土地
（密西西比河以東的路易斯安那）

獲得此地
所花的戰費

在此地課重稅
弭平

英國本國的重商主義政策

希望美國殖民地成為
「英國的原料供應地」與
「英國產品的市場」

為籌措英法北美
戰爭的軍費，
強化重商主義

美國獨立戰爭

反抗重稅

美國 13 個殖民地

雖然各有背景
但殖民地團結起來爭取獨立吧

高唱「私有財產不可侵犯」的革命理念

第1章 希臘亞地區、商朝、

第2章 桑朝、帝國、漢朝、

第3章 伊斯蘭教的誕生與隋朝、唐朝

第4章 商業復興與蒙古帝國

第5章 與地理大發現與明朝

第6章 荷蘭、英國的繁榮與大西洋革命

第7章 工業發展與帝國主義

第8章 兩次大戰與經濟大恐慌

第9章 冷戰下的經濟

第10章 全球化與經濟危機

被財政困難壓迫的法國與革命的爆發

英國與法國爆發的殖民地爭奪戰使英國的財政惡化，成為導致美國獨立的原因。而法國在殖民地戰爭後被英國奪走了「實利」，財政赤字更加嚴重，在法國大革命的前夕，債務已占國庫支出的一半。人民的稅賦沉重之外，收稅員舞弊更層出不窮，人民對徵稅更加憤懣不平。

因此，法國國王路易十六任命銀行家尼克爾擔任財政總監，堅決向以往享有繳稅豁免權的神職人員和貴族課稅。當然，神職人員與貴族抗議課稅，企圖加重對平民的稅賦。另一方面，由於乾旱和歉收，百姓面臨糧食價格上漲，歷經工業革命後，英國的產品輸入對手工業者造成致命性的打擊，所以民怨的矛頭也都指向神職人員和貴族。這股民怨最後轉變為法國大革命。

最終，法國大革命讓國王被處斬，也廢止了特殊人士的特權。**提倡革命理念的人權宣言，認為私有財產是自由經濟活動的前提，將它視為「神聖且不可侵犯」的權利，由此可知他們把特權人士和國王看作「奪去自己財產的人」。**

以失敗告終「大陸政策」

法國大革命的結果，是手握權力的**拿破崙**下令起草「拿破崙法典」，以法律的形式留下革命成果。拿破崙法典確立了法國對身分

143

制社會的屏棄，並**保障絕對的財產所有權。法典的建立活絡了經濟活動，也是設立法國銀行及法國工業革命的源頭。**

　　拿破崙經濟政策的核心在於控制英國產品的輸入，以及栽培法國的工業。因此他發布「大陸政策」，禁止他治下的歐洲國家與英國貿易或通信，並且把歐洲大陸當作法國工業的「市場」。

　　但是這道命令對奧地利和俄羅斯等農業國家十分不利，他們被迫購買價格高昂的法國產品，但是自己的主力商品──農作物卻不能賣到英國。所以俄羅斯打破這項命令，進行走私買賣出口穀物到英國，再進口英國的工業產品。而拿破崙以懲罰俄羅斯為理由遠征莫斯科，最後慘敗而被迫退位。

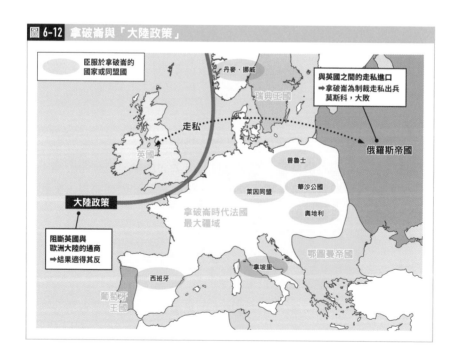

圖 6-12　拿破崙與「大陸政策」

臣服於拿破崙的國家或同盟國

丹麥、挪威

瑞典王國

與英國之間的走私進口
➡拿破崙為制裁走私出兵莫斯科，大敗

走私

英國

俄羅斯帝國

普魯士

華沙公國

萊因同盟

奧地利

大陸政策

拿破崙時代法國最大疆域

阻斷英國與歐洲大陸的通商
➡結果適得其反

鄂圖曼帝國

拿坡里

西班牙

葡萄牙王國

第7章

擴大的「帝國」

工業發展與帝國主義

（19世紀）

第7章 工業發展與帝國主義 概論

世界第一條鐵路

德國工業化

克里米亞戰爭

明治維新

淘金熱

南北戰爭

鴉片戰爭

英屬印度帝國
的建立

蘇伊士運河

拉丁美洲獨立

英國的
殖民地帝國

歷史的舞臺

帝國主義諸國將世界
開闢成殖民地

　　這個時代，被稱為「世界工廠」的英國在世界各地拓展殖民地，奠定了自由貿易體制，英國產品遍及全世界。英國與隨後完成工業革命的其他國家，開始以「國際分工」的名義，在亞洲、非洲各國開拓殖民地，以確保生產原料，同時開闢產品市場。國家之間的貿易更加熱絡，確立以金為價格標準的國際金本位制度。達成統一的德國、經過南北戰爭的美國，在工業化都有長足發展。

17
18

荷蘭、英國的繁榮與大西洋革命
第6章

19

工業的發展與帝國主義
第7章

| 歐洲 | 美國 | 中東 | 印度 | 中國 | 日本 |

20

兩次大戰與經濟大恐慌
第8章

1945

冷戰下的經濟
第9章

1990

全球化與經濟危機
第10章

美國
獨立後，美國往西部擴張，南北方為了經濟政策對立，經過南北戰爭後，美國開始發展工業化，成為世界最強大的工業國。

歐洲
繼英國之後，各資本主義國家演進為帝國主義。這些國家「瓜分」了非洲與東南亞，開拓為殖民地。

中國
自鴉片戰爭後，清朝走向沒落，遭受列強侵略的清朝雖力圖變革，但在中日戰爭中仍不敵日本，一敗塗地。

日本
開放國門、展開明治維新的日本，實施改正地租、建立通貨制度等改革，日漸成長為資本主義國的一員。

第1章 西亞地區、希臘、商朝、

第2章 羅馬帝國、秦朝、漢朝、

第3章 伊斯蘭教的誕生與隋朝、唐朝

第4章 商業復興與蒙古帝國

第5章 地理大發現與明朝

第6章 荷蘭、英國的繁榮與大西洋革命

第7章 工業發展與帝國主義

第8章 兩次大戰與經濟大恐慌

第9章 冷戰下的經濟

第10章 全球化與經濟危機

陸續豎起
帝國主義旗幟的各國

追隨英國的「後起資本主義國家」

英國發起工業革命與美國獨立革命、法國大革命這幾項在經濟、政治兩大領域的「雙元革命」，隨著社會和文化的變化，影響也向外擴大。

透過工業革命，製造出生產物品的機器，機器靠著水力和蒸汽自動化，加上用來輸送機器的鐵路的鋪設等等，產業連鎖性的提升，各種製品價格降低，大量生產並供應給全世界的市場。

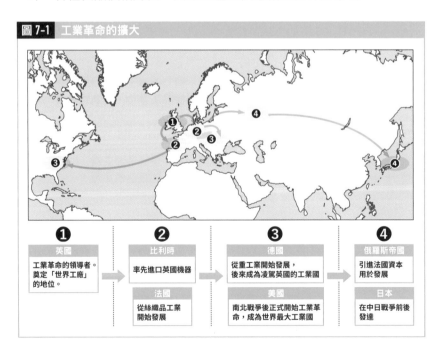

圖 7-1　工業革命的擴大

❶ 英國	❷ 比利時	❸ 德國	❹ 俄羅斯帝國
工業革命的領導者。奠定「世界工廠」的地位。	率先進口英國機器	從重工業開始發展，後來成為凌駕英國的工業國	引進法國資本用於發展
	法國	**美國**	**日本**
	從絲織品工業開始發展	南北戰爭後正式開始工業革命，成為世界最大工業國	在中日戰爭前後發達

世界各國過去都依靠手工業來生產商品，因此**最快達成工業革命的英國，將廉價、品質穩定的商品大量傾銷到其他國家的話，就成為他們國內產業衰退的危機**，各國必須尋求對策來保護自己國家的利益。

如果一個國家具備相當程度的經濟或技術基礎，那麼靠著招募英國的技師，在本國開始生產機器，或從英國進口機器，就能在國內生產商品，走向工業革命的道路。這些國家與英國相比，被定位為「後起的資本主義國」。

「後起資本主義國」國家有法國、比利時、德國、美國，以及俄羅斯和日本，這些國家為追求市場和原料的供給，發展出帝國主義式的政策。雖然被稱為「後起」，但是也有像德國一樣，在快速發展之下，工業很快就凌駕於英國的國家。

在「國際分工」名義下被殖民地化的世界

相反的，沒有這種經濟或技術基礎的國家，以及較晚現代化的國家，就得屈從於資本主義國家，扮演英國等資本主義國家傾銷產品的市場和供應廉價原料產地的角色。

於是在**資本主義國負責「生產與販賣」，各地區提供「原料與市場」的形式下，「世界分工」不斷發展**。也就是說，「工業革命」促進了「世界排名」與「世界分工」。這些資本主義國家被稱為「列強」，他們積極的拓展亞洲、非洲、拉丁美洲的殖民地，而這些地區也逐漸屈從於歐美資本主義國家。

第1章 西亞地區、商朝、希臘

第2章 秦朝、羅馬帝國、漢朝、

第3章 與隋朝、唐朝 伊斯蘭教的誕生

第4章 蒙古帝國 商業復興與

第5章 與明朝 地理大發現

第6章 荷蘭、英國的繁榮與大西洋革命

第7章 **工業發展與帝國主義**

第8章 經濟大恐慌與兩次大戰

第9章 經濟 冷戰下的

第10章 經濟危機與全球化

另一個「美洲」的獨立

反抗宗主國經濟剝削的克里奧爾人

　　美國獨立革命與法國大革命的影響也波及到拉丁美洲，發展成「大西洋革命」。拉丁美洲自西班牙、葡萄牙入侵之後，便淪為歐洲各國「重商主義政策」剝削的對象。

　　這時，生於拉丁美洲，自稱「克里奧爾人」的歐洲人造反起義。**領導美國獨立的人們原本是英國殖民者的後代，同樣的，「克里奧爾」也是歐洲的殖民者的後裔，但是他們卻受到母國的經濟剝削，因而起義爭取獨立。**

　　最後，哥倫比亞、玻利維亞、墨西哥等國家陸續獨立，但是這些「克里奧爾人」原本就是歐洲體系中大莊園的主人，他們仍舊繼續剝削當地的原住民和奴隸。後來，拉丁美洲逐漸轉為英國、美國的市場，在經濟上越來越依附這兩個國家。

圖 7-2　拉丁美洲的獨立

墨西哥

中美洲運邦

大哥倫比亞
共和國

祕魯、
玻利維亞
邦

智利

阿根廷

巴拉圭

烏拉圭

多明尼哥

海地
脫離法國獨立。
拉丁美洲第一個
獨立國家

巴西
（脫離葡萄牙
獨立）

圭亞那
英國、荷蘭、法國
瓜分統治
➡第二次世界大戰
後，英屬、荷屬
地區獨立

原為西班牙
屬地

「鐵路時代」宣告 「鐵的時代」到來

第1章 西亞地區、希臘、商朝、

第2章 秦朝、羅馬帝國、漢朝、

第3章 伊斯蘭教的誕生與隋朝、唐朝

第4章 蒙古帝國商業復興與

第5章 與明朝地理大發現

第6章 荷蘭、英國的繁榮與大西洋革命

第7章 工業發展與帝國主義

第8章 經濟大恐慌與兩次大戰

第9章 冷戰下的經濟

第10章 全球化與經濟危機

轉眼間擴展四方的鐵路網

英國的**史蒂芬生**是讓蒸汽機自行前進，將「蒸汽機關車」實用化的人物。他所製造的「機關車一號」，成功的牽引載滿 600 名乘客和貨物的 38 節貨車廂，以平均時速 18km 通過了 40km 的實驗鐵道。在過去只能靠人力或馬車運輸，而鐵路在這一刻展現了懸殊的運輸能力。

於是，英國曼徹斯特到利物浦之間的鐵道隨即開始鋪設及運轉。轉眼之間，鐵路便分布整個英國和歐洲全境，從第一條鐵軌開始運轉，到歐洲全境鋪設鐵路，只花了 30 年。

接著為了輸送殖民地產物，亞洲和非洲也都鋪設了鐵路，鐵路網擴展到世界各地。**鐵路的時代的到來，同時也代表「鐵的時代」來臨。**鐵路的建設帶來鋼鐵增產，成為各國經濟發展的推動力。尤其是美國與德國的鋼鐵生產力凌駕於英國，成為世界數一數二的工業國。

這個時代的資訊網，也隨著交通網的暢通而發達，美國的摩斯發明電報機，只要有電線，不論距離多遠都能在瞬間傳遞情報。英國鋪設了連結歐洲到北美洲、非洲、印度、中國、澳洲的海底電纜網，用於擴張和維持殖民地帝國。在倫敦開張的路透通信社利用這個電纜網，從世界各地收集新聞，發布給英國的民眾。

151

黃金與紙幣的關係 被切斷又接起

暫時停止兌換黃金

拿破崙在歐洲大陸各地發動戰爭時，英國作為反法聯盟的核心，阻止了拿破崙的侵略。

發動戰爭需要大量的物資。每當戰火一起就會消耗資源，必須隨時補充。因此一般在戰爭的時候，進口額會比出口額來得多。

原本英格蘭銀行發行的「鈔票」具有「兌換券」的功能，可以兌換金幣，但是在戰爭狀態下，如果英國戰敗、英格蘭銀行倒閉的話，紙鈔就不再具有兌換金幣的保障，形同廢紙。

外國的民眾平常是用鈔票支付進出口商品，但是一旦戰爭爆發，大家不免認為「鈔票可能變成廢紙，相較之下黃金比較有保障」，於是要求英國不要使用鈔票，改用黃金交易。此外，民眾也將以往英國支付給外國的鈔票攜入英國要求兌換黃金，最後英國儲備的黃金大量的流到國外。黃金一旦流出，作為「兌換券」的鈔票便無法大量流通，社會因為「現金流通」惡化而陷入恐慌。

發行只具「面額」的「不可兌換紙幣」

因此，英國政府制定法律，禁止將紙幣兌換為黃金。**「雖然不能兌換黃金，但是可以按面額使用」**，這種紙幣叫做「不可兌換紙幣」。不可兌換紙幣不能當作「黃金兌換券」，所以政府可以印鈔票，對現金量「灌水」，防止景氣惡化。同時，盡可能用紙幣與國

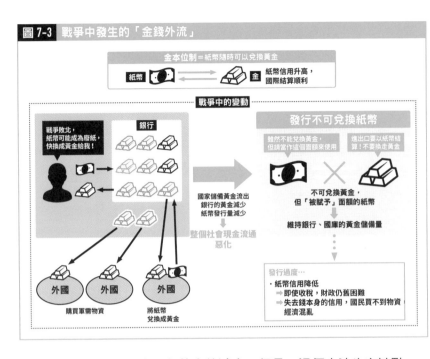

圖 7-3　戰爭中發生的「金錢外流」

金本位制＝紙幣隨時可以兌換黃金

紙幣　⟷　金　紙幣信用升高，
國際結算順利

戰爭中的變動

戰爭敗北，
紙幣可能成為廢紙，
快換成黃金給我！

銀行

國家儲備黃金流出
銀行的黃金減少
紙幣發行量減少
↓
整個社會現金流通
惡化

發行不可兌換紙幣

雖然不能兌換黃金，
但請當作這個面額來使用

進出口要以紙幣結
算！不要換走黃金

不可兌換黃金，
但「被賦予」面額的紙幣

維持銀行、國庫的黃金儲備量

發行過度…
・紙幣信用降低
⇒即使收稅，財政仍舊困難
⇒失去錢本身的信用，國民買不到物資，
經濟混亂

外國　　外國　　外國

購買軍需物資　　　將紙幣
　　　　　　　　　兌換成黃金

外交易，也可以防止國內黃金的減少。但是，這個方法也有缺點。鈔票就像**不能兌換黃金，只具有「面額」的紙片，如果發行量大，價值就會漸漸流失，越來越接近真正的「紙片」**。紙幣的價值低落，人們必須花更多鈔票才能買到相同的物品，就會演變成物價上升的「通貨膨脹」。

回歸金本位制

拿破崙戰爭結束後，為了修正混亂的貨幣價值、恢復紙幣的信用，人民要求重新讓紙幣與金幣互相兌換。

因此，英國政府制定「貨幣法」，根據這條法律，重新發行約 8 克重的一英鎊金幣，這種金幣稱為「索維林金幣」。一英鎊紙幣與一英鎊索維林金幣價值相同，隨時都可以互相兌換（這種「可以

第1章 西亞地區、商朝、希臘、

第2章 秦朝、帝國、漢朝、羅馬

第3章 與隋朝、唐朝 伊斯蘭教的誕生

第4章 商業復興與 蒙古帝國

第5章 與地理大發現 明朝

第6章 荷蘭、英國的繁榮與大西洋革命

第7章 工業發展與帝國主義

第8章 經濟大恐慌與兩次大戰

第9章 經濟 冷戰下的

第10章 經濟危機與全球化

兌換成金幣的紙幣」又稱為「可兌換紙幣」）

另外，最耐人尋味的是，即使把索維林金幣熔化，回復成**「純金」狀態，只要重量相同，也可以當作一英鎊來使用。所以一英鎊紙幣約與 8 克黃金具有完全相同的價值。**

這種將黃金與紙幣的價值綁在一起，確保紙幣信用的制度，叫做「金本位制」。英國以「大英帝國」的信用基礎，發行了超出黃金儲備量數倍的紙幣，使英鎊紙幣充斥世界。世界各國也追隨這個制度，變更為金本位制。

國際金本位制的形成

之後，金本位制曾在戰爭前後中斷，不過它還是維持到了第二次世界大戰後，成為國際性的體系。

這個體制有個優點，就是讓國際交易更容易，貿易進行得更順暢。舉例來說，英國稱某件商品以「120 鎊」出售時，若能將黃金與紙幣連結起來：「120 鎊＝ 960 克黃金＝ 640 美元」，則不用經過一連串「呃……120 鎊是……640 美元……需要 640 個一美元金幣」的通貨換算，英國只要說「給我 960 克黃金」就行了。美國買方只要量好黃金重量，送純金過去就可以。彼此之間省去計算金幣和紙幣數量的麻煩，貿易也變得更加暢通。

此外，進口量增加，黃金流到國外的話，國內的存金量就會減少。這麼一來國內的「現金流通」情況變差，人事成本與原料費用自然的就會受到壓制，發生「通貨緊縮」現象，造成該國整體的產品價格降低，而接下來則可望產生出口量增加，最後賺回黃金的「自動調整作用」。

資本家要求「放寬管制」

第1章 希臘、西亞地區、商朝、

第2章 羅馬帝國、秦朝、漢朝、

第3章 伊斯蘭教的誕生與隋朝、唐朝

第4章 商業復興與蒙古帝國

第5章 地理大發現與明朝

第6章 荷蘭、英國的繁榮與大西洋革命

第7章 工業發展與帝國主義

第8章 兩次大戰與經濟大恐慌

第9章 冷戰下的經濟

第10章 全球化與經濟危機

「國家利益」與「資本家利益」相互衝突

英國是世界上第一個進行工業革命的國家，因而孕育出許多擁有工廠、引進機器雇用勞工的「資本家」。現代的企業在獲得利益後，會將部分金額轉而投資設備來「擴大生產」，以賺取更多的錢，而當時的資本家賺到錢之後，也想要繼續增加獲利。

不過，當時英國的政策方針是「重商主義」，也就是透過振興以國家名義進行的貿易，來賺更多錢。

實際上，資本家與國家的想法無法同時成立，因為**資本家的想法是「想要自己賺錢」，但採取「重商主義」的政府卻認為應「以國家利益優先」。**

舉例來說，「東印度公司」是獲得英國政府授予亞洲貿易專利權的公司，靠著英國政府的後援，在各地建立據點，完全配合母國的政策以獲取利益。但是，從資本家的角度來看，卻認為：「我們也想加入亞洲貿易！」、「只有東印度公司受到優待，太不公平了！」，難以接受政府的想法。

英國議會同意「放寬管制」

於是，**資本家針對國家方針，要求「放寬管制」，希望能更自由的從事貿易。**議會採納他們的訴求，逐漸推動自由主義式的改革。不只停止東印度公司的商業活動，也廢止對外國進口的穀物課

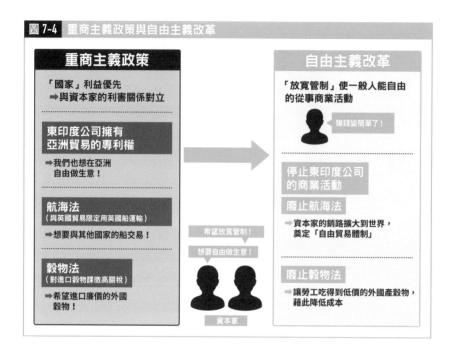

圖 7-4 重商主義政策與自由主義改革

重商主義政策

「國家」利益優先
➡與資本家的利害關係對立

東印度公司擁有
亞洲貿易的專利權
➡我們也想在亞洲
自由做生意！

航海法
（與英國貿易限定用英國船運輸）
➡想要與其他國家的船交易！

穀物法
（對進口穀物課徵高關稅）
➡希望進口廉價的外國
穀物！

希望放寬管制！
想要自由做生意！
資本家

自由主義改革

「放寬管制」使一般人能自由
的從事商業活動

賺錢變簡單了！

停止東印度公司
的商業活動

廢止航海法
➡資本家的銷路擴大到世界，
奠定「自由貿易體制」

廢止穀物法
➡讓勞工吃得到低價的外國產穀物，
藉此降低成本

徵高關稅的穀物法，以保護英國的地主。

由於穀物法的廢止，勞工可以吃到廉價的進口穀物，雇主也能以較低廉的薪資雇用勞工。如此一來，不只能降低商品價格，對生意也有利。

此外，在與荷蘭爭奪霸權的過程中通過的「航海法」，規定「進出英國與英國殖民地的貿易船，必須為英國船員駕駛的英國船」。但是資本家卻認為「不論是哪個國家的商船，只要貿易條件好都可以談談」，所以這道法令也因為資本家的反對運動而廢止。

這一連串「放寬管制」的措施，給予資本家平等的「賺錢機會」，建立了自由競爭的體制。

而在社會上，主張允許奴隸「自由工作」可以增加他們的工作意願、提高生產力的論調更受支持，配合人道上反對奴隸論調的高漲，奴隸貿易也終於廢止。

大英帝國從「世界工廠」 走向「世界銀行」

讓世界充滿商品的自由貿易政策

在英國，接著到來的是**維多利亞女王**治世的穩定期。英國國內在自由主義式的改革下，頻繁拓展殖民地，賦予貿易商和資本家**在世界各地展開「自由貿易」的機會，將廉價優質的工業產品分送到世界，成為名副其實的「世界工廠」**。這時，倫敦舉辦第一屆「萬國博覽會」，各國也見識到英國的繁榮與新產業社會的來臨。

於是，**這個趨勢也締造出了銀行家和投資家等「金融資本家」**，他們正是提供生意「資金」給貿易商和資本家的人。

對周邊的「後起資本主義」各國來說，如果這些廉價、品質穩定的英國商品進到國內，本國工廠製造的產品就賣不出去，產業也隨之衰退。所以這些國家**採取「貿易保護」政策，利用關稅對英國貿易築起「壁壘」，盡可能阻止英國商品進口，保護本國產業**。

如此情況，便形成了實施「自由貿易」的英國與採取「貿易保護」措施的後起資本主義國家彼此相持不下的經濟結構。

印度成為英國最重要的殖民地

這個時代，英國採取避免與歐洲大陸有政治上連結，集中開發海外的外交政策，稱之為「光榮孤立」。在亞洲，英國靠著鴉片戰爭和英法聯軍打開中國市場，直接統治印度。在非洲則採取「非洲縱向占領政策」，積極的進軍海外。

第1章
西亞地區、
希臘、商朝、

第2章
秦朝、
羅馬帝國、
漢朝、

第3章
與隋朝、
伊斯蘭教的誕生
唐朝

第4章
商業復興與
蒙古帝國

第5章
與明朝
地理大發現

第6章
荷蘭
與大英帝國的繁
西洋革命

第7章
帝國主義
工業發展與

第8章
經濟大恐慌與
兩次大戰

第9章
經濟
冷戰下的

第10章
經濟危機與
全球化

圖 7-5 英國的殖民地帝國

加拿大聯邦
非洲縱向占領政策
埃及
印度帝國
馬來聯邦
新幾內亞
澳洲
開普殖民地
紐西蘭
布耳戰爭

　　其中，**印度「供給棉花給英國，同時也是英國棉織品市場」，對英國來說是非常「可口」的土地，也成為英國最重要的殖民地。**為了縮短抵達印度的航線，英國便向埃及買下蘇伊士運河。

　　實際上，英國為了進口茶葉、咖啡、砂糖、棉花、橡膠和礦產資源，貿易收支一直呈現赤字，只能轉變角色為「世界銀行」，靠著海運業、保險、海外投資的利息或紅利，來維持對外收支平衡。

　　但是到了維多利亞時代末期，英國的光芒出現了陰影也是不爭的事實。世界最強工業國的寶座讓給了重工業發達的美國，英國的工業生產量也被德國追趕過去。

　　英國的對外收支開始惡化，為防止國庫的黃金減少、求取維持「金本位制」的黃金，英國因而在南非長期投入殖民地戰爭，國力逐漸衰退。

帝國主義法國超越英國

第1章
西亞地區、
希臘、商朝、

第2章
羅馬帝國、
秦朝、漢朝、

第3章
與伊斯蘭教的誕生
隋朝、唐朝

第4章
商業復興與
蒙古帝國

第5章
與地理大發現
明朝

第6章
榮與大西洋革命
荷蘭、英國的繁

第7章
工業發展與
帝國主義

第8章
兩次大戰與
經濟大恐慌

第9章
經濟冷戰下的

第10章
經濟危機與
全球化與

路易‧拿破崙建設的「花都」

　　法國在英國維多利亞時代時期，正值由路易‧拿破崙主政的第二帝國與接續的第三共和政體時代。第二帝國時期也是法國工業大幅躍進的時期，**巴黎實施大規模的都市改建，誕生了現在所見的美麗面貌。**萬國博覽會也兩度在巴黎舉辦。法國積極的向外拓展，在亞洲的中南半島建立法屬「印度支那聯邦」，在非洲則展開「非洲橫向占領政策」。

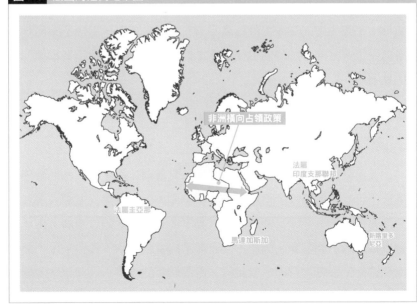

圖 7-6　法國的殖民地帝國

非洲橫向占領政策

法屬
印度支那聯邦

法屬圭亞那

馬達加斯加

新喀里多尼亞

159

德國與俄羅斯
靠著獨特政策壯大實力

德國的統一與保護貿易、重工業化

德國過去被稱為「神聖羅馬帝國」，諸侯雲集，在普魯士王國主導下展開統一大業，經歷普奧戰爭與普法戰爭後，建立德意志帝國。統一的過程中，德國組成「關稅同盟」，加深經濟上的連結，修建鐵路網絡。

德意志帝國從前雖然各自分立，但是卻有產量傲人的煤礦與萊因河、易北河等水運基礎。此外，在帝國尚未統一的時代，各個地區也競相推動工業化，因此打下了**一旦完成統一，工業化便一步到位的基底。**

德意志帝國身為「後起資本主義國」，採取的是「保護貿易」政策，不讓先進的英國等外國產品傷害本國的產品。這項戰略發揮了效果，德意志帝國的重工業化逐漸發展，形成了今日工業國德國的基石。

俄羅斯南下與農奴解放

大破拿破崙軍的「最有價值選手」俄羅斯帝國，一躍成為歐洲各國不可忽視的國家，但由於俄羅斯帝國內保留的農奴制導致農業生產力低，加上氣候又寒冷，具有**到了冬天時多數港口凍結，海運難以暢通的不利因素。**因此，俄羅斯帝國實施「南下政策」，不斷向鄂圖曼帝國施加壓力，並且侵入巴爾幹半島一帶，占據不會凍結

的港口和通往地中海的出口。但是，俄羅斯帝國在企圖正式南下的克里米亞戰爭中，卻又被英國和法國阻斷了南下之路。

在克里米亞戰爭裡，俄羅斯帝國使用的是舊式武器，而他們的帆船軍艦對上的是英法兩國的蒸汽輪軍艦，因此俄國深切感受到國內現代化的落後。沙皇**亞歷山大二世**將敗因歸咎於農奴制，他認為光靠「被迫勞動」的農奴無法提高生產力，下令解放農奴。但是，**解放農奴並不是農奴靠著自身實力取得的勝利，而是皇帝下達的命令，是「由上而下的改革」。**之後，俄羅斯得到法國的投資，走向資本主義化的道路。

農奴雖然得到「解放」，不再是領主的財產，但是政府卻沒有提供他們存活下去的糧食，為此只能向領主買下土地，但貧窮的農奴根本不可能負擔得起。最後，他們只能在國家的土地上耕作勉強餬口，過著與身為農奴差別不大的生活。「資本主義化」造成勞工階級增加和農村的窮困，成為後來俄羅斯革命的背景。

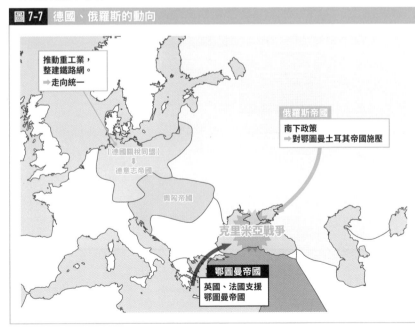

圖 7-7　德國、俄羅斯的動向

推動重工業，整建鐵路網。
➡ 走向統一

〈德國關稅同盟〉
德意志帝國

奧匈帝國

俄羅斯帝國
南下政策
➡ 對鄂圖曼土耳其帝國施壓

克里米亞戰爭

鄂圖曼帝國
英國、法國支援
鄂圖曼帝國

第1章
西亞、希臘地區、商朝、

第2章
秦朝、羅馬帝國、漢朝、

第3章
與伊斯蘭教的誕生、隋朝、唐朝

第4章
蒙古帝國商業復興與

第5章
與明朝地理大發現

第6章
榮與大西洋革命的繁荷蘭、英國的繁

第7章
工業發展與帝國主義

第8章
經濟大恐慌與兩次大戰與

第9章
經濟冷戰下的

第10章
經濟危機與全球化與

美國克服的重大議題

疆域的擴大與淘金熱

脫離英國獨立之後，美國不斷往西開拓領土，自獨立的 65 年後，美國的疆域除了阿拉斯加與夏威夷之外，幾乎與現在差不多了。其中在與墨西哥的戰爭後獲得的加州發現了金礦，因而興起一波淘金熱，西部開拓也發展神速。靠著追求新天地的開拓者們，開墾的前線「邊疆」不斷向西挺進。

南北方的經濟「鴻溝」一再擴大

美國因為西部的開拓，漸漸形成了國內分工，北部為工商業地區，南部是奴隸制的種植園，西部是農民開拓的農業地帶。其中，南部的種植園栽培棉花，出口到英國等歐洲諸國，支持了美國的經濟。

但是，這種情形卻加深了美國北方與南方的鴻溝。北部的商業模式是「承受」英國貿易，如果輸入了「對

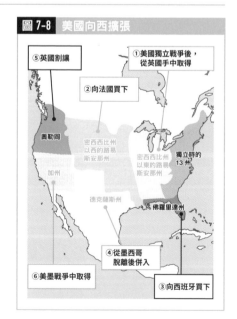

圖 7-8　美國向西擴張

⑤英國割讓
①美國獨立戰爭後，從英國手中取得
②向法國買下
奧勒岡
密西西比州以西的路易斯安那州
密西西比州以東的路易斯安那州
獨立時的 13 州
加州
德克薩斯州
佛羅里達州
④從墨西哥脫離後併入
⑥美墨戰爭中取得
③向西班牙買下

第1章 希臘、西亞地區、商朝、

第2章 秦朝、羅馬帝國、漢朝、

第3章 與隋朝、唐朝伊斯蘭教的誕生

第4章 蒙古帝國商業復興與

第5章 與明朝地理大發現

第6章 榮與大西洋革命荷蘭、英國的繁

第7章 帝國主義工業發展與

第8章 兩次大戰與經濟大恐慌

第9章 冷戰下的經濟

第10章 全球化與經濟危機

手」英國品質穩定又廉價的商品，就會造成產業衰退。因此北方民眾**要求政府採取「貿易保護」政策，設立關稅和進口限制等壁壘，阻礙英國的貿易。**

但是相反的，南方的商業模式是出口大量的棉花到英國及其他歐洲國家，因此英國是「顧客」。所以他們**要求政府採取「自由貿易」政策，不要對英國設置關稅或進口限制等障礙。**

此外在奴隸政策方面，對北方的資本家來說，他們必須生產品質不遜於對手英國的商品，所以需要的是優質的「勞工」而不是奴隸，因此反對奴隸制，主張解放奴隸。

相反的，經營種植園的南方需要大量奴隸提供的廉價勞動力來生產棉花和菸草。

於是，**「要求貿易保護、反對奴隸制」的北方，與「訴求自由貿易、保留奴隸制」的南方，形成了對立的局面。**

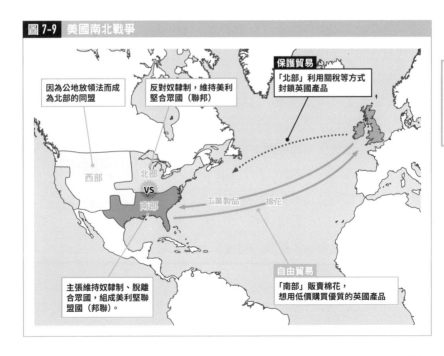

圖 7-9 美國南北戰爭

保護貿易
「北部」利用關稅等方式封鎖英國產品

因為公地放領法而成為北部的同盟

反對奴隸制，維持美利堅合眾國（聯邦）

西部

北部

VS

南部

工業製品

棉花

主張維持奴隸制、脫離合眾國，組成美利堅聯盟國（邦聯）。

自由貿易
「南部」販賣棉花，想用低價購買優質的英國產品

北方人士組成了反對奴隸制的共和黨，林肯被選為總統後，南方組織了美利堅邦聯與之對抗，因而爆發美國有史以來最大的內戰「南北戰爭」。

美國躍升為世界最大工業國

南北戰爭最後由北方獲得勝利。北方在這場戰爭期間發布了「公地放領法案」，這條法令規定西部的拓荒者只要從事 5 年的拓荒行動，就可無償獲得約 65 公頃的土地。小規模的西部拓荒者一方面期待獲得土地，一方面擔心南方若是獲勝，廣大的土地恐怕將拱手讓給大地主，開闢成種植園，因此決定協助北方陣營。

南北戰爭後，西部因這條法案而在農業上有了長足發展，**西部人口增加，帶動美國內部商品需求，即「內需」的擴大，產生了「南方的棉花在北方的工廠製成衣服，在西部被消費」的良性循環。**而連接美國東西兩岸的大陸橫貫鐵路開通，以及鋼鐵和棉花的消費量增加，使得美國超越英國，奪得世界最大工業國的寶座。

俄羅斯在克里米亞戰爭後財政拮据，因而將阿拉斯加「出售」。美國買下阿拉斯加，再加上西部開拓的推進，消除了北美洲大陸上的「邊疆」，為追求更大的市場，美國便**從大陸國家轉變為海洋國家，進軍太平洋和南美洲。**

南北戰爭後，奴隸們獲得自由，但是政府的土地分配並不完善，最後，獲得自由的奴隸還是在舊奴隸主手下繼續工作。奴隸主轉變為「地主」，奴隸則成為「附屬的佃農」。奴隸並未徹底得到解放，為美國社會留下嚴重的社會問題。

追求無止境擴大銷路的資本主義國家

第1章
西亞地區、希臘、商朝、

第2章
秦朝、羅馬帝國、漢朝、

第3章
伊斯蘭教的誕生與隋朝、唐朝

第4章
蒙古帝國與商業復興

第5章
地理大發現與明朝

第6章
荷蘭、英國的繁榮與大西洋革命

第7章
工業發展與帝國主義

第8章
兩次大戰與經濟大恐慌

第9章
冷戰下的經濟

第10章
全球化與經濟危機

進入第二次工業革命

此時，英國、法國、德意志帝國、俄羅斯帝國、美國等俗稱「歐美列強」的資本主義國家全員到齊。

工業革命從依靠水力、煤產生蒸汽動力，**「用機器生產物品」的第一次工業革命**，進入到利用電力、石油等新能源，**「使用機器生產零件，組成機器，進而再用機器生產物品」的第二次工業革命**。於是工廠的生產力上升，開始能製造出大量的產品。尤其是在重化工業的領域，德意志帝國與美國的進步最為明顯，成為凌駕於英國的工業國家。

工業革命發展造成的景氣惡化

但是，**這些國家發展工業化的同時，卻面臨名為「大恐慌」的嚴重「蕭條」**。第二次工業革命帶來「生產力的擴增」，「擴增」乍看具有正面意義，但背後卻很容易產生「庫存」的風險。

不論任何國家的資本家都積極的興建工廠、雇用人手、生產大量的商品。但是市場的需求有限，如果能把所有商品都賣掉的話，企業將大量獲利（這是資本主義的優點），但企業若是不能達成，敗給其他公司而抱著賣不掉的庫存，業績就會急速惡化。

而且這些企業作為「資本」的錢，都是事前向金融資本家借的，既然「借了錢製成商品」，如果商品賣不掉的話，企業立刻就

165

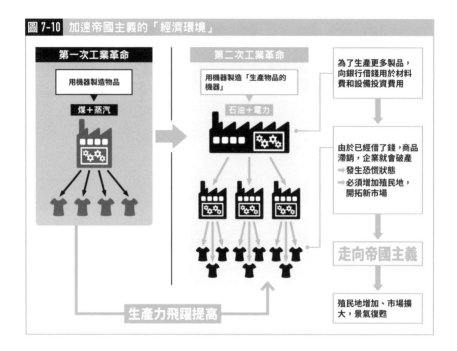

圖 7-10 加速帝國主義的「經濟環境」

第一次工業革命	第二次工業革命	
用機器製造物品	用機器製造「生產物品的機器」	為了生產更多製品，向銀行借錢用於材料費和設備投資費用
煤＋蒸汽	石油＋電力	由於已經借了錢，商品滯銷，企業就會破產 ➡ 發生恐慌狀態 ➡ 必須增加殖民地，開拓新市場
		走向帝國主義
生產力飛躍提高		殖民地增加、市場擴大，景氣復甦

會面臨破產的危機。對金融資本家來說，企業沒有獲取利益的話，貸出的錢就無法收回，他們同樣也要面臨破產的危險。因此，企業為了賣掉自己生產的商品以生存下去，只能瞄準有限的市場，陷入無止境的競爭。

從第二次工業革命之後，一直到邁入現代之前，企業的形態一直是事先借入巨額資金，生產商品，「為了還債」而在飽和的市場競爭，如果商品滯銷、無法償債，業績便急速惡化。

壟斷與擴大殖民地的「生存策略」

為了在這種競爭中存活下來，大企業吸收經營不善的弱小企業，滋養實力，與銀行的資本結合，成為巨型的壟斷企業。

相同產業的企業互相簽署協定，調整價格與生產量，保護彼此

第1章
希臘、西亞地區、商朝、

第2章
羅馬帝國、秦朝、漢朝、

第3章
與伊斯蘭教的誕生、隋朝、唐朝

第4章
商業復興與蒙古帝國

第5章
與地理大發現、明朝

第6章
荷蘭、英國的繁榮與大西洋革命

第7章
工業發展與帝國主義

第8章
兩次大戰與經濟大恐慌

第9章
冷戰下的經濟

第10章
全球化與經濟危機

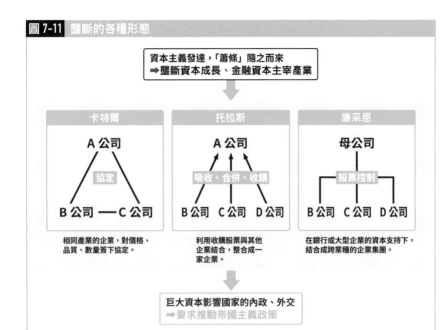

圖 7-11 壟斷的各種形態

資本主義發達,「蕭條」隨之而來
➡壟斷資本成長、金融資本主宰產業

| 卡特爾 | 托拉斯 | 康采恩 |

A 公司
[協定]
B 公司 ── C 公司

A 公司
[吸收、合併、收購]
B 公司　C 公司　D 公司

母公司
[股票控制]
B 公司　C 公司　D 公司

相同產業的企業,對價格、品質、數量等下協定。

利用收購股票與其他企業結合,整合成一家企業。

在銀行或大型企業的資本支持下,結合成跨業種的企業集團。

巨大資本影響國家的內政、外交
➡要求推動帝國主義政策

的利益,這種行為稱為「卡特爾」;同業種的企業一再合併成為大企業,則稱為「托拉斯」;以大型企業為中心,收購其他企業的股票掌握經營權,稱為「康采恩」。種種的壟斷形態發達,小規模的企業被迫與這些大企業競爭。

獨占企業也對政治形成重大的影響力,左右國家的內政、外交,使國家政策走向有利於自己的方向。

這些政策中最具代表性的便是殖民地政策。殖民地對企業而言,不只是可以壟斷並推銷庫存的市場,更是廉價的原料供應地。當企業準備在國外設立子公司、經營種植園等,殖民地也極具投資魅力。於是歐美的資本主義國搶進亞洲、非洲,轉瞬間世界便開始被當作殖民地來「瓜分」。

於是這些推動殖民地政策的國家之間,出現了統治各種國家與民族的「帝國主義」。占領殖民地的諸國脫離恐慌狀態,向第一次世界大戰靠近,走向所謂「歷史性」的成長期。

經濟發展背後
產生的社會矛盾

被機器取代的勞動力

從此，歐美列強各國從工業革命進入帝國主義時期，生產力飛躍性的擴大。資本家一往無前的追求利潤，勞工卻被迫在惡劣的條件下長時間工作。資本家的生活逐漸富裕的同時，勞工們的生活水準仍舊低落不前。在英國，貧富差距甚至擴大到人們都說當地存在著富裕資本家與貧困勞工「2種國民」。

此外，在工業革命前支撐著工業生產的**手工業者，因為機器的出現取代了自己的工作，淪落到失業的地步。過去的「工匠技術」不再需要，只要具備操作機器的技能就能工作。**

在英國，被機器搶走工作的老練工人們發起「盧德運動」，砸壞機器或工廠反抗業者，但最後，這些失業的工匠也被工廠吸收，成為工廠裡的勞工。

此後，**每當機器演進時，「機器取代工人」的現象就頻繁的發生。**

勞工運動的開始

面對資本家與勞工的階級差距擴大，以及勞動環境的惡化，勞工發起了要求改善勞動條件的運動。英國通過勞工組織合法化，勞工聯合起來與雇主談判，有時則訴諸罷工，要求改善勞動條件。而法國最初並不承認勞工團體，所以，出現了不少以個人角度思考社

會新方向的思想家。其中包括主張將「社會」看成一家「公司」，由國家建設工作場所，給予勞工安定的工作和一定水準勞動環境的思想，也誕生出全面否定國家或財產等權威的「無政府主義」。

社會主義思想的出現

講求共享土地、工廠、企業等「生產工具」，追求平等分配的「社會主義」，便在這樣的背景下出現了。它的思想主張如果勞動不是為了製造資本家的財富，而是**由全體社會在共享的「工作場域」工作，取得相同的「配額」，應該就能實現平等的社會。**

德國的**馬克思**與**恩格斯**揭露了資本主義的社會結構，他們主張資本家雇用勞工時，給予勞工的薪資只占他們所生產財富的一小部分，並「剝奪」了其他剩餘的財富，而種種社會問題都由此而生。因此，他們認為勞工必須向資本家挑起鬥爭，切斷資本家與勞工的關係，讓社會整體共享生產工具，並呼籲歐洲所有的勞工聯合展開抗爭。

面對馬克思的呼籲，各國的社會主義者集結在倫敦，召開國際工人大會，史稱「第一國際」。交通和通訊的發達也為建立勞工網絡增添一臂之力。然而，第一國際對於管制生產工具的思想，與馬克思和無政府主義思想並不一致，被各國政府認為是「企圖顛覆國家的危險思想」而加以鎮壓，因此協會也被迫解散。

之後，「第二國際」在巴黎組成，成為各國陸續成立的社會主義政黨的連帶組織，一直維持到第一次世界大戰時期。

第1章 西亞地區、希臘、商朝、

第2章 羅馬帝國、秦朝、漢朝、

第3章 與伊斯蘭教的誕生 隋朝、唐朝、

第4章 商業復興與 蒙古帝國

第5章 與地理大發現 明朝

第6章 荷蘭與大英國的繁 西洋革命

第7章 工業發展與 帝國主義

第8章 經兩次大戰 濟大恐慌與

第9章 經濟 冷戰下的

第10章 經濟危機與 全球化

鄂圖曼帝國
無法轉圜的衰退

埃及獨立顯現出帝國統治力的低落

　　鄂圖曼帝國對統治地區的「掌控力」開始降低，而此時，發生了一件讓掌控力一擊倒地的決定性事件，那就是鄂圖曼帝國轄下的埃及宣布獨立。

　　拿破崙遠征軍曾暫時征服埃及。然而在拿破崙撤退後，一個名為**穆罕默德・阿里**的人物受到埃及人民的高度支持，鄂圖曼帝國也認可他坐上埃及總督的位子。

　　穆罕默德・阿里靠著埃及富饒的農業生產力與民眾的支持，企圖從鄂圖曼帝國獨立。他實施稅制改革，積極推動棉花栽培作為出口用的主力商品，再以賺來的資金為本，整頓徵兵制與官僚制，建立強大的陸、海軍。

　　鄂圖曼帝國為了維持廣大的領土，不得不借助埃及強大的軍隊，但這也成為「兩面刃」，給了埃及更有份量的發言權，最後幫助埃及獨立。

　　鄂圖曼帝國雖然借用埃及的軍隊，卻沒有給予相當的報酬，令穆罕默德・阿里心懷不滿，便發動了兩次土埃戰爭贏得勝利，達成實質上的獨立。

覬覦埃及的英國

　　歐洲各國並不樂見埃及從鄂圖曼帝國獨立。歐洲列強圖謀**侵略**

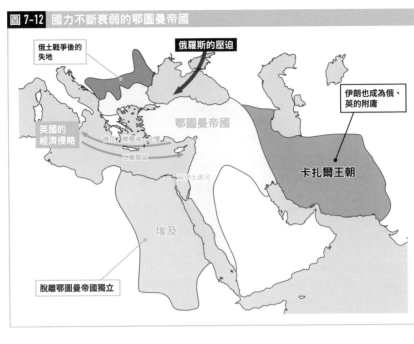

第1章 希臘、西亞地區、商朝、

第2章 秦朝、羅馬帝國、漢朝、

第3章 與隋朝、唐朝伊斯蘭教的誕生

第4章 商業復興與蒙古帝國

第5章 與明朝地理大發現

第6章 榮與大西洋革命荷蘭、英國的繁

第7章 帝國主義工業發展與

第8章 經濟大恐慌兩次大戰與

第9章 經濟冷戰下的

第10章 經濟危機與全球化與

圖 7-12 國力不斷衰弱的鄂圖曼帝國

俄土戰爭後的失地

俄羅斯的壓迫

伊朗也成為俄、英的附庸

鄂圖曼帝國

英國的經濟侵略

棉花、橄欖油、小麥

工業製品

蘇伊士運河

卡扎爾王朝

埃及

脫離鄂圖曼帝國獨立

亞洲，當然希望侵略的目標處在奄奄一息的狀態，才好把它當成「提款機」。但是穆罕默德・阿里在內政、外交、軍事上施展才華，埃及在他領導下獨立後，又會成為另一強國，這對各國來說並非好事。他們召開國際會議，表明不承認埃及脫離鄂圖曼帝國獨立，只認同阿里是「鄂圖曼帝國內的埃及總督」。

　　況且，英國與埃及的宗主國鄂圖曼帝國簽訂了不平等條約，這項條約也適用於埃及，所以埃及失去了關稅自主權，被迫接受英國產品輸入。穆罕默德・阿里死後，埃及加深了對英國的依賴，投入莫大建設資金建設的蘇伊士運河也被英國收購。此外，當地可作為經濟支柱的主力商品只有棉花，所以經濟狀況常因為國外棉花需求變動而劇烈起伏。埃及民眾發起對外國統治的抗爭運動，不料英國反而採取軍事行動占領埃及，視之為實質上的保護國。

招來列強入侵的反諷「改革」

列強的影響力增強，鄂圖曼帝國允許埃及獨立後，在危機感促使下也打算正式走向現代化。蘇丹的**阿卜杜勒－邁吉德一世**實行的「坦志麥特改革」，便是一項包含稅制與法制改革的大規模西歐化改革。諷刺的是，這項改革卻加強了外國對鄂圖曼的壓力。

將法制、稅制「西歐化」，代表在關稅、商業交易、債券和融資等方面，都要配合外國商人的商務習慣。換句話說，埃及進行的改革是**在「對手的場子」上決勝負，將國內法規調整成外國商人更容易加入的條件，促進他們的侵略。**

於是，棉花、橄欖油、小麥從東地中海出口到歐洲，大量的棉織品等工業製品再從歐洲輸入國內。鄂圖曼帝國內的手工業衰退，加深了對歐洲的從屬關係，其中對英國最為明顯。

鄂圖曼帝國成為半殖民地

更讓鄂圖曼帝國苦惱的是與俄國之間爆發的克里米亞戰爭和俄土戰爭。**面對俄羅斯南下，鄂圖曼帝國不得不以全副力量來承受這股壓力，只好發行債券或是向外國貸款來支應龐大的軍事費用。**自此開始，鄂圖曼帝國轉為在貸款的前提下治理國家。

在這樣的結構中，歐洲各國因為第二次工業革命發展帶來的「不景氣」，已經沒有多餘的錢貸款給鄂圖曼帝國，因此鄂圖曼帝國的資金周轉困難，完全陷入破產狀態。歐洲列強在破產的鄂圖曼帝國內設置徵稅人，直接「搶走」稅金以回收債務，鄂圖曼帝國因而成為列強的「半殖民地」。

由英國直接統治的「最重要殖民地」

第1章 西亞地區、希臘、商朝、

第2章 羅馬帝國、秦朝、漢朝、

第3章 與伊斯蘭教的誕生 隋朝、唐朝

第4章 商業復興與 蒙古帝國

第5章 地理大發現 與明朝

第6章 荷蘭、英國的繁榮 與大西洋革命

第7章 工業發展與 帝國主義

第8章 兩次大戰與 經濟大恐慌

第9章 冷戰下的 經濟

第10章 全球化與 經濟危機

統治印度的東印度公司

在印度，英國壓制了當地與法國的對抗，並且介入蒙兀兒帝國與反蒙勢力的混亂爭鬥，終於鞏固了印度全境的掌控權。

英國國內進行「自由主義改革」因而停止了東印度公司的商業活動，任何人都能自由參與亞洲貿易，**東印度公司也從「貿易公司」轉變為「治理印度的機關」**。

東印度公司的利益從「貿易的收益」轉變為「向印度徵稅的收益」。當時的納稅法為「由東印度公司指定納稅者，令其繳納稅金」，然而印度本來的社會觀念認為「土地是大家共有的財產」，所以只指定一名納稅者的話，其他許多共同耕作者就會失去對土地的權利。這種稅制撕裂了印度社會，因此印度人對英國的不滿日益升高。

從進口國變成出口國的印度

在貿易方面，印度與英國的關係也發生了變化。過去是由英國進口印度的棉織品，但經過工業革命後，英國開始出口廉價的棉織品到印度。英國在印度國內建設了鐵路網，英國產品可以銷售到印度全境，相反的，也可以從印度各地收集棉花、茶葉、黃麻（麻的一種）等原料，出口到英國本地。**「英國收購棉花，加工成棉織品」**，英國在印度發展的正是殖民地政策的典型模式。

圖 7-13 印度成為英國「最重要殖民地」

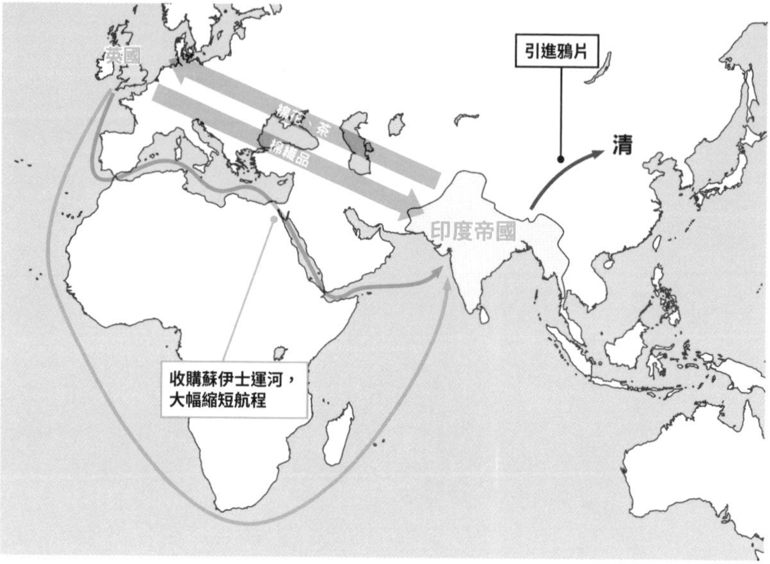
英國
引進鴉片
清
棉花、茶
棉織品
印度帝國
收購蘇伊士運河，
大幅縮短航程

事實上，這個時代印度最大的出口品並不是棉花、茶葉、黃麻，而是毒品「鴉片」。英國為了改善貿易上對清朝的逆差，便在印度製造鴉片，引進中國。

藉由蘇伊士運河深化英國與印度的關係

於是，印度民眾透過英國的政策與世界市場接軌。印度人栽培棉花、茶葉和鴉片，只是為了求得生活富足，然而收購這些商品的英國貿易商，轉手後卻得到數倍的利潤，負責統治印度的英國官員和軍人坐享高薪，退休後還能夠從印度領到退休金。印度經濟簡直是為了英國而存在。

再者，**藉著蘇伊士運河的開通，印度經濟與國際經濟的連結更加緊密了。**過去從英國本國到印度，通常都必須採取繞過非洲南端

好望角的航線，但透過蘇伊士運河，航程可以縮短 2/3。

　　正當其時，美國爆發南北戰爭，時局混亂，棉花生產大為衰減，所以印度棉花需求增加，掀起了「棉花熱潮」。

　　此外，世界各地的英國殖民地為了向英國供應農作物與礦物資源，需要廉價的勞力。許多印度人因此成為短期的低價契約工，渡海移民到加勒比海和東南亞地區，取代非洲奴隸的勞動力。所以在加勒比海和東南亞國家，各地都建立了印度裔移民社會。

印度被譽為大英帝國「最大的寶石」

　　東印度公司雇用的印度士兵發起兵變，史稱「印度 1857 年起義」。在此之後，英國政府直接統治印度，當地正式改稱為「印度帝國」。徒具形式的蒙兀兒帝國皇帝遭到流放後，蒙兀兒帝國名存實亡，由維多利亞女皇兼任印度皇帝。英國東印度公司解散，省廳「印度省」取而代之。印度大臣成為英國內閣成員之一，英國政府的政策可以直接下達至印度。

　　英國被後起資本主義國家追上，赤字不斷膨脹，因此，填補了英國 2/3 國際收支赤字的印度，就成了英國最重要的殖民地。**印度為英國帶來財富，真正成為「大英帝國王冠上最大的寶石」。**

第1章 西亞地區、商朝、希臘

第2章 羅馬帝國、漢朝、秦朝

第3章 與伊斯蘭教的誕生 隋朝、唐朝

第4章 商業復興與 蒙古帝國

第5章 與明朝 地理大發現

第6章 榮與大西洋革命 荷蘭、英國的繁

第7章 工業發展與 帝國主義

第8章 兩次大戰與 經濟大恐慌

第9章 冷戰下的 經濟

第10章 全球化與 經濟危機

鴉片戰爭後清朝沒落

用白銀買茶葉的英國

　　清朝前半期在賢明皇帝的主宰下，迎來了國勢的黃金期，但是中期時，國內貧富差距和官僚制度的腐敗等社會矛盾越趨嚴重。跨入 19 世紀，清朝進入統治後期後，不斷為英國與法國等外患的侵略而苦惱。

　　清朝的貿易政策是只開放廣州作為對歐美的貿易窗口，而且賦予特權商人貿易專利權。**歐美的商人不得不依照稱為「公行」的特權商人所開的價錢來購買商品，不滿情緒逐漸升高。**尤其是中國茶葉在英國大受歡迎，中國產的紅茶成為上流階級愛好的商品，蔚為流行。即使在工人階級，因為紅茶的咖啡因可讓頭腦清醒，砂糖也可消除疲勞，被視為「有助於規律勞動與消除疲倦的飲品」，作為酒精的替代品受到大力推薦，需求量也不斷升高。

　　於是，英國為了壓低購買茶葉的價格，不斷向清國政府談判，

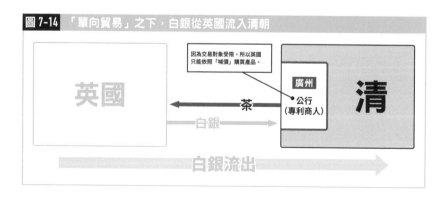

圖 7-14　「單向貿易」之下，白銀從英國流入清朝

因為交易對象受限，所以英國只能依照「喊價」購買產品。

英國　←茶　　廣州 公行（專利商人）　清

白銀→

白銀流出

希望能與廣州以外的商人交易，但是成果不彰。最後，英國只能繼續支付白銀給廣州商人，購入較貴的中國茶葉，銀子一面倒的從英國流向清朝。

英國用鴉片收回白銀

因此，**英國以走私貿易的形式，將印度產的鴉片帶入中國，試圖將白銀回收。**鴉片是一種成癮性強的毒品，只要把人民培養成「鴉片鬼」，他們就會對鴉片有確實的需求。廣州的官吏本來應該取締鴉片貿易，但是不只是官吏，連士兵、商人都率先成了「鴉片鬼」，對於走私貿易睜一隻眼閉一隻眼，以求順利買到鴉片。英國便利用這種方法將鴉片推銷到中國內陸，讓印度收取白銀作為販賣鴉片的報酬，再從與印度棉織品貿易中獲得白銀，透過這種「三角

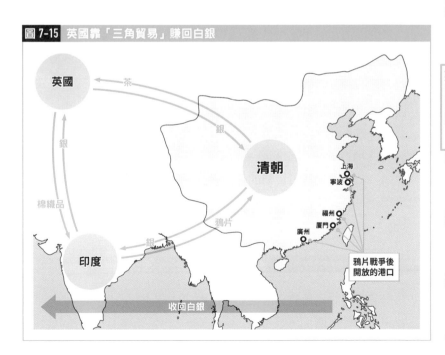

圖 7-15　英國靠「三角貿易」賺回白銀

第1章　西亞地區、希臘、商朝、

第2章　羅馬帝國、漢朝、

第3章　伊斯蘭教的誕生與隋朝、唐朝

第4章　商業復興與蒙古帝國

第5章　地理大發現與明朝

第6章　荷蘭與大英國的繁榮與大西洋革命

第7章　工業發展與帝國主義

第8章　兩次大戰與經濟大恐慌

第9章　冷戰下的經濟

第10章　全球化與經濟危機

貿易」,將茶業貿易中流出的白銀收取回來。

　　英國在自由主義改革中,廢止了東印度公司的中國貿易專利權,此後許多英國商人便帶著在印度買下的鴉片,進入中國沿岸各地販售,這也讓清朝取締鴉片走私變得更加困難。

人民的窮困與鴉片戰爭

　　白銀經由三角貿易從清朝流向英國之後,中國人民也越來越窮困。因為清朝實施稱為「攤丁入地」的徵稅方式,百姓需要用銀錢繳納朝廷課徵的土地稅。**銀錢從清朝流出後,清朝百姓越來越難取得白銀,而收集逐漸升值的銀錢來繳稅,實際上就相當於加重稅賦。**地理大發現開始後,白銀的流入使中國成為一個以銀錢為經濟基礎的社會。白銀流出不只讓民眾受苦,也麻痺了中國整體經濟。苦不堪言的人民只好起義反抗,其中又以「太平天國」為代表。

　　清朝因為稅收不足而苦惱,決定大刀闊斧的進行改革,祭出吸鴉片者處死刑的強力方針,對攜入鴉片的英國商人施以封鎖商館、沒收鴉片的處分。見到本國商人受到清朝的武力施壓,英國於是決定出兵,這便是鴉片戰爭的起因。

　　鴉片戰爭最後由英國獲得全面性的勝利,清朝與英國簽訂南京條約。這項條約中,中國在英國的強烈要求下開放廣州以外的 4 個港口,同時廢止獨占貿易的公行,又根據追加條約承認英國的領事裁判權,失去了關稅自主權。

英法的強勢侵略

　　對英國來說,他們已經成功踏出與中國自由貿易的第一步,但是離理想還差得遠。

因為，英國真正想要賣出的「主力商品」並不是鴉片，而是棉織物等工業產品。在中國，「農閒時編織棉織物」就是農村的生活形態，所以當地對英國棉織品的需求並不高，但是英國依然試圖強行引進商品。

　　英國為了謀求中國進一步開放市場的藉口，便指稱清朝官員登上了掛有英國國旗的船隻「亞羅號」，降下英國國旗「侮辱」英國，藉此發動「第二次鴉片戰爭」，即英法聯軍之役。這次戰爭中，英國偕法國一同出兵，清軍再次慘敗。戰後清朝開放鄰近北京的天津港和長江沿岸的港口，同時承認外國人在中國國內旅行的權利、天主教傳教權，以及默許英法鴉片貿易等許多權利。由此開始，英國可以在北京和人口密集的長江沿岸販賣主力商品棉織品，也能公然販售鴉片。

不夠完善的近代化

　　雖然鴉片戰爭和英法聯軍之役都是砲火連天的戰爭，但是此後，英國和法國等歐洲列強都開始減少對清朝動用武力，轉向透過外交取得利益的政策。

　　由於鴉片貿易和棉織品的進口，清朝白銀持續快速流失。因此清朝推動稱為「自強運動」的近代化政策，試圖增強軍備和振興產業，此外，也開始振興棉紡織業，努力滿足國內需求，取代英國的進口。

　　但是，這項近代化運動並不算完善，清朝在甲午戰爭中敗給日本之後，歐美各國更加蠻橫的透過經濟侵略清朝，清朝也淪為列強的「半殖民地」。

第1章 西亞、地中海地區、希臘、商朝

第2章 羅馬、帝國、秦朝、漢朝、

第3章 與伊斯蘭教的誕生、隋朝、唐朝

第4章 蒙古帝國與商業復興

第5章 與明朝地理大發現

第6章 荷蘭與大西洋革命、英國的繁榮

第7章 工業發展與帝國主義

第8章 兩次大戰與經濟大恐慌

第9章 冷戰下的經濟

第10章 全球化與經濟危機

日本躋身帝國主義時代的世界

培里來航與開國

　　日本在帝國主義發展的時代中「開國」並且邁向世界。統治日本數百年的江戶幕府，原本實施的是將年貢米作為經濟基礎的「米經濟」。但到了統治後半期，在商業發達、貨幣經濟進步的同時，米的行情下跌，武士們日漸窮困，幕府也陷入慢性的財政困難。來自俄羅斯、英國、美國等「異國船隻」頻頻到訪日本叩關，讓幕府窮於應付。

　　在這段期間，美國因為取得加州，從大西洋國家轉變為太平洋國家，並派遣司令官培里率領艦隊出訪日本。培里要求與日本簽訂神奈川條約，取得太平洋上的靠港地。日本原本只鎖定荷蘭、朝鮮等國作為對外往來的夥伴，因此對日本來說，與美國簽訂條約算是重大的方針轉變。一向窮於應付外國的幕府，只好徵求過去一向不給予發言權的外樣大名和朝廷的意見，幕府的權威因而搖搖欲墜（譯注：外樣大名為關原之役時被迫臣服德川家的地方諸侯，沒有參與幕府政治的權力，因此對幕府最為疏遠）。

　　眾大名中，出現了改革成功、靠著特產的專賣權培植經濟實力的藩國。這些藩國大多積極的**接納中下階級賢能人才的意見，而這些人才也為後來明治維新政府的核心打下基礎。**

第1章 西亞地區、希臘、商朝、

第2章 秦朝、羅馬帝國、漢朝、

第3章 與隋朝、唐朝的誕生斯蘭教

第4章 蒙古帝國商業復興與

第5章 與地理大發現明朝

第6章 榮與大西洋革命的繁荷蘭、英國

第7章 帝國主義工業發展與

第8章 經濟大恐慌與兩次大戰

第9章 經濟冷戰下的

第10章 經濟全球化與危機與

美日修好通商條約與「開港」

神奈川條約中，美國只要求日本「開國」作為停靠港，但是接下來，美國總領事**哈里斯**為了「通商」目的，進一步要求與幕府簽訂「美日修好通商條約」。日本與英國、法國、俄羅斯和荷蘭都簽訂了同樣的條約，稱為「安政五國條約」。在這份包含不平等項目的條約中，日本同意各國的領事裁判權，一旦外國人在日本犯罪，需交由該國領事裁決，同時各國也不承認日本的關稅自主權。

尤其在經濟方面，**日本不能自己決定「關稅」而必須與各國協議，因此陷於無法保護本國產業的不利地位。**（關稅是指在國內銷售進口商品時，故意抬高售價，讓國外產品不易售出。現在的日本也對進口白米課以約 250% 以上的關稅，實施封鎖外國產的米、保護日本稻米農家的政策。）

橫濱與神戶等地設置了外國人居留處，日本與西洋各國展開貿易之後，也被納入了國際經濟體系當中。在開國之後，世界發現日本與海外的黃金存在價差，低價的日本黃金因而流出海外。於是幕府將一兩金幣縮小，修正金元和銀元的關係，不料卻造成物價大漲，引發通貨膨脹，經濟局勢混亂。

在貿易上，雖然日本與同時代其他亞洲國家一樣，因為歐美的棉、毛織品流入日本，對國內手工業者造成負面影響，但是日本的

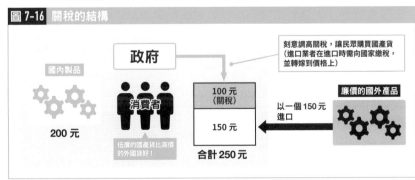

圖 7-16 關稅的結構

國內製品　200 元

政府

消費者

低價的國產貨比高價的外國貨好！

刻意調高關稅，讓民眾購買國產貨（進口業者在進口時需向國家繳稅，並轉嫁到價格上）

100 元（關稅）

150 元

合計 250 元

以一個 150 元進口

廉價的國外產品

生絲和茶葉受到國外重視，開國之後有段期間的貿易出口額比進口高，靠著貿易「賺錢」。

不過，「沒有關稅自主權」的不利因素，也逐漸對經濟產生傷害。開國之初，日本對出口和進口商品分別課以平均 5% 和 20%的關稅，但各國要求將進口關稅一律降到 5%。幕府同意後，日本的進口額超越出口額，**金元和銀元源源不絕的流向國外。**

花費不貲的改革與士族造反

明治政府成立不久，便停止使用行情不穩的白米徵稅，為了穩定財政，實施廢藩置縣，取得全國土地的徵稅權，按土地的價格作為稅制的基準，轉變為固定稅額的「地租」制度。

在江戶時代的武士「功成身退」，幕府向他們支付了一筆相當於「退休金」的慰勞金後，從此廢止了武士的薪水。武士（士族）的種種特權遭到剝奪，因而發動大規模的士族叛亂，又以西南戰爭最具代表性。此外，日本也在政府主導下整建鐵路與電信設備，興建製鐵廠、造船廠、礦山開採等事業，更建設了富岡製絲場等引進西洋技術的官營模範工廠。

鎮壓叛亂和近代化政策消耗了高額的經費，政府於是發行不能兌換金幣或銀幣的不可兌換紙幣來支應（有段時間則是嘗試配合「世界標準」，發行可按面額兌換黃金的可兌換紙幣，最後卻以失敗收場）。

發行可兌換紙幣的「松方財政」

新政府繼續維持著「印刷不可兌換紙幣支應必要費用」的策略，當然，紙幣印得越多則貶值越嚴重，錢的價值下跌，就導致通

貨膨脹。對此置之不理的話，面對金元和銀元因進口而流出國外，就必須不斷印刷紙幣對貨幣量「灌水」，造成金元、銀元與紙幣的比例失衡，紙幣瞬間失去信用，通貨膨脹加速惡化。

因此，政府在國家財政負責人松方正義的主導下，重新建立正式的通貨體制。在施行增稅開源的同時，也緊縮支出努力「節流」。過去政府開設的工廠或礦山也轉讓給民間換取金錢。另一方面，日本也廢止過去印刷過剩的紙幣，讓銀元儲量與紙幣量取得平衡，重新發行可兌換銀元的紙幣，奠定「銀本位制」。藉由發行隨時都可在銀行兌換銀元的紙幣，紙幣的價值也終於恢復。

以往**由於通貨膨脹率過高，大家都對企業投資望而卻步。（舉例來說，投資了 100 元給企業，但現金很快就貶值到只剩一半價值，所以即使加上利息後的返還的金額是 110 元，但實際價值卻只剩下 55 元。）在通貨膨脹受到抑制之後，對企業的投資也終於可望發展。**

相反的，由於大量紙幣作廢使社會上的現金量減少，現金周轉變差而產生了「通貨緊縮」。但是，農村的「地租」卻是固定額度，農民除了儲蓄得之不易的現金來繳稅之外別無他法，農村生活困頓，越來越多人賣掉田產，流入都市成為工人。

日本工業革命的進展

在「投資」、「勞力」以及轉賣給民間的工廠等元素交集之下，引發了「企業勃興」的熱潮，日本也發展起工業革命。由於松方財政「刻意緊縮現金」，明治初年一窩蜂成立的公司紛紛倒閉，只有體質好的公司留存下來，因而也提高了企業的可信度。

再者，甲午戰爭中日本戰勝，得到了高額的賠償金，於是將這筆錢投入培養重工業，終於達成長年的心願，轉向「世界標準」的金本位制。

第1章 希臘、西亞地區、商朝

第2章 秦朝、羅馬、帝國朝、漢朝

第3章 與隋朝、伊斯蘭教的誕生、唐朝

第4章 商業復興與、蒙古帝國

第5章 與明朝、地理大發現

第6章 荷蘭、大西洋革命、英國的繁

第7章 帝國主義 工業發展與

第8章 經濟大恐慌與、兩次大戰

第9章 經濟、冷戰下的

第10章 經濟危機與、全球化

非洲一夕間被列強瓜分

從黑暗大陸變成「資源寶庫」的非洲

前面介紹了推動「帝國主義」政策的資本主義國家動向,以及鄂圖曼帝國與印度、中國等曾經強大且擁有各自經濟圈的地區受到資本主義國家影響而逐漸改變的過程。

接下來,我想帶大家看看接受帝國主義式政策,在經濟上逐漸依賴歐美各國的地區。

非洲在 19 世紀中葉以前,是個「未知的大陸」,因而被稱為「黑暗大陸」。歐美國家雖然在當地沿岸建立殖民地作為奴隸貿易的據點,但是非洲內陸並未開拓為殖民地。

不過,當列強著手前往非洲內陸探險時,漸漸明瞭這塊土地作為「殖民地」的價值。

非洲不但有西歐各國發展工業化的重要資源:銅和錫,以及甘蔗、可可豆等農業資源,還有氣候適合栽培咖啡、茶葉的地帶。

從礦產到農產,非洲簡直如同「資源的寶庫」,在在**引起了歐洲各國對非洲的興趣。**

非洲整體淪為殖民地,只有兩國倖免

此時,在非洲內陸爆發了殖民地的爭奪戰。

以比利時國王宣告剛果為其私有地為開端,英國採取「非洲縱向占領政策」,法國採取「非洲橫向占領政策」,葡萄牙、德國、

義大利等也紛紛加入戰局，歐洲列強發動的殖民地爭奪戰走向白熱化。

非洲國家雖然試圖反抗歐洲各國的侵略，但是軍力強弱懸殊，因而受到壓制。第一次世界大戰前，非洲只剩下賴比瑞亞和衣索比亞兩個獨立國家。歐美各國全力開發礦藏和農產資源，在非洲輸入歐洲產品，開拓新的市場。

覬覦南非金礦的英國

英國尤其重視入侵非洲一事。英國的工業生產被德國和美國超越，退居世界第 3 之後，便轉向「世界銀行」的商業模式，靠著對海外投資的利息、紅利賺錢。

對採行金本位制的國家而言，「黃金的儲備量＝現金的儲備量」，黃金的存量成為國家經濟力的指標。南非周邊陸續發現金礦，**對英國來說，若要籌措投資的「資本」，領導金本位制的世界，就必須開發南非的金礦。**

因此，英國發動大規模的第二次布耳戰爭，企圖擴大南非周邊的領土。然而，英國卻在第二次布耳戰爭中陷入苦戰，反而削弱了國力，虛耗龐大的軍費。

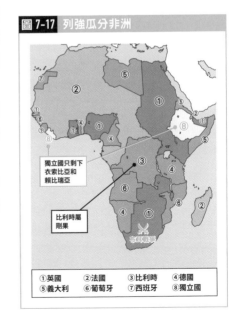

圖 7-17 列強瓜分非洲

獨立國只剩下衣索比亞和賴比瑞亞

比利時屬剛果

①英國　②法國　③比利時　④德國
⑤義大利　⑥葡萄牙　⑦西班牙　⑧獨立國

第1章 西亞、希臘地區、商朝

第2章 秦朝、羅馬帝國、漢朝

第3章 伊斯蘭教的誕生與隋朝、唐朝

第4章 蒙古帝國商業復興與

第5章 與明朝地理大發現

第6章 荷蘭、英國的繁榮與大西洋革命

第7章 工業發展與帝國主義

第8章 兩次大戰與經濟大恐慌

第9章 冷戰下的經濟

第10章 全球化與經濟危機

除了暹羅，東南亞各國皆成為列強的殖民地

印尼成為荷蘭最重要的殖民地

東南亞曾經遭受葡萄牙、西班牙和荷蘭的占領，此時更在列強的正式侵略下，與世界經濟連結，一口氣淪為歐美列強的殖民地，唯一的獨立國家只剩下暹羅（泰國）。

早年占有印尼的荷蘭曾著手開拓東南亞為殖民地。荷蘭一度掌握了世界的經濟霸權，但是到了 19 世紀，南半邊的比利時脫離荷蘭獨立，使得原本國土就不大的荷蘭，經濟規模進一步縮小。

身為西歐國家的一員，荷蘭本也想發起工業革命，但是國家太小，若要尋找財源的話，只有從殖民地印尼下手。荷蘭在印尼引進「強制栽培制度」，將水田強制轉變成甘蔗和咖啡田。印尼百姓雖然靠著這個制度改善了收入，經濟上也更加富裕，但是將稻米轉變成經濟作物，一旦遇到歉收時就會發生大飢荒。

英法的入侵與暹羅

在印度建立勢力範圍，圖謀擴大中國貿易的英國，將貿易中繼站檳城、麻六甲、新加坡都當成海峽殖民地，並且為了取得錫礦和天然橡膠，將馬來西亞據為英國領土。此外，英國又向與印度毗鄰的緬甸出兵，把當地編入印度帝國中。

另一頭，法國出兵印度支那半島，將越南和柬埔寨納為保護國，同時與暹羅作戰，取得隸屬於暹羅的寮國，成立法屬印度支那

聯邦。

　　暹羅處於受英屬地與法屬地包夾的狀態，為了求和讓出了許多領土給英國和法國，也成為防止兩國衝突的緩衝地帶，因而存活下來。雖然失去大片領土，但是暹羅在版圖縮小後，快速鋪設了鐵路網，並且推動現代化。

菲律賓被拱手讓給美國

　　菲律賓曾經是西班牙最重要的殖民地，不過菲律賓的民族運動家卻在美國支持下發動獨立運動。經由這場運動，菲律賓暫時達成獨立，但是，後來美國轉變政策鎮壓民族運動，菲律賓也被納入美國屬地。

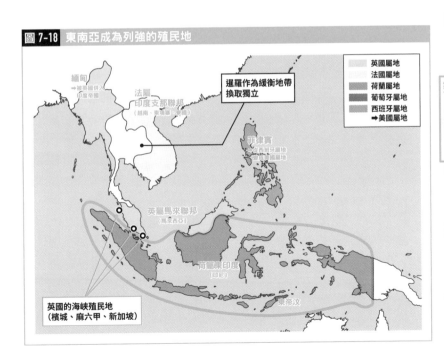

圖 7-18 東南亞成為列強的殖民地

英國屬地
法國屬地
荷蘭屬地
葡萄牙屬地
西班牙屬地
➡美國屬地

暹羅作為緩衝地帶
換取獨立

緬甸
➡被英國併入
印度帝國

法屬
印度支那聯邦
（越南、柬埔寨、寮國）

菲律賓
➡從西班牙屬地
變美屬地

英屬馬來聯邦
（馬來西亞）

英國的海峽殖民地
（檳城、麻六甲、新加坡）

荷屬東印度
（印尼）

東帝汶

第1章 西亞地區、希臘、商朝、

第2章 羅馬帝國、秦朝、漢朝、

第3章 伊斯蘭教的誕生與隋朝、唐朝

第4章 商業復興與蒙古帝國

第5章 地理大發現與明朝

第6章 荷蘭、英國的繁榮與大西洋革命

第7章 工業發展與帝國主義

第8章 兩次大戰與經濟大恐慌

第9章 冷戰下的經濟

第10章 全球化與經濟危機

深化經濟依附的拉丁美洲與太平洋地區

支撐歐美飲食文化的拉丁美洲各國

　　拉丁美洲各國通過大西洋革命達成了獨立，然而各國雖然獨立了，殖民時代掌握大片土地的地主還是控制著經濟的主導權，廣大的勞動力則來自非洲奴隸和混血人種，他們和地主之間有著極大的貧富差距。

　　這時，英國和美國的資本家趁虛而入，成為新的經濟統治階級。**他們從歐洲引進鐵路、蒸汽船和冷凍技術，再將南美的農作物引進歐洲。**尤其是利用冷凍船將大量的阿根廷牛肉出口到英國，再銷售到歐洲各地，於是一般庶民也能享用到牛肉了。此外，智利的硝石和巴西咖啡的出口量也漸漸增加。

　　另一方面，美國加強了對中美洲的影響。美國定期召開「泛美會議」，名義上是為了深化美洲大陸各國的連繫，但目的其實是加強對拉丁美洲的影響力。

太平洋地區也被列強瓜分

　　英國與美國也是侵略太平洋各國的主角。英國將澳洲納為屬地後，最初只是作為流放罪犯的「流放殖民地」，但後來當地發現了金礦，移民前仆後繼的湧入，因此澳洲成為礦產資源的一大產地。後來，澳洲在英國的許可下自治，鋪設了橫貫東西、南北的鐵路網。此外，英國也占領了紐西蘭和新幾內亞的一部分。

第1章
西亞地區、
希臘、商朝、

第2章
秦朝、漢朝、
羅馬帝國、

第3章
與隋朝、唐朝
伊斯蘭教的誕生

第4章
蒙古帝國
商業復興與

第5章
與明朝
地理大發現

第6章
荷蘭、英國的繁
榮與大西洋革命

第7章
帝國主義
工業發展與

第8章
經濟大恐慌與
兩次大戰與

第9章
經濟
冷戰下的

第10章
經濟危機與
全球化與

美國占有加州，疆域到達太平洋岸後，便開始派出貿易船到東亞，為的是瞄準中國的市場。

日本正好位在「英、法勢力圈」與「中國」及「美國」的節點，開國後成為了連接這地區的「交會點」，這也促進了日本近代化和工業革命。

由於美國與中國、日本的貿易量增加，夏威夷的重要性也不斷上升。 在橫貫廣闊太平洋的長距離航線上，夏威夷作為補給燃料、糧食的基地，重要程度不言而喻。為了提高與美國的貿易利益，夏威夷也開始在國土上開發甘蔗種植園。不知不覺間，夏威夷已成為依賴美國經濟的國家，在經濟、文化方面都逐漸「美國化」。最後，美國要求夏威夷女王退位，並將它併入成為美國的第50州。美國在與西班牙的戰爭中獲勝，得到了菲律賓和關島。德國、法國也取得太平洋上的島嶼，列強逐步瓜分太平洋地區。

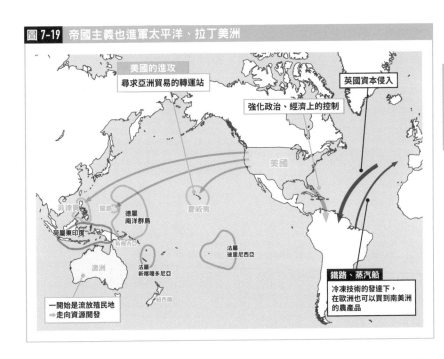

圖 7-19　帝國主義也進軍太平洋、拉丁美洲

美國的進攻
尋求亞洲貿易的轉運站

強化政治、經濟上的控制

英國資本侵入

美國

菲律賓
關島
德屬
南洋群島

荷屬東印度

新幾內亞

夏威夷

法屬
玻里尼西亞

澳洲

法屬
新喀里多尼亞

紐西蘭

鐵路、蒸汽船
冷凍技術的發達下，在歐洲也可以買到南美洲的農產品

一開始是流放殖民地
➡走向資源開發

不只是金錢、貨物，人民也在大遷移

美國是最大的移民收容地

如同前面所述，19 世紀是世界「金錢」、「貨物」連結不斷擴大的時代，這種現象前所未見。不只是「金錢」、「貨物」的移動，在這個世紀，「人民」，也就是「移民」也大幅的移動。因此，19 世紀又稱為「移民的世紀」。

歐洲的經濟發展促成了人口遽增。雖然富足的人民變多了，但是也發生農地、糧食不足，以及貧富差距擴大的現象，所以在歐洲「吃不到飯」的人民同樣也正在增加。特別是經濟發展比帝國主義國家晚一步的愛爾蘭、挪威、義大利等北歐、南歐、東歐國家，許多人為了尋求農地及更高的酬勞，離鄉背井成為了移民。

尤其在英國治下的愛爾蘭，因為穀物都出口供應給英國，貧窮的農民只能在貧瘠的土地種植馬鈴薯勉強餬口。當馬鈴薯晚疫病發生時，引起了「愛爾蘭大飢荒」，據說約有 1/5 的人口餓死，另外 1/5 的人逃到國外。在「移民的世紀」中，愛爾蘭人被迫逃至國外也是移民史上最有名的例子。

美國成了各國移民的最大收容地。身為世界最大的工業國，美國領土面積更是歐洲國家難以相比的。**不論是用作工廠工人還是農民，美國都具有收容移民的「空間」。**它在紐約灣上的浮島艾利斯島設置移民局，此後有 1700 萬以上的移民經由這裡進入美國。艾利斯島南側的自由島矗立的自由女神，也成為移民進入美國時必定會抬頭仰望的「美國的象徵」。

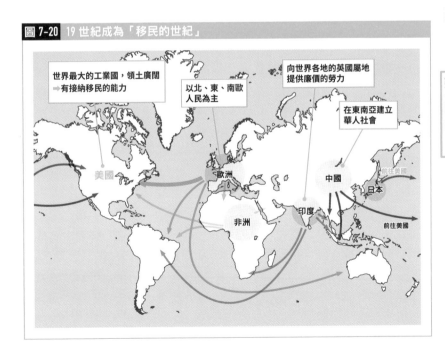

第1章
西亞地區、
希臘、商朝、

第2章
秦朝、羅馬帝國、
漢朝、

第3章
與隋朝、唐朝
伊斯蘭教的誕生

第4章
蒙古帝國與
商業復興與

第5章
與明朝
地理大發現

第6章
榮光與大西洋革命的繁
荷蘭、英國的

第7章
帝國主義
工業發展與

第8章
經濟大恐慌與
兩次大戰與

第9章
經濟
冷戰下的

第10章
經濟危機與
全球化與

淪為移民的各民族

另一頭的亞洲也有許多移民走向世界。以英國為首的帝國主義各國陸續廢除奴隸制，美國也在南北戰爭中發布解放奴隸宣言。因此，**來自亞洲的移民成為廉價的勞動力，取代了奴隸，受雇於世界各地的農園和礦山。**

此外，移民並不只是為了經濟上的原因出走，許多猶太人則是因為俄羅斯和東歐的迫害，不得不逃離居住地，以幾近難民的形式淪為移民。這些亞洲、猶太移民不只報酬水準低，從事的大多是重體力的工作。

圖 7-20 19 世紀成為「移民的世紀」

世界最大的工業國，領土廣闊
➡有接納移民的能力

以北、東、南歐人民為主

向世界各地的英國屬地提供廉價的勞力

在東南亞建立華人社會

美國

歐洲

非洲

中國

印度

日本

前往美國

前往美國

列強各國的首都
成為國力的展示間

19 世紀末期的「美好年代」

　　對引領帝國主義各國的國家來說，帝國主義與資本主義的時代，是個物資隨手可得，都市化急速進展的時代。**英、法、奧地利、德國等大國為了將本國首都打造成「國力的展示間」，規劃都市計畫，將首都改造成近代化的美麗都市。**

　　公共交通工具在街頭奔馳，百貨店陳列著豐富的商品，人們住進高層住宅，在這種生活模式下，迎來了大眾消費文化。

　　後來，經歷過第一次世界大戰、第二次世界大戰，以及伴隨的激烈變動後，民眾回首 19 世紀末逝去的繁榮，稱它為「Belle Époque」，意即「美好年代」。最初指責資本主義的矛盾，高喊打倒資本主義的社會主義者之中，也有人看到資本主義不停成長以及民眾逐漸富裕的現象，因而承認資本主義的優點，減緩對資本主義的攻擊，認為只要透過議會主導的改革，漸漸達到平等即可，這便是所謂的「修正主義」。

　　但是，列強繁榮的基礎其實來自殖民地的經營。不過，也有很多人抱持著優越意識和歧視想法，把歐美視為「先進」地區，而歐美之外的世界都是「落後」地區，認為殖民地的經營和帝國主義是「幫助落後地區的人更加文明，所以他們應該感恩戴德」。

　　帝國主義國家「瓜分世界」的行動幾近完成，已經沒有剩餘的「空位」，所以若要獲得更豐富的資源，就只能「從他國搶奪」。新的緊張感不斷膨脹，19 世紀末期就在這樣的氛圍中度過。

第8章

從恐慌
到分裂

兩次大戰與經濟大恐慌

（20世紀初～第二次世界大戰）

第8章 兩次大戰與經濟大恐慌　概述

占領魯爾區

俄羅斯革命
（二月革命、十月革命）

發生經濟大恐慌

關東大地震

塞拉耶佛事件

歷史的舞臺

大幅改變經濟世界的
兩次大戰與「戰間期」

　　本章的時代中出現的兩次大戰，以及大戰之間的「戰間期」對經濟產生的影響，也為後世造成重大影響。從帝國主義各國的對立上升到頂點後爆發的第一次世界大戰，到 1917 年俄國大革命誕生了世界第一個社會主義國家、要求德國支付天價賠償金、美國的巔峰和衰落、經濟區塊化與世界分裂、希特勒出現及擴大生存空間，世界經濟的變化令人眼花撩亂。這個時代，日本也經歷了關東大地震，在恐慌的連鎖效應之下，開始走上戰爭的道路。

17	
18	第6章 荷蘭、英國的繁榮與大西洋革命
19	
20	第7章 工業發展與帝國主義

第8章 兩次大戰與經濟大恐慌

歐洲	美國	中東	印度	中國	日本

1945	第9章 冷戰下的經濟
1990	第 10 章 全球化與經濟危機

美國
美國為第一次世界大戰的戰勝國，雖然表現出被譽為「永遠的繁榮」的經濟發展，但是形勢突然轉變，成為經濟大恐慌的震源地。

歐洲
第一次世界大戰後，德國背負巨額的賠償金。遭受經濟大恐慌的波及，驀然邁向戰爭之路。

中國
中國淪為列強的半殖民地，期間清朝滅亡，中華民國成立。不同路線的兩個政黨形成對立。

日本
第一次世界大戰時，日本成為戰勝國，國內出現了暫時的景氣暢旺。之後發生連鎖恐慌，為了打破危局，展開入侵滿洲、中國之路。

被列強瓜分的「睡獅」

🚗 列強瓜分與清的滅亡

　　清朝的潛在實力看起來有歐洲列強等級，被喻為「沉睡的獅子」，但是**在甲午戰爭戰敗，因此被認為「實力不如日本」，於是列強毫無顧慮的侵略中國。**

　　列強強迫租借清朝的領土，在當地鋪設鐵路，將產品的市場擴展到中國內陸。雖然清朝為了反抗列強的壓力試圖宣戰，卻反而給了列強進攻清朝的藉口，清朝只能大開門戶，任人長驅直入。

　　最積極侵略中國的國家就是俄羅斯帝國。在這個時代，俄羅斯帝國的勢力範圍大幅向南方擴展，侵略滿洲一帶的俄羅斯帝國與侵入朝鮮半島的日本在利害關係上互相對立，因而爆發**日俄戰爭**。在這之後，清朝因孫中山領導的**辛亥革命**而滅亡。

　　美國因為南北戰爭和美西戰爭而「晚一步」入侵中國，於是頒布**「門戶開放政策」**，尋求打入中國經濟這片「市場」的機會。

圖 8-1　加速成為「半殖民地」的中國

朝鮮成為日本的勢力範圍
➡日俄戰爭後被日本併吞

臺灣、遼東半島成為日本領地
➡遼東半島在三國干涉下歸還

俄國勢力範圍

德國勢力範圍

英國勢力範圍

日本勢力範圍

法國勢力範圍

美國
美國提出「門戶開放政策」謀求進軍中國經濟市場

參雜了經濟意圖的「歐洲火藥庫」

第1章 西亞地區、希臘、商朝、

第2章 羅馬帝國、秦朝、漢朝、

第3章 與隋朝、唐朝伊斯蘭教的誕生

第4章 蒙古帝國商業復興與

第5章 與明朝地理大發現

第6章 榮光大西洋革命荷蘭、英國的繁

第7章 帝國主義工業發展與

第8章 經濟大恐慌兩次大戰與

第9章 經濟冷戰下的

第10章 經濟危機與全球化

🚗 德意志帝國轉向「世界政策」

　　１９世紀末到２０世紀初，德意志帝國首相俾斯麥和英國女王維多利亞相繼過世。俾斯麥生前致力於調整各國的利害關係，採行能達到歐洲均衡的外交政策。而維多利亞女王除了英國，與德意志帝國、俄羅斯帝國、芬蘭、挪威、西班牙的王族都有血緣關係，被喻為「歐洲的祖母」，擁有難以忽視的份量。**維持著歐洲穩定兩位的人物過世，也讓世局急速走向戰爭。**

　　德意志帝國也正位於這場風暴的中心。俾斯麥死後，由維多利亞女王的親孫子，皇帝**威廉二世**領導德意志帝國。他主張「世界政策」，意圖採取帝國主義式的擴張。

　　德意志帝國工業化的速度雖然比英國晚，但是**活用了「後起」的優勢，把重心集中在「利潤」較高的鋼鐵、電機、化學等重工業，進行有效的生產，**工業生產額很快的超越英國，將工業產品銷到歐洲各地提高利益。

　　但是，工業的發展，就代表著追求更大的市場。通常企業為了生產更多商品，會將部分利潤投入「擴大產能」。不過，**擴大產能之後，如果商品沒有去處，不但不能產生利益，還會轉變為虧損。**不斷增編工廠工人，國家就「必須養活他們」。因此德意志帝國從英國、法國手上搶下「殖民地帝國」的寶座，努力擴大市場。

　　德意志帝國增強海軍實力，從鄂圖曼帝國取得鋪設「**巴格達鐵路**」的權利。這條鐵路若能完成，並連結上德意志帝國和其同盟國

197

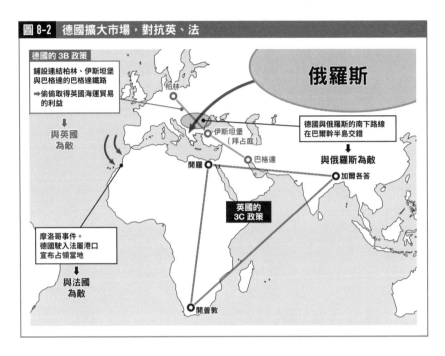

圖 8-2 德國擴大市場，對抗英、法

德國的 3B 政策

鋪設連結柏林、伊斯坦堡與巴格達的巴格達鐵路
➡偷偷取得英國海運貿易的利益

↓
與英國為敵

柏林

伊斯坦堡（拜占庭）

德國與俄羅斯的南下路線在巴爾幹半島交錯

與俄羅斯為敵

俄羅斯

開羅

巴格達

加爾各答

英國的 3C 政策

摩洛哥事件。德國駛入法屬港口宣布占領當地

↓
與法國為敵

開普敦

奧地利之間鐵路的話，就能輕易入侵英國具有優勢的亞洲地區。這個將**柏林**、**伊斯坦堡**（舊名拜占庭）和**巴格達**連結起來的政策，稱為「3B 政策」。一般認為是為了與英國連結**開羅**、**開普敦**、**加爾各答**的「3C 政策」分庭抗禮。此外，這條路線也通過「**巴爾幹半島**」，與俄羅斯帝國南下的路線交錯。

「三國協約」的盤算

面對德意志帝國的擴張，**英國**、**法國**和**俄羅斯帝國** 3 國簽訂了「**三國協約**」。**英國在「第二次布耳戰爭」的苦戰後，一直採取「光榮孤立政策」，也就是抱持著「有錢人不與人爭」的態度。**但是如此下去無法壓制德意志帝國的擴張，於是英國開始向法國和俄羅斯帝國靠攏。法國則是積極投資俄羅斯帝國，加深彼此的關係。

俄羅斯帝國靠著法國的資本，終於可以推動鐵路建設和工業化。如果能擺脫德意志帝國南下路線達成南下的「心願」，並且取得冬季不會凍結的地中海港口的話，就能掌握出口烏克蘭小麥、哈薩克棉花的通路。

曾為斯拉夫民族盟主的俄羅斯帝國，與鄂圖曼帝國「放棄」的巴爾幹半島上斯拉夫民族的小國家合作，彼此締結同盟關係，與圖謀入侵巴爾幹半島的德意志帝國形成對立。

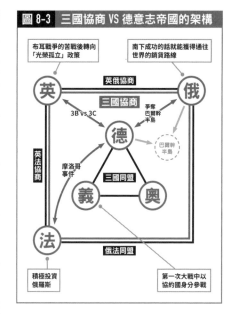

圖 8-3 三國協商 VS 德意志帝國的架構

布耳戰爭的苦戰後轉向「光榮孤立」政策

南下成功的話就能獲得通往世界的銷貨路線

英俄協商
三國協商
3B vs 3C
爭奪巴爾幹半島
巴爾幹半島

英法協商
摩洛哥事件
三國同盟

俄法同盟

積極投資俄羅斯
第一次大戰中以協約國身分參戰

英　俄　德　義　奧　法

第1章 西亞地區、希臘、商朝、

第2章 羅馬帝國、秦朝、漢朝、

第3章 與伊斯蘭教的誕生、隋朝、唐朝

第4章 蒙古帝國與商業復興

第5章 與明朝地理大發現

第6章 荷蘭與大西洋革命英國的繁榮

第7章 工業發展與帝國主義

第8章 兩次大戰與經濟大恐慌

第9章 冷戰下的經濟

第10章 全球化與經濟危機

鄂圖曼帝國與美國的盤算

漸漸臣服於英國，進入「半殖民地」狀態的鄂圖曼帝國向德意志帝國靠攏，同意鋪設巴格達鐵路。當時，鄂圖曼帝國在「克里米亞戰爭」和「俄土戰爭」等試圖阻止俄羅斯帝國南侵的戰爭中，向英法兩國借了龐大的貸款。**與德意志帝國建立合作關係，為的就是「賴帳不還」和「阻止俄國南下」這兩個目的。**鄂圖曼帝國參加第一次世界大戰後，立刻片面宣布停止償還債務。

另一方面，美國的國策一直視美洲大陸與歐洲為互不干涉的地區，因而把重心放在發展拉丁美洲與中國市場的經濟侵略，對第一次世界大戰前夕的列強對立冷眼旁觀。

席捲全世界的歐洲戰爭

🚗 第一次世界大戰開打

　　於是，就在諸國各有盤算的同時，在俗稱「歐洲火藥庫」的巴爾幹半島上，塞爾維亞人暗殺了奧匈帝國的皇儲，爆發「**塞拉耶佛事件**」。奧匈帝國立刻向塞爾維亞宣戰，幾星期內，塞爾維亞的同盟國俄羅斯帝國、奧匈帝國的同盟國德意志帝國、與俄羅斯帝國有協約關係的英、法兩國，與德意志帝國有協約關係的鄂圖曼帝國等

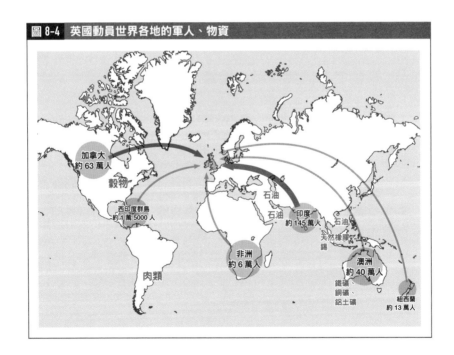

圖 8-4　英國動員世界各地的軍人、物資

加拿大
約 63 萬人

穀物

西印度群島
約 1 萬 5000 人

肉類

石油
石油

印度
約 145 萬人

石油
天然橡膠
錫

非洲
約 6 萬人

澳洲
約 40 萬人

鐵礦、
銅礦、
鋁土礦

紐西蘭
約 13 萬人

歐洲主要國家全部參戰。英、俄、法為中心組成的「協約國」，與德、奧、鄂為中心組成的「同盟國」爆發「**第一次世界大戰**」。

「歐洲主要國家」全部參戰，意味著非洲、亞洲國家也無法置身事外。當時歐洲主要國家開墾的殖民地，面積占世界一半以上，殖民地人口也占當時世界人口的 1/3 以上。為了打贏戰爭，各國也開始全面運用「世界網絡」。

例如英國動員了印度、加拿大、澳洲、紐西蘭、南非等各個地區的兵力到戰場上，也蒐集澳洲的銅、馬來西亞的天然橡膠、阿曼的石油等資源投入戰爭中。**可以說這些地區也受到戰爭牽連。**

🚗 列強陸續脫離金本位制

戰爭也導致「金錢」面的變化。舉例來說，在第一次世界大戰中，歐洲「列強」便相繼中止了自己在過去建立的「世界標準金本位制」。

前面也說明過，「金本位制」是一種發行與金元面額相同、永遠可兌換金元的紙幣，以賦予紙幣信用的架構，最先由英國樹立，後來其他各國才跟進。

使用金本位制的話，在進出口貨物時，與採行同樣制度的國家結算十分方便，貿易也能順暢進行。例如，英國一英鎊的金幣重量約 8 克，德國 20 馬克金幣的重量也是約 8 克（不過它不是「純金」而是 22k 金，所以實際黃金的重量稍微少一點），所以藉由「固定」黃金行情為 1 英鎊 = 20 馬克，在交易時就不用計算金幣數量，只要測量「黃金重量」就可以進行貿易結算。

但是，這個制度並不適合「戰爭」。當戰爭失敗的國家消滅，保證紙幣與金幣兌換效力的銀行破產的話，紙幣就成了「廢紙」。人們想持有原形的「黃金」更勝於「紙幣」，所以紛紛要求將紙幣

第1章 西亞地區、商朝、希臘

第2章 秦朝、羅馬帝國、漢朝、

第3章 伊斯蘭教的誕生與隋朝、唐朝

第4章 商業復興與蒙古帝國

第5章 地理大發現與明朝

第6章 荷蘭、英國的繁榮與大西洋革命

第7章 工業發展與帝國主義

第8章 兩次大戰與經濟大恐慌

第9章 冷戰下的經濟

第10章 全球化與經濟危機

兌成金幣。另一方面，由於採購軍需物資導致進口擴大，金元也流出國外。國家保有的金元不斷減少，國家難以「調度現金」而出現恐慌現象，也無法調配軍需物資。**在金本位制的國家，無法儲備金元就表示國家財政破產，失去了發動戰爭的能力。**

此外，金本位制還有一個缺點，就是在需要大量現金時不能臨時大量發行紙幣。以前面的例子來說，20 馬克金幣約是 8 克黃金，所以，假設國家擁有 8 噸黃金，就表示在「隨時可以兌換」的名義下，國家只能發行 2000 萬馬克的紙幣（事實上發行的紙幣比國家現存的黃金量多，所以，一旦要求政府兌換黃金的人數很多時，由於從一開始就不存在那麼多可兌換的金元，國家財政便會失去信用而破產）。**戰爭時會臨時需要現金，但如果在金本位制下，即使想大量印鈔「灌水」也很難執行。**

因此，列強放棄金本位制，發行不能兌換金元的「不可兌換紙幣」，阻止紙幣與金元的交換，進而禁止黃金出口（禁止用黃金支付貿易支出），維持國家的黃金儲量，以備軍費的進一步增加（由於貿易時不能用黃金支付，所以只能用「不可兌換紙幣」支付及以物易物，或是等戰爭後有錢再付款）。

但是，**不可兌換紙幣沒有金元保證，是一種「視同」現金的紙幣，所以發行量越多，價值越低，形同「廢紙」。**

參戰國為了支應軍費，發行大量的紙幣，所以紙幣的價值大幅滑落，法國的紙幣價值只剩 1/5.5，德意志帝國只剩 1/15。也就是說過去 1 張紙幣買得到的物品，現在需要 15 張才買得到。貨幣貶值的同時，物價卻飛速上漲。於是「貨幣價值下跌、物價上升」的通貨膨脹情形持續發展。

戰爭導致的物資不足，與貨幣價值下跌同時發生，對國民來說，就等同於「即使工作換取紙幣作為酬勞，也買不起食物」的混亂狀態。

第1章
希臘
西亞地區
、商朝、

第2章
秦朝
羅馬、帝
、漢朝、國

第3章
與隋朝
伊斯蘭、教
、唐朝的誕生

第4章
蒙古業復興與
帝國商

第5章
與地理大發現
明朝

第6章
榮與、英、
荷蘭、大西洋革命

第7章
帝國主義與
工業發展與

第8章
兩次
經濟大大
大恐戰與
慌慌與

第9章
經濟
冷戰下的

第10章
經濟危機與
全球化

🚗 英國試圖堅持金本位制

英國在第二次布耳戰爭等苦戰中，國勢已有衰弱之相。但身為「金本位制」的「始祖」，靠著海運和投資積蓄黃金的英國，仍然一面採取防堵黃金流出的策略，也在國際付款上試圖繼續使用黃金，勉強「維持金本位制」。

不過，如果用黃金採購軍需物資，儲備的黃金就會不斷流失。儘管英國在國內採行金本位制，但是紙幣早已被「灌水」到高出黃金的儲備量。因此實際上，英國紙幣的價值在戰爭中貶到只剩1/8。第一次世界大戰結束後，衰敗凋敝的英國無法再維持金本位制，終於脫離此制度。

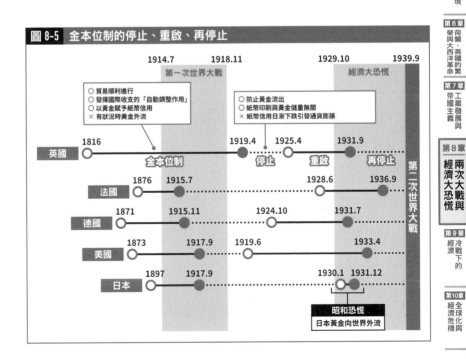

圖 8-5　金本位制的停止、重啟、再停止

203

戰爭刺激技術的發展、世界融合為一

「總體戰」與新兵器

第一次大戰拉長了戰局，因此各國將農業、工業等所有生產力悉數投入戰爭，戰局正式進入「**總體戰**」階段。為了在總體戰中贏得勝利，光是在戰場上打倒士兵是不夠的，**還必須削弱戰士背後的生產力才行**。於是，一般民眾也被當成了攻擊對象，平民的犧牲數量開始趕上士兵。糧食、物資都被送到前線，民眾生活越來越困苦，也有許多人因而餓死。

不只如此，過去被視為**「象徵光明未來」的科學技術，也陸續轉用於軍事技術上**。萊特兄弟成功製作出的世界第一架可載人飛機，就在 11 年後投入戰場作為「戰爭工具」。從日俄戰爭時期起大量使用的**機關槍**，當時幾乎在所有戰區都看得到，也造成大量人員死傷。此外還有依據農用牽引機開發出**坦克車**，在海上則有被稱為「大西洋之狼」，以德國 U 艇為代表的**潛水艦**將船艦一一擊沉，至於化學發展方面則開發出**毒氣**等化學兵器。工業革命後發達的**鐵路網，也發揮了不斷將士兵送上戰場的功能**。

美國參戰與西班牙流感大流行

為了快速解決延長的戰爭，德意志帝國採取用「U 艇」攻擊商船的戰術。德意志帝國稱之為「**無限制潛艇政策**」，只要遇到前往英、法等敵國的船隻，即使是中立國的商船也一律擊沉。

雖然此策略打的主意是讓英、法無法補給物資，但是這個戰術卻導致了德意志帝國「意想不到的結果」。由於潛艇擊沉了多艘美國商船，激起了美國高昂的反德情緒，美國因而參戰加入協約國。**原本維持中立、毫髮無傷的「世界最大工業國」成了敵軍，也就注定了德國的大勢已去。**德意志帝國為了重振軍勢一再輕率出擊，引起德軍士兵的不滿，因此發動叛變。最後德皇威廉二世流亡他國，戰爭至此結束。

美國派兵到歐洲戰場，卻意外將一樣東西散布到全世界，那就是從美國開始發生的流行性感冒。

第一次世界大戰中，各國從世界各地蒐集軍人和物資，轉眼間，流行性感冒便循著這些路線散布到全世界，保守估計，當時世界約有 1/4 人口，相當於 5 億人感染，5000 萬以上的人口犧牲，形成了世界性的大流行。由於流感大流行的新聞經由中立國西班牙大幅報導，後來各國就將這次流感稱為「西班牙流感」。

🚗 日本的第一次世界大戰

日本因與英國締結「英日同盟」，所以加入英、法、俄的聯盟出戰，攻擊德意志帝國在中國的勢力範圍山東半島以及德國占領的太平洋島嶼。第一次世界大戰的「主戰場」是歐洲，參戰國的焦點都放在此地區，對歐洲各國來說，亞洲成為非警戒區，所以**日本在英、法、俄三國支援下，獲得進攻中國的絕佳機會。**日本元老之一的井上馨將這種狀態稱為「天祐」。歐洲的工業生產全部集中在軍需物資，所以日本的纖維製品和商船得以販賣到全世界，國內也出現了許多「暴發戶」。

第1章 西亞、地中海地區、希臘、商朝、

第2章 秦朝、漢朝、羅馬帝國

第3章 與伊斯蘭教的誕生、隋朝、唐朝

第4章 蒙古帝國 商業復興與

第5章 與明朝 地理大發現

第6章 榮與大西洋革命 荷蘭、英國的繁

第7章 工業發展與 帝國主義

第8章 兩次大戰與 經濟大恐慌

第9章 冷戰下的 經濟

第10章 全球化與 經濟危機

世界第一個社會主義國家多舛的起步

🚗 俄羅斯成為工業大國

第一次世界大戰對許多國家造成重大的影響，但其中最大的影響就是俄羅斯帝國的垮臺和第一個社會主義國家**蘇聯**的成立。

長期以來，俄羅斯帝國不論在經濟或社會上，都落後其他歐洲國家一大截。但是，到了第一次世界大戰前，俄羅斯帝國已成為鋼鐵產量排名世界第四，石油生產量更占世界總產量一半左右的大國。以克里米亞戰爭戰敗為轉捩點，俄國公布「農奴解放令」，開始走向近代化，更積極接受法國的投資，推動工業化。

🚗 民眾示威主張打倒帝國

然而，由皇帝統治的「俄羅斯帝國」從外表看起來是個大國，卻已是病入膏肓的狀態。俄羅斯藉由出口農產穀物賺取進口機器的費用，振興工業和修築基礎建設，可是將填飽百姓肚子的糧食也用於出口的「飢餓出口」行為，使人民漸漸陷入貧乏。此外，**農奴雖然得到解放，但是，之後他們在國家的土地上耕作的同時，也被課徵沉重的稅賦，等於成為「國家的農奴」**。人民的窮困也導致了對政治的不信任。

日俄戰爭時期，困苦的民眾發動大規模示威，卻遭到皇軍開槍攻擊，是為「**血腥星期日事件**」。後來，又發生了史稱「**第一次俄國革命**」等一連串反政府暴動事件。

面對「第一次俄國革命」的動盪，帝國政府設立國會、制定憲法，展現出一定程度的讓步，但是皇帝維持獨裁，政府對改革態度消極。

第一次世界大戰開始後，經濟狀況的惡化已無法轉圜。缺糧的情形四處蔓延，工人發動罷工、暴動，要求資本家公平分配財產。軍人當中也有人加入暴動、提供武器給工人。

皇帝得知支撐自己強大政權的軍人成為叛變的主角，終於宣布退位。這場相當於「第二次俄國革命」的「二月革命」，結束了俄羅斯帝國皇帝漫長的獨裁歷史。

對皇帝獨裁感到不滿的政治勢力集合起來，取代皇帝成立「臨時政府」，掌握了政權。

🚗 二月革命後，臨時政府繼續參戰

皇帝退位後，臨時政府掌握統治權。但是，臨時政府的支持者多為資本家階級，於是他們背叛了百姓的期待，提出繼續參戰的方針。

對資本家來說，戰爭是一個「商機」，而且**俄國企業大多受到法國的融資，所以他們擔心如果「退出」戰爭，造成俄國與英法關係惡化的話，對方就會收回融資，企業也就失去了運轉資金。**相對的，飢餓的民眾則要求「麵包與和平」。

🚗 列寧領導社會主義革命

要求「麵包與和平」的民眾，把期待寄予主張社會主義、領導**布爾什維克黨**的列寧身上。列寧把權力集中於人民委員會「蘇維

第1章 西亞地區、希臘、商朝、

第2章 秦朝、羅馬帝國、漢朝、

第3章 與隋朝、唐朝 伊斯蘭教的誕生

第4章 蒙古帝國 商業復興與

第5章 與明朝 地理大發現

第6章 荷蘭、英國的繁榮與大西洋革命

第7章 帝國主義與工業發展與

第8章 兩次大戰與經濟大恐慌

第9章 冷戰下的經濟

第10章 全球化與經濟危機

埃」，發動武裝起義，訴求由人民治理國家以及立即停止戰爭。內部分裂、搖搖欲墜的臨時政府倒臺，蘇維埃政權宣告成立，這就是「**十月革命**」。

內外樹敵的蘇聯

於是，以布爾什維克黨為中心運作的蘇維埃政權成立。這是一個以「**共享生產工具，從事相同的工作就能得到相同的分配，打破貧富差距**」為目標的社會主義政黨。所以黨在握有政權後，很快的將地主的土地收歸國有，並推動企業的國有化。

此外，蘇維埃政權呼應民眾的期待，與德意志帝國談判要求「退出」戰爭。但是，戰爭並不是想退出就能退出的，必須付出代價。因此蘇維埃政府割讓了廣大的領土並支付賠償金給德意志帝國。另一方面，英國、法國、美國、日本等協約國聯盟陷入苦戰，發現盟友俄國自行退出，無不大感憤怒。

蘇維埃政權反過來呼籲各國的社會主義勢力「在你們的國家發動革命推翻政府，建立工人政權」，來對抗來自國外的壓力。於是協約國出兵「打倒蘇聯」，這便是**西伯利亞干涉戰爭**。

西伯利亞干涉戰爭獲得俄國國內反蘇維埃勢力呼應，所以蘇維埃政權面臨「革命敵人」內外交攻的局面，因此採取「**戰鬥共產主義**」的體制，鎮壓反革命勢力，將國家納入強制管制之下，對抗內外敵人以保護革命成果。（此後，**在一黨專政的社會主義國家中，經常可見創造出「革命敵人」，並且以「鬥爭」名義將掌握大權的政府合理化的模式。**）

由於政府強制徵收農產品和強迫人民勞動，期待經由革命得到「公平」社會的民眾大失所望，也失去了勞動的意願。

蘇維埃政權好不容易挺過了內外戰爭，便與烏克蘭等地的蘇維

埃政權聯合組成了**蘇維埃社會主義共和國聯邦（蘇聯）**。另外，蘇聯的核心布爾什維克黨則被稱為「**共產黨**」。

第一次世界大戰後的西伯利亞干涉戰爭和內戰，雖然名義上的目的是「為了建立平等的國家」，但是在人民眼中，這與戰爭的延續無異。民生的貧困到達極點，大量人口餓死。

🚗 在史達林領導下展開的計畫經濟

因此，列寧採行了暫時性的資本主義經濟，又稱為「**新經濟政策**」，開放企業接受外國融資，及允許民眾販賣剩餘的農產品自由的賺錢。

列寧表面上依然堅持社會主義的理想，稱這項方針轉變是「為了改革而退後一步」，不過此舉卻激發了農民的勞動意願。於是資本主義再次復活，產生了富人階級。**諷刺的是，正是因為放下了社會主義的招牌，俄國的生產力恢復到第一次世界大戰的水準。**

然而，列寧在推動「新經濟政策」的期間過世。**史達林**打敗其他的對手，在列寧之後掌握了蘇聯的實權。他推翻新經濟政策，實施計畫經濟政策「五年計畫」，想為蘇聯建設真正的社會主義經濟。他在國家的計畫下建立重工業，並配給國土給農民，期望達到「公平的分配」。

蘇聯依照計畫經濟方針，以重工業為中心，發展特定產業。但是，與富國裕民的「消費財」反其道而行，以及奪走人民的土地、家畜，再重新將陌生土地或家畜分配給他們的政策，導致農村勞動意願低落，因而生產水準低迷。史達林面對人民的不滿，發起大力鎮壓和「肅清」，據說有 1000 萬人被處死或是在強制收容所中死亡。

第1章 希臘、西亞地區、商朝

第2章 秦朝、羅馬帝國、漢朝、

第3章 與伊斯蘭教的誕生隋朝、唐朝

第4章 商業復興與蒙古帝國

第5章 與明朝地理大發現

第6章 榮與大西洋革命荷蘭、英國的繁

第7章 帝國主義與工業發展與

第8章 兩次大戰與經濟大恐慌

第9章 冷戰下的經濟

第10章 全球化與經濟危機與

圖 8-6 俄國 1917 年革命的演變

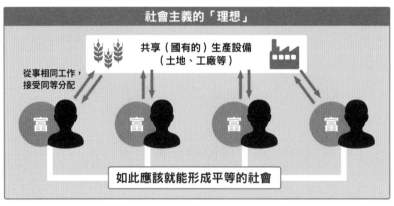

社會主義的「理想」

共享（國有的）生產設備
（土地、工廠等）

從事相同工作，
接受同等分配

富　富　富　富

如此應該就能形成平等的社會

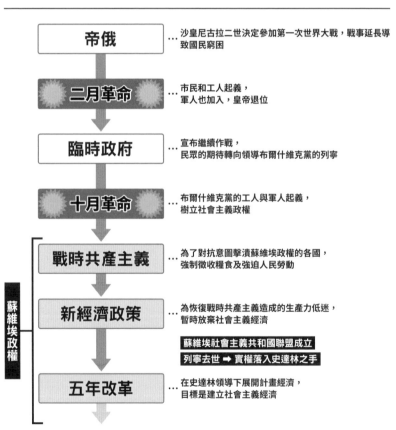

| 帝俄 | … 沙皇尼古拉二世決定參加第一次世界大戰，戰事延長導致國民窮困 |

二月革命 … 市民和工人起義，軍人也加入，皇帝退位

臨時政府 … 宣布繼續作戰，民眾的期待轉向領導布爾什維克黨的列寧

十月革命 … 布爾什維克黨的工人與軍人起義，樹立社會主義政權

蘇維埃政權

戰時共產主義 … 為了對抗意圖擊潰蘇維埃政權的各國，強制徵收糧食及強迫人民勞動

新經濟政策 … 為恢復戰時共產主義造成的生產力低迷，暫時放棄社會主義經濟

蘇維埃社會主義共和國聯盟成立
列寧去世 ➡ 實權落入史達林之手

五年改革 … 在史達林領導下展開計畫經濟，目標是建立社會主義經濟

戰後的龐大賠款
讓德國吃足苦頭

第1章
希西亞地區、商朝、

第2章
秦朝、羅馬帝國、漢朝、

第3章
與伊斯蘭教的誕生隋朝、唐朝

第4章
商業復興與蒙古帝國

第5章
與明朝地理大發現

第6章
荷蘭、英國的繁榮與大西洋革命

第7章
工業發展與帝國主義

第8章
兩次大戰與經濟大恐慌

第9章
冷戰下的經濟

第10章
經濟危機與全球化

🚗 德國的「天文數字」賠償金

第一次世界大戰結束，歐洲早已破敗凋敝，德意志帝國和奧地利等戰敗國當然更是滿目瘡痍。但是獲勝的英國和法國同樣是國土荒廢，更為了償還抗戰時向美國借的沉重貸款而傷透腦筋。

為了極度惡化的財政和償還貸款，**戰勝國向戰敗國索討龐大的賠償金。**德意志帝國需支付的賠款為「1320億金馬克」，換算成現值可達新臺幣數十兆元，幾乎是「天文數字」一般（金馬克是指「有黃金作保證」的馬克，按前面舉的例子，２０馬克＝８克的金幣，必須按此換算的金額支付。也就是說，支付賠償金時不得用臨時印刷的紙鈔混充過去），已經是一筆超越國家財政層次，難以想像的金額。

🚗 法國和比利時占領魯爾區

德國雖然努力支付了３年的賠款，但是逐漸開始拖延付款。於是，法國與比利時占領德國西部的大規模工業區**魯爾區**，扣押當地的生產成品作為「賠款的抵押」。

但是，魯爾區的百姓都是愛國的「德國人」，並不想為了法國人努力生產物資。他們在工作上偷工減料、發動罷工，進行「消極抵抗」。德國政府派遣外交官到法國商討降低賠款額度，同時國家也支付生活費給魯爾區的百姓，暗中支持「消極抵抗」。

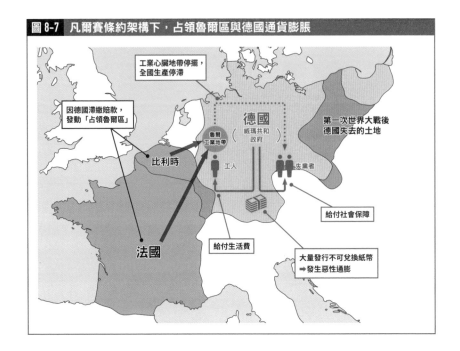

圖 8-7　凡爾賽條約架構下，占領魯爾區與德國通貨膨脹

工業心臟地帶停擺，全國生產停滯

因德國滯繳賠款，發動「占領魯爾區」

德國（威瑪共和政府）

第一次世界大戰後德國失去的土地

魯爾工業地帶

比利時

工人

失業者

法國

給付生活費

給付社會保障

大量發行不可兌換紙幣
➡發生惡性通膨

🚗 惡性通膨的發生

當時，魯爾區生產的煤約占德國全國的 7 成，鋼鐵約占 8 成，算是名副其實「德國工業的心臟」，**魯爾區停工影響的不只是當地，也波及到德國全境需要用到煤和鋼鐵的相關產業。**國內所有地方的生產停擺，民眾開始陷入苦境。

第一次世界大戰後，建立「**威瑪共和**」政權的德國，在號稱「最民主的憲法」下，採行充實社會保障制度的政策，但反而招來惡果。生產停擺而失業的國民，生活也失去了保障。

德國迫不得已，只好增印大量紙鈔，對貨幣量進行「緊急輸血」，以支應社會保障支出。供給大量沒有黃金保證的「不可兌換紙幣」，讓紙幣更加接近「廢紙」，而且企業停工導致物資不足，

在雙重打擊下,「現金」與「物資」的均衡明顯崩潰,紙幣價值不斷下跌,物價急速上漲,發生了具破壞性的「惡性通貨膨脹」。**與第一次世界大戰開戰時相比,德國的物價達到1兆2000億倍**,引發了德國經濟的大混亂。

法國、比利時也知道德國已到了無法支付賠款的地步,而且兩國片面占領德國領土也引起國際的指責,所以中止了占領魯爾區的行動。

🚗 通貨膨脹危機結束

德國的通貨膨脹危機,在發行新紙幣「地租馬克」後總算趨於穩定。過去的紙幣以1兆:1的比例兌換為地租馬克,「貨幣改值」為1/1兆。地租馬克不能與金元或銀元兌換,而是一種以「土地收入請求權」的特殊方法來保證信用的紙幣。

此外,新紙幣並不是無限量的發行,而是將貨幣流入市場的同時一邊調整通貨量,也因此結束了通貨膨脹。

🚗 美國向德國伸出的援手

即使通貨膨脹結束,但是「**想要進行戰後復興和償還貸款的戰勝國,逼迫戰敗國支付天價賠款,而德國無望還款,戰勝國亦無法進行戰後重建和清償貸款**」,這樣的惡性循環依然持續。這樣下去,英國和法國永遠償還不了美國的借款,因此歐洲也瀰漫著劍拔弩張的氣氛,很可能再次發生占領魯爾區的事件。

美國為了解決這個狀態,派銀行家道威斯前往歐洲,提出讓德國支付賠償金的機制「**道威斯計畫**」。

「道威斯計畫」的內容為,首先美國積極的融資給德國企業,

第1章 西亞地區、希臘、商朝

第2章 羅馬帝國、秦朝、漢朝

第3章 伊斯蘭教的誕生與隋朝、唐朝

第4章 商業復興與蒙古帝國

第5章 地理大發現與明朝

第6章 荷蘭與大西洋革命、英國的繁榮

第7章 工業發展與帝國主義

第8章 兩次大戰與經濟大恐慌

第9章 冷戰下的經濟

第10章 全球化與經濟危機

德國企業則用這筆錢為資本開始生產。等德國經濟復甦之後，再將稅收用於支付賠款。英國和法國收到賠款，就能夠償還美國的貸款。這個金流形成了「美國的資金繞了一圈之後，又回到美國手上」的循環，所以又稱為「賠償循環」。

德國原本就在重化學工業有極高的生產力，所以只要供給資金，生產就能重新步上軌道。國際經濟安定，英國和法國也能展開復興和還款。透過這個架構，歐洲的經濟穩定下來，各國也同意調降德國賠款的額度與延長還款期限，世界逐漸趨於安定。

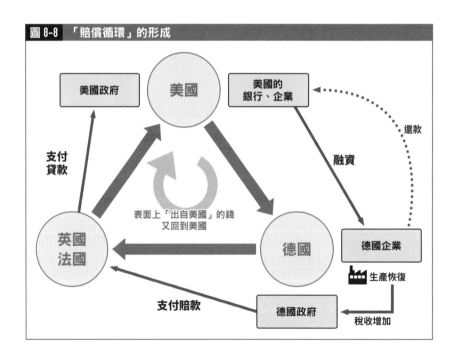

圖 8-8 「賠償循環」的形成

「永遠繁榮」的美國

美國從「債務國」轉變為「債權國」

　　美國恐怕是在第一次世界大戰中收穫最大的國家了。開戰前美國雖然是世界最大的工業國，但卻也是個負有大筆外債的「債務國」。第一次世界大戰開始，美國在參戰前，以中立國的身分融資給英國和法國，參戰後的行動對協約國的勝利有關鍵影響。而且戰爭發生在歐洲，美國的國土幾乎毫無損傷。所以，**大戰後的美國，幾乎成為世界上唯一的「債權國」，掌握了國際金融的主導權。**

大量生產、大量消費的生活形態

　　擁有卓越工業和經濟實力的美國，人民生活也起了變化，迎來以大量生產與大量消費為基礎的新生活形態。

　　以「福特T型車」為代表的大眾車款、冰箱、烤箱等家電商品充斥於生活中，廣播和街頭的廣告刺激著購買欲望，也設計出靠郵購或分期付款等方式，隨時隨地都能買到想買的商品的架構。

　　紐約林立的高層建築「摩天樓」，成為繁榮的象徵。娛樂事業、電影、爵士音樂等「美國大眾文化」百花盛開。世界經濟以美國的繁榮為中心逐漸好轉，由美國為首，再次恢復了「金本位制」。

大戰影響下，亞洲各國的「變化」

🚗 戰間期的亞洲各國

第一次世界大戰對亞洲各國也造成了重大的影響。

鄂圖曼帝國成為戰敗國，失去了大部分領土。但是出現了一位名為**凱末爾**的人物，率領土耳其軍對協約國屢出奇兵，收復了部分領土。凱末爾領導土耳其革命瓦解了鄂圖曼帝國，建立現在的**土耳其共和國**。原本為鄂圖曼帝國領土的伊拉克和敘利亞，交由英國和法國統治，英法兩國大力開採石油。

英國承諾印度，若協助英國作戰，可得到大幅自治作為回報。第一次世界大戰中，印度派遣１５０萬軍人上戰場，但是到了戰後，不僅沒有得到自治權，英國反而對獨立運動加以鎮壓。印度協助英國後卻毫無所獲，於是在甘地等民族運動家的領導下，發起對英國的反抗運動。

在中國，第一次世界大戰造成「美國的經濟勝利」和「俄國革命下蘇聯建立」，在這兩起事件影響下，受財閥和資本家支持的民主主義政黨**國民黨**，以及受到蘇聯影響的工人與農民階級所支持的社會主義政黨**共產黨**兩個政黨成立，並且開始互相對立。

而日本在第一次世界大戰中，因為將工業產品賣給歐洲各國因戰爭而無暇顧及的亞洲市場，於是景氣大好。但是戰爭結束後，日本發生戰後恐慌，接著到來的**關東大地震**，對企業、銀行造成連鎖性的「震災恐慌」、「金融恐慌」和「昭和恐慌」，恐慌狀態持續不斷。

債臺高築的「空中樓閣」

第1章
西亞地區、
希臘、商朝、

第2章
秦朝、
羅馬帝國、
漢朝、

第3章
與隋朝、唐朝
伊斯蘭教的誕生

第4章
蒙古帝國
商業復興與

第5章
與明朝
地理大發現

第6章
荷蘭與大西洋革命
的繁

第7章
帝國主義
工業發展與

第8章
經濟大恐慌
兩次大戰與

第9章
經濟
冷戰下的

第10章
經濟危機與
全球化與

🚗 「農業蕭條」是經濟崩壞的預兆

第一次世界大戰後的美國經濟號稱「**永遠的繁榮**」，但其實在看不見的地方，已出現了崩壞的預兆。

第一是農業前景不佳。第一次世界大戰中，美國增產糧食出口歐洲，不過戰爭一結束，歐洲的生產力恢復，而美國出口量減少，農作物出現收成過剩的問題。

但是，農村一旦增產作物，就很難再縮減生產量。而且牽引機一再的改良，農產品的生產量居高不下。**種得越多，農作物就剩餘得越多而造成虧損，演變為「豐收貧窮」的狀態，農村的經濟能力逐漸下降。**

🚗 債臺高築的「永遠的繁榮」

另一個問題是工業生產過剩。「永遠的繁榮」之下形成大量生產與大量消費，物資銷售暢旺。企業從銀行融資調度資金，進而生產更多商品，因為業績看好，股價也跟著上漲，所以民眾熱衷於購買股票，從中獲利後，甚至向銀行或證券公司借錢買股票，股價在人們炒作之下飆升。此外，民眾也頻頻向銀行貸款購物。

總而言之，「永遠的繁榮」完全是建築在**「企業貸款製造商品，民眾貸款買該企業的股票及商品」**的「空中樓閣」之上。民眾的需求大致滿足後，企業就出現庫存過剩的現象。

🚗 經濟大恐慌的發生

企業在生產時已經先向銀行融資，所以當商品滯銷無法償還貸款時，立刻就面臨破產的危機。

企業的業績不佳造成股價下跌，人們預期「股價將會繼續下跌」，開始出脫手上的股票。於是股價「跌跌不休」，發生了稱為「黑色星期四」的股價暴跌事件。

低價脫手股票的民眾，剩下的只有買股票時向銀行借的一大筆貸款。而銀行收不到借出的錢，經營也跟著惡化。大批民眾趕在銀行破產前「把自己的存款領出」，產生了**擠兌風波**。於是，企業、銀行連鎖破產的經濟大恐慌也接著發生了。

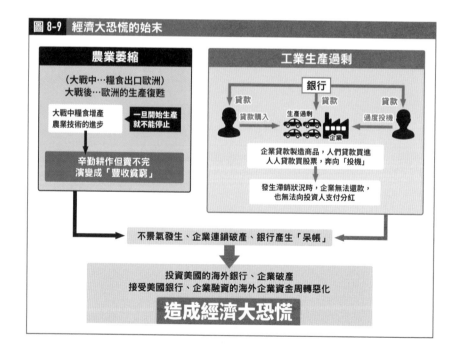

圖 8-9 經濟大恐慌的始末

擴及全球的經濟大恐慌

這場恐慌風暴也影響到全世界。美國的銀行與投資家表示「我們也很辛苦，快把貸款還來」，**要求過去融資的德國企業快速清償貸款。**德國企業的資金周轉因此立刻惡化，德國經濟也近乎崩盤。

為了救助德國，當時的美國總統**胡佛**發表「**延債宣言**」，提出德國對英、法的賠款應該延遲一年支付，而英、法兩國向美國的還款時間也同樣延期一年的決定。但是這個困境無法在一年的時間內輕易解決，對美國和德國積極投資的英、法銀行，業績也相繼衰退，大恐慌狀態在世界各地連鎖發生。

如同戰爭時期，假如國家中央銀行採取金本位制，民眾會在銀行快要破產時，認為「紙幣也許會變成廢紙，還是換成黃金比較保險」，國家儲備的黃金都被兌換成紙幣，黃金儲量減少，國家整體的「現金周轉」惡化，經濟越來越蕭條。因此，各國再次捨棄金本位制，改為使用可以對紙幣量灌水的「不可兌換紙幣」。

「沒有黃金擔保的不可兌換紙幣」價值當然比「隨時可兌換黃金的可兌換紙幣」更低，於是演變為貨幣價值下跌的「貨幣貶值」。**對其他國家來說，「貨幣貶值」相當於付相同的金額卻可以進口更多物品，等於是「大拍賣」，具有幫助庫存太多的企業解套**的效果。

另一方面，各國在進口外國貨物時課徵高關稅，採取保護本國企業的「貿易保護」政策。在出口上雖然等同於進行「大拍賣」，但是如果出現彼此互相課徵高關稅阻止進口的狀況，各國「想賣產品卻不想買」，於是產生了互相封閉貿易關係的鎖國狀況。

第1章 希臘、西亞地區、商朝、

第2章 秦朝、羅馬帝國、漢朝、

第3章 與隋朝、伊斯蘭教的誕生、唐朝

第4章 商業復興與蒙古帝國

第5章 與明朝、地理大發現

第6章 荷蘭、英國的繁榮與大西洋革命

第7章 帝國主義與工業發展與

第8章 兩次大戰與經濟大恐慌

第9章 冷戰下的經濟的

第10章 全球化與經濟危機與

恐慌對策下各國互動中斷

美國的羅斯福新政

在恐慌的「震源地」美國，解決恐慌問題的是打敗胡佛就任美國總統的**富蘭克林‧羅斯福**。他摒棄過去支撐好景氣的「自由放任」經濟政策，施行一連串對應大恐慌的策略，史稱「**羅斯福新政**」。政策內容是**由國家控制生產來防止生產過量、並興建巨額的公共事業以製造就業機會、撥出預算救濟窮人等，由政府積極的干涉經濟。**美國與拉丁美洲各國、加拿大簽訂協約，降低彼此的關稅，加強「美元集團」的經濟連結，對抗英、法的「集團經濟」。

英法的集團經濟

英國與法國擁有富饒的殖民地，在殖民地與宗主國之間降低關稅，形成「自給自足」的經濟圈，因此稱為「**集團經濟**」。

英國與印度、澳洲、南非等殖民地和自治區締結協定，降低關稅，在這個範圍內運行經濟。

因此，英國將工業產品出口到集團內各國，集團內的國家出口原料、食材到英國，在國際分工體制下重新調節經濟，集團內的生產也走向復甦。這個英國集團經濟稱為「**英鎊集團**」。

法國也與自己的殖民地以及荷蘭、比利時等國家形成「**法郎集團**」。由於法國嘗試維持金本位制，於是與想保留金本位制的國家結盟為集團，對其他地區採取高關稅，希望在法郎集團內維持金本

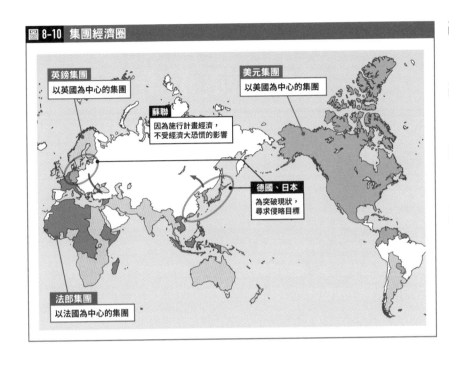

圖 8-10 集團經濟圈

英鎊集團
以英國為中心的集團

美元集團
以美國為中心的集團

蘇聯
因為施行計畫經濟，
不受經濟大恐慌的影響

德國、日本
為突破現狀，
尋求侵略目標

法郎集團
以法國為中心的集團

第1章
西亞
希臘、地區、
朧、商朝

第2章
秦朝、羅馬帝國、
朝、漢朝、

第3章
伊斯蘭教
與隋朝、的誕生
唐朝

第4章
商業復興與
蒙古帝國

第5章
與地理大發現
明朝

第6章
荷蘭、
榮與大西洋革命
英國的繁

第7章
工業發展與
帝國主義

第8章
兩次大戰與
經濟大恐慌

第9章
冷戰下的
經濟

第10章
全球化與
經濟危機

位制行情穩定、促進貿易等優點。但是法郎集團內各國的貿易不見成長，反倒是景氣下滑，最後集團瓦解。

蘇聯的計畫經濟

世界大恐慌發生時，蘇聯正在史達林的主導下進行「**五年計畫經濟**」。實施計畫經濟時，「外表上」的蘇聯看似經濟起飛，未受經濟大恐慌的影響，所以蘇聯大肆宣傳以社會主義為基礎的「計畫經濟」比資本主義更優越。然而，計畫經濟的背後卻隱藏著動員民眾從事不合理的計畫，以及鎮壓、處死反對史達林的人民、強制勞動等大量的犧牲。

大恐慌襲擊德國與希特勒的崛起

🚗 大恐慌的影響衝擊德國

　　德國不只被美國終止投資，還遭到他國提前收回貸款「抽緊銀根」的要求，因而經濟崩盤，被逼入難以翻身的困境。德國原本的命脈是出口工業製品，但各國建立起集團經濟圈，不再進口德國產品，讓德國大受打擊。此外，德國也沒有殖民地可作為銷售工業製品的市場，有如「一無所有的國家」，無法「自給自足」。

　　沒有錢的德國，最先採取的措施就是削減支出。然而在景條蕭條時緊縮開支，社會的金流周轉不靈，不景氣於是更加惡化。失業者達到６００萬人，相當於當時人口的約１０％。因此，德國政府改弦更張，試圖擴大「公共事業」，其中又以德國高速公路為代表。但是政府籌措不出預算，難以順利推動（後來希特勒政權強力推動高速公路的建設）。

🚗 希特勒提出擴大「生存空間」

　　這種狀況下，**希特勒**率領**納粹黨**（國社黨）掌握了獨裁的權力。希特勒呼籲德國國民團結，積極推動公共事業和擴大軍備，並且救濟失業者。德國的工業恢復生產，景氣一飛沖天，失業者降至近乎於零。

　　因應公共事業和擴大軍備需要的龐大預算，德國發行各種形式的「票據」，藉此「賒帳」，表示國家會在幾年後支付當時「賒下

的帳」，以「延後還債」的手法支應。

　　但是最後德國政府依然必須償還款項，所以在清帳前必須「想點辦法」。但是即使大量印刷鈔票，勉強趕上還款的時間，還是發生了惡性通貨膨脹，經濟即將破產。為了避免這個結局，德國選擇「訴諸武力」之路，賴掉國外的債務，以軍事壓制、併吞鄰近各國，將其納入德國經濟體系。

　　雖然希特勒從一開始就主張整建軍備，向鄰近各國進行軍事擴張以擴大「生存空間」，但是這項行動的**背後也隱藏著必須解決「欠債還錢」問題的經濟因素。**希特勒領導德國併吞奧地利和捷克，將兩國的經濟納入德國經濟之中，接著又侵略波蘭，於是英國和法國對德國宣戰，爆發**第二次世界大戰**。

第1章 西亞地區、希臘、商朝、

第2章 秦朝、羅馬帝國、漢朝、

第3章 與隋朝、伊斯蘭教的誕生、唐朝

第4章 商業復興與蒙古帝國

第5章 地理大發現與明朝

第6章 荷蘭、英國的繁榮與大西洋革命

第7章 工業發展與帝國主義

第8章 兩次大戰與經濟大恐慌

第9章 冷戰下的經濟

第10章 全球化與經濟危機

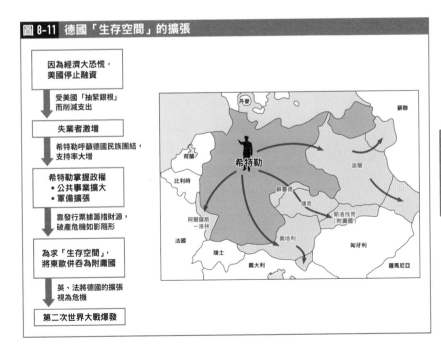

圖 8-11 德國「生存空間」的擴張

因為經濟大恐慌，美國停止融資

↓ 受美國「抽緊銀根」而削減支出

失業者激增

↓ 希特勒呼籲德國民團結，支持率大增

希特勒掌握政權
• 公共事業擴大
• 軍備擴張

↓ 靠發行票據籌措財源，破產危機如影隨形

為求「生存空間」，將東歐併吞為附庸國

↓ 英、法將德國的擴張視為危機

第二次世界大戰爆發

丹麥　蘇聯
荷蘭　希特勒　波蘭
比利時　蘇臺德
阿爾薩斯—洛林　捷克　斯洛伐克（附屬國）
法國　奧地利　匈牙利
瑞士　義大利　羅馬尼亞

日本的經濟大恐慌和太平洋戰爭

把日本推向戰爭的「連鎖恐慌」

關東大地震後陷入經濟大恐慌的日本，正式投入重化工業，振興出口賺取外匯。為了讓貿易順利進行，也重新恢復第一次世界大戰時中止的金本位制以作為準備。

但是在這個時期，全世界都面臨「經濟大恐慌」，**許多國家更因為經濟大恐慌而放棄金本位制，只有日本選在此時恢復。**而且日本將黃金的價格設定得比較便宜，因此不但沒能振興貿易，甚至造成日本的黃金大量流出。採行金本位制的國家，一旦黃金外流，資金周轉就會陷入危機。此時發生了「昭和金融恐慌」，被形容為「最嚴重的不景氣」。

因此，日本再次放棄金本位制，增印紙幣進行「緊急輸血」，規劃擴大市場以及在滿洲的軍事行動，建立「滿洲國」。隨後，日本在中日戰爭中占領中國首都南京，於南京建立親日派政權。

日本因為這一連串的軍事行動，在國際社會受到孤立，於是向狀況相近的德國和義大利靠攏，組成軍事同盟。由於美國和英國把中國視為重要市場，便支援中國（中華民國）的蔣介石對抗日本，日本與美、英的對立逐漸加深。在美國禁止出口石油到日本後，日本為突破困境，決心與美、英抗戰，**太平洋戰爭**因此開打。

第9章

超級大國間
的拔河

冷戰下的經濟

（第二次世界大戰～１９８０年代）

第9章 冷戰下的經濟　概述

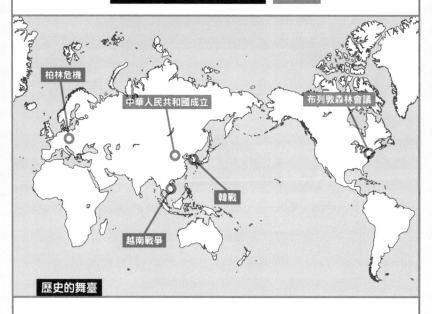

柏林危機

中華人民共和國成立

布列敦森林會議

韓戰

越南戰爭

歷史的舞臺

東西方激烈交鋒
冷戰結構中的「拔河」

美國與蘇聯這兩大國家，代表資本主義國與社會主義國兩種不同經濟體制，在柏林危機、韓戰、越戰中，為了掌握主導權一再的「拔河」。但是，他們的影響力逐漸降低，被稱為第三世界的亞洲、非洲各國和歐洲漸漸摸索出自己的道路。而當社會主義國家的經濟停滯趨於明顯，冷戰結構也走向瓦解。以韓戰為轉捩點，日本經濟好轉，體驗到高度經濟成長期。

17
18

第6章 荷蘭、英國的繁榮與大西洋革命

19
20

第7章 工業發展與帝國主義

第8章 兩次大戰與經濟大恐慌

1945

第9章 冷戰下的經濟

| 美國 | 歐洲 | 中國 | 日本 |

1990

第10章 全球化與經濟危機

美國　西方各國採取以美元為關鍵貨幣的經濟體制。美國統領西方，成為「資本主義國的盟主」。

歐洲　位在冷戰「最前線」，無法拒絕美國和蘇聯的影響力。組成歐洲共同市場（EEC）和歐洲共同體（EC），逐漸摸索出自己的道路。

中國　成立中華人民共和國，採行社會主義體制。在與蘇聯的親近和對立中，謀求建立自己的社會主義體制。

日本　戰爭結束後，日本經濟混沌低迷，但是靠著韓戰帶來了好景氣，達成顯著的經濟成長。

以「盟主」美國為中心的新經濟體制

「冷戰」時代的來臨

第二次世界大戰後，美國與蘇聯「兩大強國」掌握了世界的主導權。 美國在歐洲戰線和太平洋戰爭都發揮了重大功能，蘇聯在歐洲戰線與德軍激戰，並在太平洋戰爭結束前夕參戰，對日本的投降是決定性角色。戰後的世界，進入這兩國各自擁有核子武器並且激烈對立的「冷戰」時代。不論在政治或經濟上，架構完全不同的兩國，以自己在冷戰世界裡的優勢地位，不斷將同盟國牽連進來，形成資本主義「陣營」以及社會主義「陣營」。

掌握主導權的「資本主義國家盟主」美國

從第二次世界大戰期間開始，美國就以資本主義陣營「盟主」的姿態，逐步取得世界主導權。**從德國、日本尚未投降時，美國便集合聯合國的代表前往布列敦森林，協商戰後的國際經濟與金融架構。** 戰後以這場會議為基礎建立的國際金融體制，稱為 **布列敦森林體系**。

為了支持這個體系，又設立 **國際貨幣基金組織（IMF）與國際復興開發銀行（IBRD）**，並簽訂 **關稅暨貿易總協定（GATT）** 作為國際貿易的規範。

國際貨幣基金組織 的設立是為穩定各國貨幣匯兌行情，是藉由 **短期貸款給國際收支大幅赤字的國家，調整各國匯率政策的機構。**

第二次世界大戰前，經濟大恐慌讓世界各國拋棄金本位制，降低通貨價值以求取將本國的商品賣出；或是向貸款的國家收回融資「抽緊銀根」。最後，走投無路的國家只好走向擴張軍備、擴大勢力，最後導致戰爭。各國反省後，賦予國際貨幣基金組織調整、穩定各國匯率行情的「調整員」任務。

此外，國際復興開發銀行則是**長期融資給受到戰爭創傷的國家，協助其復興的機構。**日本就靠著這筆融資，得以支應東海道新幹線的部分建設費用。這個機構創立之初是為了籌措歐洲和日本的復興費用，但現在的性質已轉變為向開發中國家融資，日本也名列出資國的前幾名。

🏛 以美元為關鍵貨幣的固定匯率制度

以美元為「關鍵貨幣」的固定匯率制度，在布列敦森林體系的重點「穩定匯率行情」中，發揮了主要功能。經過第一次與第二次世界大戰，「一人獨勝」的美國聚集了世界七成的黃金，相反的，戰爭後的歐洲各國山河殘破、百廢待舉，很難回到金本位制。因此，只有美元遵循 1 美元＝約 0.8 克黃金的「金本位制」，設定美元與各國貨幣的「固定行情」（例如，「固定」日圓兌美元為「1美元＝ 360 日圓」，英鎊兌美元為「1 美元＝ 0.25 英鎊」，這麼一來就，日圓兌英鎊匯率就可固定為「1 英鎊＝ 1440 日圓」）。

日圓透過美元與金元結合，英鎊也是如此，所以紙幣有了信用。這個方式具有金本位制行情固定、讓貿易順利進行的優點。至於金本位制導致貿易赤字、國家財政破產的缺點，這個制度可因應各國經濟狀況，調整、變更匯率行情（當然，美國是信用的根本，萬一金元自該國流出，美國財政也有可能破產。但在這個時間點還很難想像美國會因為越戰而陷入財政危機）。

第1章 西亞地區、商朝
第2章 羅馬帝國、漢朝、
第3章 與伊斯蘭教的誕生 隋朝、唐朝
第4章 商業復興與 蒙古帝國
第5章 與地理大發現 明朝
第6章 榮與大西洋革命 荷蘭、英國的繁
第7章 帝國主義與 工業發展
第8章 經濟大恐慌與 兩次大戰
第9章 冷戰下的經濟
第10章 經濟全球化危機與

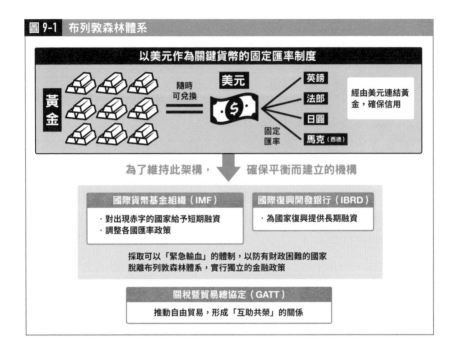

圖 9-1　布列敦森林體系

以美元作為關鍵貨幣的固定匯率制度

黃金　＝＝　隨時可兌換　美元　固定匯率　英鎊　法郎　日圓　馬克（西德）

經由美元連結黃金，確保信用

為了維持此架構，　確保平衡而建立的機構

國際貨幣基金組織（IMF）
·對出現赤字的國家給予短期融資
·調整各國匯率政策

國際復興開發銀行（IBRD）
·為國家復興提供長期融資

採取可以「緊急輸血」的體制，以防有財政困難的國家
脫離布列敦森林體系，實行獨立的金融政策

關稅暨貿易總協定（GATT）
推動自由貿易，形成「互助共榮」的關係

以「互助共榮」為目標的 GATT

　　GATT 與國際貨幣基金組織並列為布列敦森林體系的兩大支柱。第二次世界大戰的另一項反省就是「集團經濟化」。在世界大恐慌中，各國為了保護自己國家的經濟，課徵高關稅，互相阻礙外國產品流入，結果擁有豐富殖民地的國家如英國，和缺乏殖民地的德國等國之間產生明顯的差異，德國為了創造自己的「生存空間」，因而採取擴張政策。

　　透過這項反省，**GATT 的參加國決定降低關稅率，盡可能接近「自由貿易」。**

　　一般來說，**「自由貿易」可以促進國際分工，為全世界帶來更多財富，使整個世界「互助共榮」走向和平。**例如有的國家擅長生

產穀物，有的國家則專精於生產工業製品，所以由一方將穀物生產專業化，另一方將工業製品生產專業化，各自集中在自己的「拿手領域」，彼此「分工」，互相出口對方不擅長領域的商品的話，就能夠提升效率。此外，如果這兩個國家發生戰爭，雙方就無法取得穀物和工業製品等「必需品」，以這點來避免彼此戰爭，達到「共享共榮」的狀態，就是 GATT 的構想。

因此 GATT 降低關稅、撤除各種貿易限制並設置談判空間，以促進自由貿易（而且不僅限於「兩個國家之間」），達到降低數十萬品項關稅的效果。後來 GATT 解散，由世界貿易組織（WTO）繼承其理念。

但是，各國雖然能理解自由貿易的意義，同時還是想要「守護需要保護的產業」，因此現實中 GATT 和世界貿易組織的理念並無法貫徹實行。

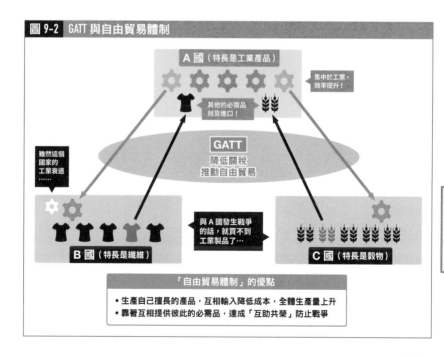

圖 9-2　GATT 與自由貿易體制

A 國（特長是工業產品）

集中於工業，效率提升！

其他的必需品就靠進口！

GATT
降低關稅
推動自由貿易

雖然這個國家的工業衰退……

B 國（特長是纖維）

與 A 國發生戰爭的話，就買不到工業製品了…

C 國（特長是穀物）

「自由貿易體制」的優點
• 生產自己擅長的產品，互相輸入降低成本，全體生產量上升
• 靠著互相提供彼此的必需品，達成「互助共榮」防止戰爭

第1章 西亞、地中海、商朝
第2章 秦朝、帝國、漢朝
第3章 伊斯蘭教的誕生與隋朝、唐朝
第4章 蒙古帝國與商業復興
第5章 與明朝大發現地理
第6章 荷蘭、英國的繁榮與大西洋革命
第7章 帝國主義與工業發展
第8章 經濟大恐慌與兩次大戰
第9章 冷戰下的經濟
第10章 全球化危機與經濟

蘇聯拉下「鐵幕」

 ## 蘇聯成為社會主義各國的「盟主」

美國擔當資本主義國家的「盟主」，推動布列敦森林體系的同時，蘇聯最初雖然表現出合作的立場，但很快也以社會主義國「盟主」的姿態，與美國對立抗衡。

而且，**蘇聯更將二戰結束時占領的波蘭、羅馬尼亞、保加利亞、匈牙利等東歐國家陸續納入，建立社會主義計畫經濟體制。**

當時的英國首相**邱吉爾**，將蘇聯拉攏東歐並對西歐和美國採取

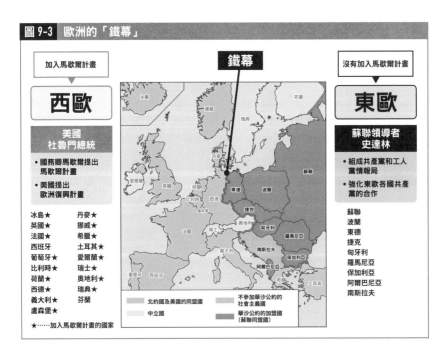

圖 9-3　歐洲的「鐵幕」

| 加入馬歇爾計畫 | | 鐵幕 | 沒有加入馬歇爾計畫 |

西歐

美國 杜魯門總統
- 國務卿馬歇爾提出馬歇爾計畫
- 美國提出歐洲復興計畫

冰島	丹麥★
英國★	挪威★
法國★	希臘★
西班牙	土耳其★
葡萄牙★	愛爾蘭★
比利時★	瑞士★
荷蘭★	奧地利★
西德★	瑞典★
義大利★	芬蘭
盧森堡★	

★……加入馬歇爾計畫的國家

東歐

蘇聯領導者 史達林
- 組成共產黨和工人黨情報局
- 強化東歐各國共產黨的合作

蘇聯
波蘭
東德
捷克
匈牙利
羅馬尼亞
保加利亞
阿爾巴尼亞
南斯拉夫

北約國及美國的同盟國
中立國
不參加華沙公約的社會主義國
華沙公約的加盟國（蘇聯同盟國）

「封閉」態度的行為，稱之為拉下「鐵幕」。

社會主義的優點與缺點

社會主義，是一種藉由將土地和工廠等生產工具「共有(國有)化」，使勞工在國家的「計畫」下「同工同酬」，以達成平等社會的架構。

相對的，資本主義的生產工具是「私有」的，所以擁有較多生產工具的人，與只有少數工具者之間便產生「階級差距」，而「資本家」尤其擁有豐富的生產工具，便會雇用沒有任何生產工具、販賣時間和勞力的「工人」為自己工作。

而且資本家會從勞工生產的財富中「抽佣金」，所以工人的酬勞永遠比自己所生產出的財富更少。

圖 9-4　資本主義與社會主義的「理念」

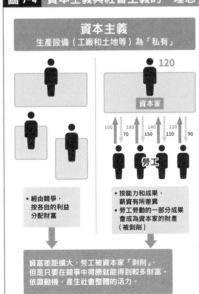

資本主義
生產設備（工廠和土地等）為「私有」

120
資本家

100　180　140　120
70　150　110　90

勞工

- 經由競爭，按各自的利益分配財富

- 按能力和成果，薪資有所差異
  勞工勞動的一部分成果會成為資本家的財產（被剝削）

資富差距擴大，勞工被資本家「剝削」。但是只要在競爭中得勝就能得到較多財富。依靠動機，產生社會整體的活力。

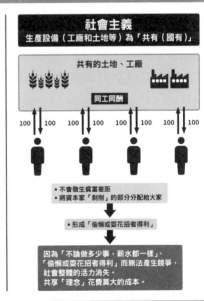

社會主義
生產設備（工廠和土地等）為「共有（國有）」

共有的土地、工廠

同工同酬

100　100　100　100　100　100　100　100

- 不會發生貧富差距
- 將資本家「剝削」的部分分配給大家

- 形成「偷懶或耍花招者得利」

因為「不論做多少事，薪水都一樣」、「偷懶或耍花招者得利」而無法產生競爭，社會整體的活力消失。
共享「理念」花費莫大的成本。

第1章 西亞地區、商朝
第2章 羅馬帝國、漢朝、
第3章 伊斯蘭教的誕生與隋朝、唐朝
第4章 蒙古帝國與商業復興
第5章 與明朝 地理大發現
第6章 荷蘭、英國的繁榮與大西洋革命
第7章 帝國主義與工業發展
第8章 兩次大戰與經濟大恐慌
第9章 冷戰下的經濟
第10章 全球化與經濟危機

社會主義者認為，打破資本主義下**因貧富差距產生的「階級」，將資本家從勞工手上榨取的「剩餘生產物」分配給勞工的話，勞工也就能獲得更多財富。**

因此在社會主義中，共享「理念」就變得十分重要。分配資本家抽取的「傭金」，讓大家一起更富有，如果社會全體都能理解這個優點、相信「同工同酬」的「理念」，而且所有人都能為提高生產力而努力工作的話，整個社會的財富就會漸漸增加，任何人都能從積蓄的社會財富中充分領取自己所需。

但是，**「平等」社會的一大缺點，就是存在著抱有「既然分配到的量都相同，偷懶的人才不會吃虧」，以及「只要我耍點花招就能賺得比人多」等想法的人。**如果有不遵守社會主義理念，狡猾的將生產物私下賣出賺取更多錢，或是偷懶怠工的人出現，「平等」的方針就會立刻崩塌。

因此，**社會主義國家為了保護這個「理念」，認為國家必須實施強硬的管制。**街頭各處都張貼著「勞工團結」和「建設理想社會」的標語，並且出現確實要求國民遵從國家計畫，不共享理念者視為政治犯逮捕等行徑。

在「共享理念」上花費莫大成本，而且平等在某種意義上等於「偷懶者勝」的結構，使社會主義體制下的社會漸漸失去了活力，走向從內部開始崩塌的道路。

另一方面，資本主義下，勞工雖然被「資本家」抽取傭金，競爭原則也會造成「勝敗」之分，但是自己也有機會成為資本家，只要靠著努力與才能，還是有機會大有所獲，所以社會產生了活力，許多國家的財政和國民生活都逐漸走向富裕。

20世紀成為社會主義國與資本主義國對立的時代。而資本主義國在經濟上漸漸取得了優勢。

美、蘇在歐洲展開「拔河」

 美國對抗蘇聯的「戰術」

隨著蘇聯在東歐建立「衛星國」，存在感逐漸提高，社會主義勢力在西歐各國的影響力也越來越大。英國成立工黨，共產黨在法國成為第一大黨。義大利的共產黨也加入了聯合內閣。由於戰爭傷害了形形色色的產業，窮困的西歐工人要求平等分配，支持傾向社會主義的政黨。

美國對此加強了警戒。如果蘇聯的影響擴及同盟國，美國有可能陷於孤立。美國的**杜魯門**總統面對社會主義勢力的擴張，發表**杜魯門主義**，採取「圍堵」政策，明確表現出與蘇聯對抗的態勢。

這套「圍堵」政策在歐洲採取的是歐洲經濟復興援助計畫，也就是所謂的「**馬歇爾計畫**」。美國提出的這項為復興歐洲提供高額援助的計畫，對產業和經濟體系被破壞殆盡的歐洲各國來說，無疑是值得感恩的雪中送碳。而歐洲國家藉著持有「可兌換黃金」的美元，國內貨幣因此被認為「可隨時兌換有黃金作為保證的美元」，信用度因而提高。

對美國而言，這項「戰術」使歐洲世界遠離蘇聯，成為美國的夥伴。除了美國在第二次世界大戰時的同盟國，馬歇爾計畫的援助也擴及到義大利、奧地利、西德、土耳其和希臘。

第1章 西亞地區、希臘、商朝

第2章 秦朝、羅馬帝國、漢朝、

第3章 與隋朝、唐朝伊斯蘭教的誕生

第4章 蒙古帝國復興與

第5章 與明朝地理大發現

第6章 荷蘭與大西洋革命的繁榮

第7章 工業發展與帝國主義

第8章 經濟大恐慌與兩次大戰

第9章 冷戰下的經濟

第10章 全球化與經濟危機

美國也呼籲東歐國家和蘇聯加入馬歇爾計畫。戰爭破壞尤其嚴重的東歐國家，對美國的援助肯定是如同「大旱望雲霓」。但是，**與美國對立的蘇聯拒絕加入，也強迫東歐國家拒絕美國。**

此時，捷克成了目光的焦點。捷克雖然地屬東歐中央，但是並不隸屬美國、蘇聯的陣營，採取獨立的立場。而面對馬歇爾計畫的呼喚，捷克決定加入。

但是，蘇聯不斷在背後強力「建議」拒絕。捷克屈服於這項「建議」，取消加入。而且，一向仰蘇聯鼻息的捷克共產黨更發起大規模示威，逼迫推動加入馬歇爾計畫的總統辭職下臺。最後，捷克全面赤化，由共產黨統治，引進蘇聯式的社會主義。

一度決定加入馬歇爾計畫的國家，卻一夕翻轉為社會主義，蘇聯影響力之大令美國和西歐國家飽受衝擊。

從旁觀者來看，蘇聯之所以能施展這麼大的影響力，主因是蘇聯急速的經濟發展。實現平等的同時經濟也持續成長的蘇聯，堪稱是東歐國家的「理想」形態。

但是，蘇聯的經濟發展偏重於重化學工業，以及對抗親美方諸國所需的軍事產業，國民生活和糧食條件並沒有提升。戰後約 20 年間，蘇聯經濟雖然急速發展，但之後便停滯不前了。

東西方在柏林的「意氣之爭」

第1章
西亞地區、
希臘、商朝、

第2章
秦朝、羅馬帝國、漢朝、

第3章
與隋朝、唐朝
伊斯蘭教的誕生

第4章
商業復興與
蒙古帝國

第5章
與地理大發現
明朝

第6章
榮與大西洋革命
荷蘭、英國的繁

第7章
帝國主義
工業發展與

第8章
經兩次大戰與
濟大恐慌

第9章
冷戰下的
經濟

第10章
經濟危機
全球化與

戰後歐洲

相對於蘇聯保護傘下的東歐各國，西歐雖受到美國的影響，但是體驗過美國引發經濟大恐慌的苦果後，**各國政府不再採取極力避免介入經濟，一切交由自由競爭的「小政府」策略，而是實行「大政府」政策，也就是由政府積極的控制經濟。**

西歐的貨幣改革與柏林危機

接受戰敗後被占領的德國，成了美國與蘇聯衝突的舞臺。戰後，德國土地分割成四塊，分別由美國、英國、法國和蘇聯占領，首都柏林也由四國瓜分。

美、英、法占領的地區被納入資本主義美國陣營，蘇聯占領的地區則納入蘇聯的陣營。

其中，柏林西側地區（西柏林）更是成為被蘇聯陣營包圍的美方「孤島」。

美國在占領地西德和西柏林進行「貨幣改革」。在捷克赤化之後，美國認為蘇聯的下一個目標就是讓德國變成社會主義國。因此在蘇聯的影響普及德國全境之前，美國招攬英、法，在西德和西柏林發行新貨幣。納粹時代的貨幣已經失去信用，德國恢復到以物易物的狀態。新貨幣為經濟重建秩序，因而受到歡迎。香菸及襪子等物品成為貨幣替代品的狀況結束，許多想賣也賣不掉的高價商品開

始出現在商店裡，工廠重新開工，西德出現了被稱為「經濟奇跡」的景氣回溫。

不過，此舉卻遭到蘇聯的反對。**西德未經商議便自行改革貨幣，並且漸漸向美國靠攏。於是蘇聯提出抗議外，也對歸屬於美國的西柏林施行「柏林封鎖」。**

東德領土中的「孤島」西柏林，周邊鐵路、道路都遭到阻擋，透過東德傳輸的電力也被切斷，成為真正的「陸上孤島」。

展現美國充裕物資的柏林空運行動

蘇聯認為，若是對２００萬人口的西柏林發動「斷糧策略」，就能對美國陣營施加壓力，停止貨幣改革。而窮困的西柏林市民則發動社會主義革命，迫使束手無策的美國陣營放棄西柏林。

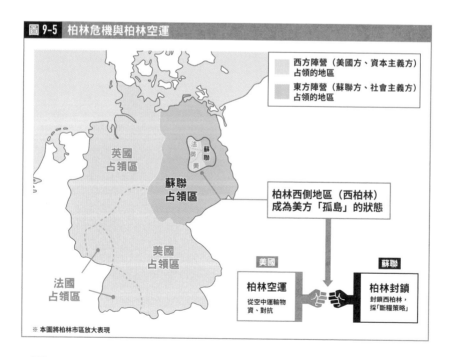

圖 9-5　柏林危機與柏林空運

■ 西方陣營（美國方、資本主義方）占領的地區
■ 東方陣營（蘇聯方、社會主義方）占領的地區

英國占領區

蘇聯占領區

法英美

柏林西側地區（西柏林）成為美方「孤島」的狀態

美國占領區

法國占領區

【美國】
柏林空運
從空中運輸物資、對抗

【蘇聯】
柏林封鎖
封鎖西柏林，採「斷糧策略」

※ 本圖將柏林市區放大表現

但是此時，美國做出了一件震驚世界的舉動。**他們從空中運送２００萬人份的物資到西柏林，解除了人民的飢餓危機。**運輸機接二連三的降落在西柏林機場，源源不絕的供給物資，讓柏林市民大約有一整年都免於飢餓。這起「柏林空運」事件展現了美國物資充裕的壓倒性優勢。

蘇聯的陰謀不但被破解，同時置西柏林市民性命於危險中的作法，更是遭到國際的指責。

最後，蘇聯不得不解除封鎖，「美蘇的意氣之爭」終由美國獲得勝利。

🏛 東西對立深化

柏林危機後，德國分裂已經無可轉圜，西德加入美國陣營，東德加入蘇聯陣營，完全成了兩個國家。

追隨美國的歐洲「西側」各國加入馬歇爾計畫，設置歐洲經濟合作組織（OEEC）作為協調的機關，美國、加拿大也加入其中。當歐洲逐步復興，這個機構為了協助參加國的經濟發展，發展成經濟合作暨發展組織（OECD），「先進國家俱樂部」的色彩也更加強烈。**日本也在高度經濟成長中獲得 OECD 的認證，加入「先進國」的行列。**

另一方面，相繼將捷克、東德納入勢力範圍的蘇聯，在柏林危機後設立了經濟互助委員會（COMECON）。

蘇聯共產黨以建構國際分工關係為目標，將東德、捷克規畫成工業國，保加利亞、羅馬尼亞規畫成農業國，而匈牙利和波蘭則被賦予兩者中間的角色。

第1章 西亞地區、希臘、商朝、

第2章 羅馬、帝國、秦朝、漢朝、

第3章 伊斯蘭教的誕生與隋朝、唐朝

第4章 商業復興與蒙古帝國

第5章 與明朝地理大發現

第6章 荷蘭、英國的繁榮與大西洋革命

第7章 工業發展與帝國主義

第8章 兩次大戰與經濟大恐慌

第9章 冷戰下的經濟

第10章 全球化經濟危機與

內戰導致「兩個中國」的形成

 共產黨壓制國共內戰

「美國」與「蘇聯」，「資本主義」與「社會主義」，兩個理念相異的超級大國對立，也對亞洲國家產生巨大的影響。

在中國（中華民國），主張資本主義的中國國民黨與堅持社會主義的中國共產黨攜手合作，共同對抗強勢侵略的日本，但是第二次世界大戰結束後，兩黨再次開始對立。

這場對立發展成內戰，最後由中國共產黨獲得勝利。長年的中日戰爭讓中國經濟上也受到很大的傷害，窮困、貧苦的農民和工人因而支持毛澤東領導的中國共產黨。

由蔣介石領導，主要支持基礎為資本家和市民階級的國民黨，雖然努力對抗共產黨，最後依然敗北，國民黨勢力撤退至臺灣。

中國的社會主義化

在毛澤東的領導下，共產黨定都北京，發表中華人民共和國的建國宣言。新政府決定歸依蘇聯與東歐陣營，推展社會主義化。後來韓戰爆發，中國為了支持同樣追求社會主義化的北韓而介入戰爭，更進一步強化了共產黨的領導力。此外，中國也推動農業和工業的國有化，引進蘇聯式的計畫經濟。

在臺灣的國民黨，維持中華民國時代的「國民政府」，美國則承認臺灣的「中華民國」為中國的正式政府，**形成了中國本土的中**

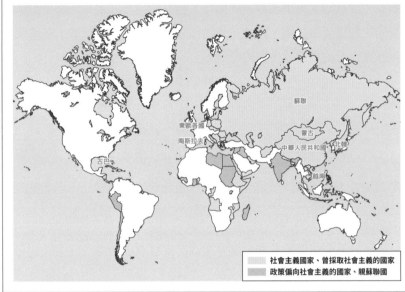

圖 9-6　擴張的社會主義陣營

蘇聯

東歐各國

南斯拉夫

古巴

蒙古

中華人民共和國　北韓

越南

社會主義國家、曾採取社會主義的國家
政策偏向社會主義的國家、親蘇聯國

第1章　西亞地區、希臘、商朝

第2章　羅馬帝國、秦朝、漢朝、

第3章　伊斯蘭教的誕生與隋朝、唐朝

第4章　商業復興與蒙古帝國

第5章　地理大發現與明朝

第6章　荷蘭與大西洋革命、英國的繁榮

第7章　工業發展與帝國主義

第8章　兩次大戰與經濟大恐慌

第9章　冷戰下的經濟

第10章　全球化與經濟危機

華人民共和國與臺灣的中華民國，兩者都堅持自己是「正統中國政府」的結構。

　　中華人民共和國推動社會主義化，向蘇聯靠攏的同時，美國則推動臺灣和韓國的資本主義化與之對抗。美國與臺灣、韓國締結軍事同盟關係，**積極的給予經濟支援。臺灣、韓國透過出口工業製品，得以在短期之間走上工業化的道路。**

舊殖民地的獨立

　　列強的殖民地南亞、東南亞各國，在第二次世界大戰後紛紛獨立。舊英屬印度和巴基斯坦、緬甸等國的獨立較早受到承認，但印尼和越南在獨立運動時，分別受到荷蘭及法國的軍事打壓。

　　其中，越南的**胡志明**在越南北部建立**越南民主共和國**，發表獨

立宣言時，法國則在越南南部樹立越南國，給予軍事支援阻止越南獨立。於是印度支那戰爭就此爆發，**獨立的越南民主共和國得到蘇聯和中國提供的武器，阻止獨立的法國則是得到美國援助，在這個衝突裡也能確實看見冷戰的影子。**

於是，亞洲各國在冷戰中重新整編，奉美國為盟主的資本主義陣營（西方）有日本、韓國、臺灣、菲律賓、泰國等，尊蘇聯為盟主的社會主義陣營（東方）則包含中國、北韓、越南等。

西方諸國大興產業，以國內生產代替外國進口的產品，期望盡可能達成靠自己運轉經濟，不用花錢進口的「進口替代型工業」。達成之後再切換為「出口導向型工業」，採取將產品外銷國際，賺取外匯的策略。

另一方面，東方各國引進蘇聯式計畫經濟，將國內經濟與世界經濟切割，採取自給自足的政策，尤其對美國為主的西方各國市場維持封閉的態度。

 瞄準中東石油的龐大資本

第二次世界大戰前，英國與中東國家關係緊密，但是戰後英國的影響力逐漸降低，取而代之的是以美國為首的巨大資本，被稱為「石油七姊妹」，影響力日益強大。

另外，在巴勒斯坦，猶太人與阿拉伯人為了爭奪聖地耶路撒冷而形成對峙。由於**美國支援猶太人建立以色列，阿拉伯各國因而加強了與美國對立的態度。**但是沙烏地阿拉伯與其他阿拉伯國家保持距離，與美國採取共同步調。一般認為，這是因為沙烏地阿拉伯需要安全保障，而美國需要確保資源，雙方各取所需，所以才會互相讓步。

戰後被編入
冷戰結構的日本

第1章
西亞地區、希臘、商朝

第2章
秦朝、羅馬帝國、漢朝、

第3章
與隋朝、唐朝的誕生、伊斯蘭教

第4章
商業復興與蒙古帝國

第5章
與明朝地理大發現

第6章
榮與大西洋革命荷蘭、英國的繁

第7章
帝國主義工業發展與

第8章
經濟大恐慌與兩次大戰與

第9章
經濟
冷戰下的

第10章
經濟全球化與危機與

戰後立即實施的財閥解體與農地改革

　　日本的戰後時期，是從宣布接受波茨坦宣言，成為戰敗國之後開始的。日本遭受美國為主的同盟國占領，服從駐日盟軍總司令的指示和建議。這個機構一開始指示日本全面性解除武裝以及實行民主化，其中包含了兩個主要經濟政策，即**財閥解體**與**農地改革**。駐日盟軍總司令認為，財閥和大地主的存在，引導日本走向戰爭之道，所以必須解散，並扶植小規模的經營者和自耕農（財閥是各行各業的公司老闆，他們為追求商品的市場，要求軍方和政府侵略中國，地主則以股份的形式提供資金給財閥）。財閥擁有的股份被分割並低價出售，地主的土地則被國家收購，轉賣給小佃農。

日本經歷急劇的通貨膨脹和緊縮

　　戰後的日本陷入物資匱乏的困境，不論有多少錢也買不到商品。物資相對於現金極度稀少，因而發展成通貨膨脹。

　　此時，又由於政府為戰後復興所需的資金向銀行融資，以及美國給予的資金援助，導致貨幣供給量增加，因此**通貨膨脹在 4 年內急劇增加約 100 倍。**

　　但是美國與蘇聯對立漸趨嚴重，於是美國調整占領政策。美方的想法是加速日本復興，利用日本作為對付蘇聯、中國、北韓的「壁壘」。

為此，美方準備的方案是「平衡預算」以及設定「1美元＝360日圓的單一匯率」，要求日本政府節省支出，抑制通貨膨脹，並且設定有利日本產品出口、壓低進出口品項差距的低匯率，以期日本能靠出口賺錢，不用再依賴資金援助或融資，促進日本的經濟「自立」。

財政雖然安定了，但金融的緊縮也導致急劇的通貨緊縮，「金流周轉」惡化的企業紛紛倒閉。政府對大量公務員實施減薪或裁員，經濟持續蕭條。

韓戰帶來的好景氣

但是，**金融緊縮與日圓低價匯率，卻在意想不到的地方，為日本帶來快速的復興，這個意外時機就是韓戰的爆發。**

物資需求因為戰爭而臨時上升，產生了特需景氣，紡織產品、金屬、機器的出口猛然成長。先前因為金融緊縮，企業的方針已調整為「裁撤虧本的事業，集中在賺錢的部門」，再加上日圓的低價匯率對出口有利，出口受到激勵，快速化解了日本的經濟危機。

此外，由於韓戰的爆發，美國也與日本和談，願意將「占領地」轉變為「同盟國」。最後，日本與美國為首的西方國家成功談和，簽署舊金山和平條約，日本恢復獨立地位，同時更與美國簽訂美日安全保障條約，納入美國防衛體系中。

之後日本也藉著日圓的低匯率，擴大了從纖維製品到鋼鐵、電化產品、汽車、電子產品等商品的出口，達成世界史上無與倫比的「高度經濟成長」。在經濟成長的前提下，「年功序列」和終身雇用等日本的雇用制度也在這個時代應運而生。

時刻變化的冷戰時期

第1章
希臘、
西亞地區、
商朝、

第2章
秦朝、
羅馬帝國、
漢朝、

第3章
與伊斯蘭教的誕生
隋朝、唐朝

第4章
商業復興與
蒙古帝國

第5章
與地理大發現
明朝

第6章
榮與大西洋革命的繁
荷蘭、英國的

第7章
帝國主義
工業發展與

第8章
經濟大恐慌與
兩次大戰

第9章
冷戰下的
經濟

第10章
經濟危機與
全球化

🏛 史達林死亡，蘇聯震盪

如同前面所說，戰後的世界就是各國在美國、蘇聯兩大強國對峙的影響下，各自摸索復興之路的時代。

在這個時代中，美國與蘇聯以強大的「掌握力」鞏固自己的陣營，各地生不時發生柏林危機及韓戰、印度支那戰爭等衝突，藉此「互相鉗制」。

直到強力領導蘇聯與東歐各國對抗美國的史達林過世，這種狀況才產生變化。史達林死後，領導蘇聯的**赫魯雪夫**實施「史達林批判」，揭露史達林可謂個人崇拜的政治方針，以及高達數十萬人遭到整肅的真相，並宣布「和平共存政策」，盼與美國展開對話。

🏛 蘇聯與美國的「掌控力下降」

自從史達林過世後，蘇聯、美國雙方對自己勢力範圍的「掌控力」也不斷下降。

由於「掌門人」蘇聯本身都在批判、轉變自己過去的方針，因此東歐各國認為**「蘇聯放鬆束縛」，便嘗試脫離蘇聯的影響。**波蘭發起反蘇聯暴動，匈牙利宣布中立，捷克引進市場經濟，各地展開一連串的行動。但是，蘇聯對這些運動大多採取武力壓制，明白表示不打算放棄「勢力範圍」。

在東德，經由西柏林逃到西德的人民與日俱增，其中更有對社

會主義不滿的醫師和工程師等高知識和技術階級，以及勞動意願高的年輕人。他們懷著「到西方就能得到高報酬」的期待逃往西德。**知識份子外流使東德經濟陷入停滯。因此，東德政府在西柏林周圍築起「柏林圍牆」，將西柏林包圍成「陸上孤島」的狀態。**

赫魯雪夫雖然抨擊史達林，表現出願與美國對話的態度，不過沒多久又再度強化與美方對峙的立場，雙方關係再度陷入緊張。蘇聯一再進行秘密核子實驗，在航太方面更發射史上第一枚人造衛星，並領先美國轉移該技術開發導彈等，準備擴大軍備競爭。

「古巴危機」事件，讓全面核武戰爭威脅達到頂點。古巴經由革命成立親蘇聯政府，蘇聯於是在此地建設導彈基地，美國得知後對古巴進行海上封鎖，美蘇對峙一觸即發。雖然最後危機解除，但是核武戰爭「只要發動，最後一定兩敗俱傷」的威脅也成為現實，可以說不論是美國或蘇聯顯然都不可能取得絕對優勢。靠著軍備優勢掌控西方國家的美國，「掌控力」也漸漸下降。

歐洲摸索出的自處之道

在東西陣營關係緩和後又再次緊張，造成美蘇「掌控力下降」的期間，處於美國強大影響下的西歐國家也開始摸索出各自的自處之道。起始點是法國外交部長羅貝爾‧舒曼發表的「舒曼計畫」。舒曼在計畫中建議法國與西德共同管理煤和鋼鐵的生產。法國與德國在悠久歷史中一直是「宿敵」，兩國對立的主要原因，是彼此一再爭奪德法邊境的煤礦和鐵礦。他提出**「法、德若能放棄爭奪煤與鋼鐵，歐洲就能安定太平」**，這個想法也是現在歐盟市場統合的出發點。因此，歐盟也將發表舒曼計畫的 5 月 9 日定為「歐洲日」。

在舒曼計畫的概念下，煤與鋼鐵共同管理組織歐洲煤鋼共同體（ECSC），以及成立於六年後，謀求加盟國間撤除關稅與自由貿

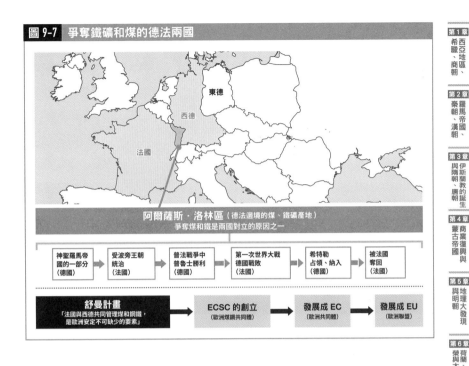

圖 9-7　爭奪鐵礦和煤的德法兩國

東德

西德

法國

阿爾薩斯・洛林區（德法邊境的煤、鐵礦產地）
爭奪煤和鐵是兩國對立的原因之一

| 神聖羅馬帝國的一部分（德國） | → | 受波旁王朝統治（法國） | → | 普法戰爭中普魯士勝利（德國） | → | 第一次世界大戰德國戰敗（法國） | → | 希特勒占領、納入（德國） | → | 被法國奪回（法國） |

舒曼計畫
「法國與西德共同管理煤和鋼鐵，是歐洲安定不可缺少的要素」
→ **ECSC 的創立**（歐洲煤鋼共同體）→ **發展成 EC**（歐洲共同體）→ **發展成 EU**（歐洲聯盟）

易的**歐洲共同市場（EEC）**，和共同進行原子能產業的開發與資源管理的**歐洲原子能共同體（EURATOM）**等３個組織相繼成立。這３個組織的加盟國有法國、西德、義大利，以及荷比盧聯盟（荷蘭、比利時、盧森堡）等６國。

由於主導權掌握在法國和西德手中，重視與美國關係的英國拒絕加入歐洲共同市場，採取隔海觀望的態度。

英國號召各國組成**歐洲自由貿易聯盟（EFTA）**與歐洲共同市場對抗。但是回應號召的加盟國多是經濟規模較小的國家，所以歐洲共同市場的優勢漸漸明朗。**ECSC、EEC、EURATOM 三個機構合併，形成歐洲共同體（EC）。**歐洲共同體以工業國西德為核心，戰略性發展工業產品的進出口、農業及運輸政策，順利擴大經濟規模。

247

另一方面,英國在工黨內閣主導下,發展高福利政策,實施號稱「從搖籃到墓地」都照顧到的高社會保障制度。但是相對的,累進稅率最高達 80% 以上,成為典型的「高福利、高負擔」國家。不過由於「工作再努力,賺的錢都拿去繳稅了」、「即使失業,社會安全網絡也很完備」,人們的勞動意願降低,進入長期經濟停滯,又稱為「英國病」。因此,英國改變政策,選擇加盟歐洲共同體。歐洲自由貿易聯盟因為盟主英國的退出,加盟國也漸漸減少。

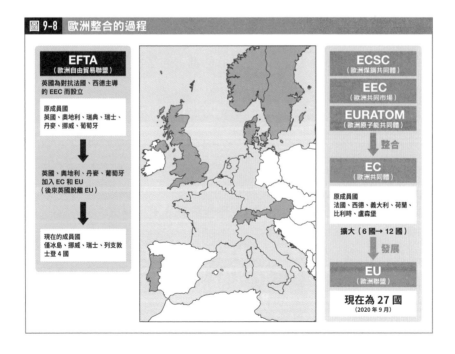

圖 9-8　歐洲整合的過程

EFTA
(歐洲自由貿易聯盟)

英國為對抗法國、西德主導的 EEC 而設立

原成員國
英國、奧地利、瑞典、瑞士、丹麥、挪威、葡萄牙

↓

英國、奧地利、丹麥、葡萄牙加入 EC 和 EU
(後來英國脫離 EU)

↓

現在的成員國
僅冰島、挪威、瑞士、列支敦士登 4 國

ECSC
(歐洲煤鋼共同體)

EEC
(歐洲共同市場)

EURATOM
(歐洲原子能共同體)

↓整合

EC
(歐洲共同體)

原成員國
法國、西德、義大利、荷蘭、比利時、盧森堡

擴大(6 國→ 12 國)

↓發展

EU
(歐洲聯盟)

現在為 27 國
(2020 年 9 月)

摸索出各自路線的亞洲、非洲各國

第1章 西亞地區、希臘、商朝、

第2章 羅馬帝國、秦朝、漢朝、

第3章 與隋朝、唐朝伊斯蘭教的誕生

第4章 蒙古帝國商業復興與

第5章 與明朝大發現地理

第6章 荷蘭、英國的繁榮與大西洋革命

第7章 帝國主義與工業發展與

第8章 經濟大恐慌與兩次大戰

第9章 經濟冷戰下的

第10章 經濟危機與全球化

 中蘇交惡與文化大革命

　　中華人民共和國與蘇聯的同盟關係維持了一段時間，期間中國也仿效史達林的政治手法和計畫經濟。但是得知蘇聯開始「批鬥史達林」，並且打算轉換路線，與過去的勁敵美國對話後，中國轉而大力抨擊赫魯雪夫缺乏社會主義國家「盟主」的資格。

　　因此，**社會主義陣營的中國與蘇聯兩個大國，陷入「中蘇交惡」的對立狀況**，互相配置數十萬兵力在兩國邊境，發生軍事衝突，一時狀況危急。當蘇聯與美國關係「再度緊張」，中國由於與蘇聯對立，轉而向美國靠近。

　　中國共產黨主席**毛澤東**調整過去與蘇聯同步的經濟模式，發展中國自己的「大躍進政策」，以急速的農業、工業成長為目標。但是由於指標過高、脫離現實，大量生產粗製濫造的鋼鐵，在貧瘠的土壤種植大量的農作物，最後以失敗告終，而且間接引發了嚴重的飢荒，有３０００萬以上的人餓死。

　　當然，批判的矛頭指向毛澤東。**毛澤東不但沒有閃躲批評，反而「惱羞成怒」，將批判勢力視為擁護資本主義的「反革命勢力」，進行整肅與鎮壓。**這場「文化大革命」一直持續到毛澤東過世，造成死亡人數達數百萬人，受到鎮壓者更高達１億人以上，社會、經濟、文化的毀滅難以估計。毛澤東死後，**鄧小平**掌握實權，修正毛澤東路線，發展現代化經濟。

249

　　美國、蘇聯兩大國掌控力降低的情勢，促成了亞洲、非洲各國的合作。這些國家並不屬於美國或蘇聯陣營，也就是所謂的「第三世界」。他們在印尼的萬隆召開**萬隆會議**（譯注：又稱第一次亞非會議），從許多前殖民地的經驗出發，主張抵制帝國主義的侵略，和平解決紛爭。此外，也確立對美蘇對立採取中立立場。

　　接著，南斯拉夫等國也加入，召開**不結盟運動首腦會議**。參加國堅定不加入美蘇任何一方，以及反殖民、反帝國主義的立場。但是每當舊殖民地獨立時，達成獨立的國家還是會陷入要不要加入美國或蘇聯的保護傘下，該地的資源最後會流向哪一陣營的拔河中。

　　其中最重大的一次拔河，就是**越南戰爭**。得到蘇聯的支援，越南北部的**越南民主共和國**在與法國的第一次印度支那戰爭占盡優勢，美國擔心它會完全被社會主義陣營吞噬，因此派兵支援南越的越南共和國，針對獲得蘇聯支援的北越及其勢力展開全面性攻擊。**越南戰爭形同美蘇的代理戰爭，美國陷入泥沼，在軍事、經濟上損失慘重，最後撤離越南。**

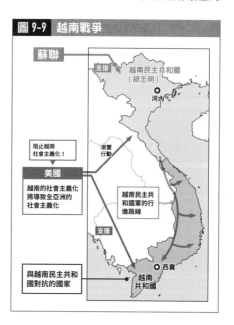

圖 9-9　越南戰爭

蘇聯
支援
越南民主共和國
（胡志明）
河內

阻止越南
社會主義化！
美國
越南的社會主義化
將導致全亞洲的
社會主義化

滾雷
行動

越南民主共
和國軍的行
進路線

支援

與越南民主共和
國對抗的國家

西貢
越南
共和國

兩次「尼克森衝擊」震撼世界

第1章 西亞地區、希臘、商朝、

第2章 秦朝、羅馬帝國、漢朝、

第3章 與隋朝、唐朝伊斯蘭教的誕生

第4章 蒙古帝國商業復興與

第5章 與明朝地理大發現

第6章 荷蘭、英國的繁與大西洋革命

第7章 帝國主義工業發展與

第8章 經濟大恐慌兩次大戰與

第9章 經濟冷戰下的

第10章 經濟危機與全球化

🏛 美國耗損被迫轉變方針

　　陷入泥沼般的越南戰爭消耗了美國的國力，尼克森政府進行了兩次政策大轉彎。這兩次轉彎被稱為「尼克森衝擊」。

　　第一次衝擊是**尼克森總統閃電訪問中華人民共和國，試圖改善關係。**一般認為中美雙方見面，是因為美國想為久戰不下的越南戰爭尋找結束的切入點，而與蘇聯對立的中國為了避免同時與美蘇對抗，因此向美國靠近。這次訪問和改善關係的結果，使中華人民共和國取代臺灣的中華民國，獲得聯合國的代表權。**日本也追隨美國，與中華人民共和國建交，並與臺灣斷絕正式的外交關係。**

　　另一次「尼克森衝擊」則是「**停止美元兌換黃金**」。越南戰爭的軍費和日本、歐洲經濟成長產生的貿易赤字，使美國儲備的黃金不斷外流，黃金儲量已經減少到不足以保證美元的信用，引發「美元危機」（第二次世界大戰後，美國儲備約占全球7成的黃金，但是到了「美元危機」時，降低到全球的2成多）。**因此尼克森總統下令切斷美元與黃金的關係，防止黃金繼續流出。**美元無法兌換黃金後，雖然紙幣全都成了「不可兌換紙幣」而大幅貶值，但是美國可以不用擔心黃金儲量，直接對紙幣進行「緊急輸血」。相對的，與美元維持固定匯率的法郎、英鎊和日圓，全都因為美元價值片面下跌，原有的固定匯率崩盤，切換成「浮動匯率制」，也就是視各國貨幣供給量和需求等相對關係，隨時變動匯率行情（不仰賴黃金價值，各國互相調節貨幣量來決定貨幣價值、物價、國際收支，這

個架構被稱為「**法幣制度**」）。

 ## 石油危機與貿易摩擦

在中東地區，與以色列敵對的阿拉伯各國為對抗支持以色列的美國，採取「**石油戰略**」，大幅調漲石油價格，並且限制及停止輸出原油到美國及其同盟國。**石油危機**的發生，對以石化工業及汽車為支柱的先進工業國造成巨大打擊。各國因石油危機和尼克森衝擊造成的美元貶值，對美出口疲軟，進入「低成長」狀態，各國面對縮小的市場，屢屢發生貿易摩擦。

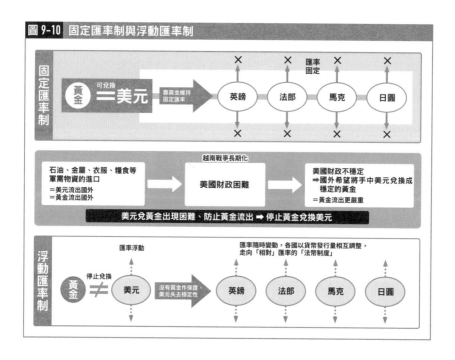

圖 9-10　固定匯率制與浮動匯率制

飛躍的亞洲經濟與「廣場協議」

第1章
希臘、西亞地區、商朝、

第2章
秦朝、羅馬帝國、漢朝、

第3章
與隋朝、伊斯蘭教的誕生、唐朝

第4章
商業復興與蒙古帝國

第5章
與地理大發現明朝

第6章
榮與大西洋革命荷蘭、英國的繁

第7章
帝國主義工業發展與

第8章
經濟大恐慌兩次大戰與

第9章
冷戰下的經濟

第10章
經濟危機全球化與

領導力成為成長的原動力

日本在亞洲有了耀眼的經濟發展，亞洲各國也爭相追隨日本，開始發展經濟。由於當時還在冷戰結構下，所以有的國家傾向社會主義，有的則傾向資本主義，各自採取不同的立場。

其中最突出的是「**發展性獨裁**」，這是指**軍事政權或獨裁政權發揮強大的領導力，犧牲國民的表現自由或政治自由等基本人權，以經濟成長優先**的政治、經濟體制。如韓國的李承晚、朴正熙、菲律賓的馬可仕、印尼的蘇哈托、新加坡的李光耀等都是代表性的例子。雖然某些國家的獨裁衍生出瀆職、利益勾結等弊病，但是這些國家在強大領導力下，達成了經濟快速成長。其中，印尼、馬來西亞、新加坡、菲律賓和泰國組成了**東南亞國協（ASEAN）**，謀求政治、經濟面的相互合作。現在越南和緬甸也加入，成員國共１０國。隨著時代進步，**韓國、臺灣、香港、新加坡在電子產業和金融業有了突出的發展**，被稱為**亞洲四小龍**。

日本被迫接受廣場協議

日本經歷尼克森衝擊和石油危機的打擊，進入低成長時代，但是出口持續擴大。鋼鐵、造船、石化等傳統重化工業停滯不前，汽車、半導體等新產業取而代之，有了耀眼的成長。**以日本汽車為首，高品質的日本產品在石油危機後，受到全世界的歡迎。**

但是，出口的擴大卻與美國產生「貿易摩擦」。自從日本因「尼克森衝擊」改為浮動匯率後，匯率行情從１美元＝３６０日圓的低日圓水準，走向１美元＝２４０日圓左右的日圓升值狀態。

日本製品價格較高，因此美元貶值日圓升值的話，出口原本應該會減少。但是儘管美元貶值，汽車等小型高性能的日本產品還是銷售暢旺，日本的貿易順差持續增加。相反的，美國因軍事費用擴大而出現財政赤字，加上對日本的貿易赤字，相當於承受「**雙重赤字**」。

美國為了改善這種狀況，實施「新自由主義」政策，利用緩和限制和減稅促進自由競爭，謀求經濟的復甦，同時主張已經升值的日圓依然「過低」，因此與英國、西德、法國和日本召開會議，**簽訂「廣場協議」，引導外匯市場使日圓大幅升值。**

在美、英、德、法四個經濟大國的協調與干預下，日本被迫接受協議。而日圓在協議後的２年內升值２倍，來到１美元＝１２０日圓，導致「日圓升值蕭條」，日本出口疲軟。

泡沫經濟的開端

因此，日本採行「低利率政策」，由銀行降低放款利率及企業貸款門檻，向企業提供資金。企業用這筆資金將工廠轉移到國外，脫離了蕭條。但是，由於利息下調，**不只是企業，任何人都能以低利借錢。於是，低利借款購買土地、股票、債券等資產，升值後賣掉償還貸款，這類過度「投機」行為在日本各地大行其道。**土地、股價暴漲到超出實際資產價值的「泡沫經濟」就此開始。

社會主義的「理念」走進死巷

社會主義的黃昏

在資本主義國家因為尼克森衝擊與石油危機而步入「低成長」時，社會主義國家正面臨更嚴重的經濟停滯。**社會主義下不會產生競爭，所以產品品質與功能並不會進步。此外，社會主義政府為了維持體制，必須挪出部分生產力到軍事產業，因此陷入物資不足，生活水準落後資本主義國家一大截。**

社會主義本應該否定階級與差異，執行平等的分配，但是事實上卻利用政治地位，濫用權限與方便，社會的分配出現大幅差距，變成真正的階級社會。再加上物資缺乏促使黑市及走私交易橫行，「黑市經濟」取代社會主義的經濟體系發揮功能。其中更有走私資本主義各國的產品，進行高價買賣的行為。**社會主義實質上已經從內部開始崩潰。**

面對這種狀況，東方陣營的各國政府只能強化思想管制和市場管理，因此，人民的不滿更加高漲，尋求自由化和資訊公開，於是部分國家的政府也逐漸開始回應這些要求。

柏林圍牆的開放

在這個情勢中，匈牙利政府則默許東方陣營的人民越境到奧地利。經由中立國奧地利可以入境西德，因此為東德民眾開啟了一條佯稱到匈牙利旅行，接著逃亡至西德的路線。**大量東德國民湧向西**

第1章　西亞、希臘地區、商朝

第2章　羅馬帝國、漢朝

第3章　伊斯蘭教的誕生與隋朝、唐朝

第4章　蒙古帝國與商業復興

第5章　與明朝地理大發現

第6章　荷蘭、英國的繁榮與大西洋革命

第7章　工業發展與帝國主義

第8章　兩次大戰與經濟大恐慌

第9章　冷戰下的經濟

第10章　全球化與經濟危機

圖 9-11　連結東西德的「泛歐野餐」

波蘭

東德

西德

捷克

宣稱「野餐」前往匈牙利 → 經由中立國奧地利逃亡西德 → 東西德的分隔變得有名無實

奧地利（中立國）

匈牙利

匈牙利撤除國境的鐵絲網

德，「**柏林圍牆」變得有名無實，因此東德政府終於開放了分隔東西德的柏林圍牆。**西德對此舉表示歡迎，加速了德國的統一。波蘭、匈牙利、捷克等國也走向民主化。

蘇聯在戈巴契夫就任共產黨書記長後，也開始推動改革，就在這時，發生了車諾比核能發電廠意外。蘇聯政府體制老舊，甚至難以收集資訊，讓戈巴契夫體認到根本性改革的必要，發展出**重建**與**開放**等政策。

轉向市場經濟的中國、越南

中國經歷了文化大革命引發的混亂和經濟停滯，在毛澤東死後，掌握實權的**鄧小平**宣布文化大革命結束，提倡農業、工業、國防、科學技術的「**四個現代化**」。鄧小平提出「改革開放政策」，認可國有企業民營化、私人企業和個人農家，大舉轉向市場經濟。在沿海地帶，則是指定**深圳**等地為**經濟特區**，積極接受外國資本。中國民眾原本期待在經濟自由化後，也能開放政治自由化，但是在**天安門事件**中，中國政府武裝鎮壓學生的民主運動，持續維持共產黨的一黨專政。此外，越南也以**革新開放**為口號，走向市場經濟。

第 10 章

合而為一
的世界

全球化與經濟危機

（1990年代～現代）

第10章 全球化與經濟危機　概述

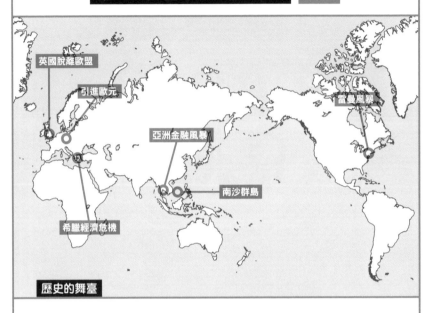

英國脫離歐盟

引進歐元

雷曼風暴

亞洲金融風暴

南沙群島

希臘經濟危機

歷史的舞臺

全球化中的經濟成長
與經濟危機

　　隨著交通、通訊等產業發展，全球化更上一層樓，IT 等新產業陸續興起，開發中國家實現經濟成長，世界經濟規模不斷的擴大。但是在全球化之下，一個地區的經濟危機，往往連動到其他地區，如亞洲金融風暴、雷曼風暴、希臘經濟危機等，世界性的經濟危機頻繁發生。世界積存的問題還有很多，如環境及貧窮問題等等，現今，人們正大力提倡「永續發展」。

第10章 【全球化與經濟危機】大綱

		第6章 荷蘭、英國的繁榮與大西洋革命

17
18
19
20
1945
1990

第6章 荷蘭、英國的繁榮與大西洋革命

第7章 工業發展與帝國主義

第8章 兩次大戰與經濟大恐慌

第9章 冷戰下的經濟

第10章 全球化與經濟危機

| 歐洲 | 美國 | 東南亞 | 中國 | 日本 |

美國
由於雷曼風暴的爆發,美國在世界經濟中的份量不斷降低,但是國內誕生許多全球性企業,現在依然是資訊ＩＴ大國。

歐洲
歐洲不斷摸索可超越「人、物、錢」等國家利害的框架,組成歐盟、採用歐元,完成了貨幣統一。

中國
雖維持共產黨一黨獨裁的體制,但是引進市場經濟,實現經濟成長。不過,卻為爭奪經濟霸權,與美國的摩擦增加。

日本
廣場協議後,日本遭遇產業空洞化和泡沫經濟破滅的困境,進入景氣低迷的「失落的20年」。

社會主義國「盟主」蘇聯垮臺

 ## 冷戰終結與蘇聯的改革

　　東歐「小弟」們陸續完成民主化，引進市場經濟，轉向資本主義，讓蘇聯在國際間失去了社會主義陣營盟主的威信。**戈巴契夫在馬爾他島與美國總統布希會談後，宣布冷戰結束。**

　　此後，蘇聯迅速走向瓦解。由於戈巴契夫推動的開放政策（資訊公開）認可報紙等媒體的言論自由，民眾也可以批評或討論政府的政策。這間接促成了「**波羅的海三小國**」拉脫維亞、立陶宛、愛沙尼亞獨立。組成「蘇聯」的其他共和國紛紛往獨立的方向前進。構成「蘇聯」的大部分領土，也是最大共和國的俄羅斯，在總統**葉爾欽**的領導下，也不再聽從蘇聯共產黨的指示。

　　戈巴契夫試圖在國民的質疑中，利用開放政策來協助改革，但是它卻適得其反，加速了聯邦本身的分裂。

　　改革之後，原本只能作為「副業」的手工業生產、商品交易、個人服務業也合法化。戈巴契夫是在社會主義國蘇聯的框架下，允許私人企業在有限的範圍內經營，因此在強硬的社會主義保守派眼裡，他是「體制的破壞者」；從期望轉向完全資本主義的改革派來看，則抨擊這是「半吊子的改革」，戈巴契夫處於「腹背受敵」的狀態。從結果來說，他的政策只突顯出喪失經濟統一性的缺點，造成物資流通斷裂，國家陷入嚴重的資源缺乏。

 蘇聯滅亡的日子

蘇聯滅亡的那一天終於來臨。反對戈巴契夫改革的共產黨保守派，在戈巴契夫前往克里米亞休假時將他軟禁，企圖發動政變。

但是，這場意圖將蘇聯帶回過去共產黨一黨專政和社會主義經濟的政變，並沒有得到莫斯科市民的共鳴。

葉爾欽帶頭呼籲民眾對抗政變，市民指責政變領導人，也有不少政變部隊倒戈。政變在 3 天後失敗，葉爾欽發表了勝利宣言。

蘇聯共產黨與戈巴契夫的權威蕩然無存，掌握實權的葉爾欽率領俄羅斯聯邦、烏克蘭、白俄羅斯三個共和國，共同創立**獨立國家國協（CIS）**，宣布獨立國家將慢慢轉變為聯合體，也確定了蘇聯的解散。

蘇聯解體後的俄羅斯

葉爾欽計畫讓俄羅斯走向資本主義，但是進行得並不順利，因為部分資本家買下蘇聯時代的國有企業，意圖壟斷個人利益。當時亞洲貨幣危機造成世界景氣衰退，俄羅斯貿易全仰賴石油、天然氣、金屬等天然資源的出口，因而陷入經濟蕭條。俄羅斯的財政極度惡化，落入無法償還國債的違約狀態。

繼葉爾欽之後接任俄羅斯總統的**普丁**，運用祕密警察和軍隊加強統治，靠武力維持政治權力。他以特定地區為重點，靠市場促進經濟，採取類似中國「經濟特區」的經濟政策並持續至今。

第1章 西亞地區、希臘、商朝、

第2章 秦朝、羅馬帝國、漢朝、

第3章 與隋朝、唐朝 伊斯蘭教的誕生

第4章 蒙古帝國 商業復興與

第5章 與明朝 地理大發現

第6章 荷蘭、英國的繁榮與大西洋革命

第7章 帝國主義 工業發展與

第8章 經濟大恐慌與兩次大戰

第9章 經濟 冷戰下的

第10章 全球化與經濟危機

從歐洲共同體到歐盟，進一步合體的歐洲

 挑戰超越國家利害關係的框架

前一章介紹的尼克森衝擊、石油危機，以及後來的貿易摩擦，都對歐洲經濟帶來深不見底的蕭條。這是因為從國家的層次來看，歐洲各國的經濟規模都比美國小，在市場上必須與低價、小型且高性能的「熱門」日本產品競爭。

此外，為了盡快脫離不景氣，歐洲各國都採取本國優先政策，不再齊步並進的走向富裕。歐洲共同體雖然高唱「單一市場」，但是各國之間還是保留著各自的工業產品規格、徵稅制度等「壁壘」，阻礙了歐洲共同體的理想，即人、商品、資本、服務都能自由移動，這一點也成為經濟停滯的一大原因。

因此，主導歐洲共同體的歐洲委員會，提出將歐洲更進一步合體的構思。**讓歐洲自成一個「大國」，如此也能獲得強勢與外國談判，締結有利協定等優點。**為此，工業國或農業國等不同特性的國家，必須超越各自的利益，各國的外交態度也必須同步且一致。

因此，歐洲各國簽訂推進統一的馬斯垂克條約，讓歐洲共同體發展成歐盟。這項條約的一大目標就是「貨幣統一」。歐洲各國朝向單一貨幣「歐元」跨出一大步。

「全球化」與「區域整合」齊頭並進

第1章 希臘、西亞地區、商朝、

第2章 秦朝、羅馬帝國、漢朝、

第3章 伊斯蘭教的誕生與隋朝、唐朝

第4章 蒙古帝國商業復興與

第5章 地理大發現與明朝

第6章 荷蘭與大西洋革命、英國的繁

第7章 帝國主義工業發展與

第8章 兩次大戰經濟大恐慌與

第9章 冷戰下的經濟

第10章 全球化與經濟危機

各地區域整合的進展

　　冷戰後的世界，由於電腦、網路的普及，金融、物流等情報得以瞬間飛越國境，加速了地區整合的進程。另一方面，歐盟等大陸等級的廣域區域整合也有所進展，**「全球整體融合、各地區的統一加深」同時發生。**

　　戰後的美國推動自由貿易，最具代表性的就是關稅暨貿易總協定和世界貿易組織的創立，推進經濟面上的全球化。但是，當歐洲

圖 10-1　區域整合的進展

亞太經合會參加國（APEC）

歐洲聯盟（EU）

獨立國家國協（CIS）

北美自由貿易協定（NAFTA）

東南亞國家協會（ASEAN）

海灣合作委員會（GCC）

非洲聯盟（AU）

南亞區域合作聯盟（SAARC）

南方共同市場（MERCOSUR）

世界推動歐盟的成立，對美國農作物進口表現出消極姿態時，美國也採行貿易自由化的立場，與加拿大、墨西哥組成北美自由貿易協定（NAFTA），在經濟上步調統一。世界各地都能看到區域性的大型整合，如東協自由貿易區（AFTA）、南方共同市場（MER-COSUR）等。在這些區域中，各國或各區域為相互為了自由貿易的目的進行談判。這與經濟大恐慌時期「集團經濟」的封閉特性不同，而是與高峰會、APEC、G20 等國際協調組織並行。

此外，各國都有各自想保護的產業，因此成員國眾多的世界貿易組織談判時很難達成共識。因此，少數國家經常會另外簽訂自由貿易協定（FTA）和經濟夥伴協定（EPA）。

IT 革命與美國的變化

把目光轉向美國，冷戰導致的高額軍事費用帶來了財政赤字，冷戰結束後，美國出現財政與貿易的「雙赤字」，持續了一段時間。雷根總統、老布希總統時代，美國經濟停滯，到了柯林頓總統時代，他主張重視經濟政策，美國的經濟重心從重化學工業轉移到IT、高科技產業。Windows95 的上市等快速襲來的 IT 革命浪潮，為美國帶來好景氣，柯林頓政權成功消除了高額的財政赤字。

這般好景氣也對美國的社會結構帶來巨變。好景氣吸引了大量墨西哥和加勒比海各國的移民，也就是西班牙語系的「西裔拉丁美洲人」流入。由於柯林頓政權對移民採取寬容政策，所以移民的人口比例急速上升。

相對的，美國工人的工作被這些薪資低廉的西裔移民搶走而失業，發生「產業空洞化」。

圍繞日本的產業結構變化與停滯

第1章 希臘、西亞地區、商朝

第2章 秦朝、羅馬帝國、漢朝、

第3章 與隋朝、唐朝的誕生 伊斯蘭教的

第4章 蒙古帝國與 商業復興與

第5章 與明朝 地理大發現

第6章 榮與大西洋革命的繁 荷蘭、英國

第7章 帝國主義與 工業發展與

第8章 經濟大恐慌與 兩次大戰與

第9章 經濟 冷戰下的

第10章 經濟危機 全球化與

「產業空洞化」加劇

「廣場協議」使日圓大幅升值，對日本造成兩個影響，在這個時代更加擴大。

其一是「產業空洞化」。「廣場協議」導致日圓升值，日本產品在國外滯銷（1美元＝240日圓時，240萬日圓的日本車，在美國賣1萬美元。但是廣場協議之後1美元＝120日圓，商品價格漲了一倍，變成2萬美元）。

因此，日本製造業將工廠轉移到國外，在人事開銷低的地區製造產品，然後銷售到世界各地以求生存。**企業靠著這條路確保收益，但是在日本國內工廠工作的人卻失去了工作，引發國內產業外流而衰微的「產業空洞化」現象。**不只是日本，許多人事成本高的先進工業國也發生了一樣的情形。

從泡沫經濟到「失落的20年」

另一個影響是泡沫經濟。日本出口製造商因廣場協議大受打擊，因此日本銀行以政策下調利率，降低貸款的門檻以提供企業營運的資金。

利率下降不只讓企業受惠，一般人也能以低利率貸款，因此各地出現用低利貸款購買土地、股票、債券等資產，等待漲價後賣掉再償還貸款的「投機」行為。土地、股價飛漲，遠遠超過實際資產

價值。

　　企業在土地或資產價格的最高點購入，找不到下一個買家，無法償還貸款因而破產，借款無法收回的金融機關也跟著倒閉，連鎖破產一再發生。表面上的好景氣如同「泡沫破裂」般消失了，稱為「泡沫經濟」。

　　之後，日本進入名為「失落的 20 年」的景氣低迷時代。雷曼風暴和東北大地震更讓景氣難以回溫。

　　廣場協議後，日本銀行所設定的利率是 2.5%。就連此利率都被認為是造成泡沫經濟的「超低利率」，因此經歷了「失落 20 年」，現在的日本進入所謂「負利率」的低利率時代。雖然希望再度降低企業貸款的門檻以刺激景氣，然而日本待解決的問題堆積如山，如少子、高齡化和傳統日本企業文化等，經濟狀況舉步維艱。

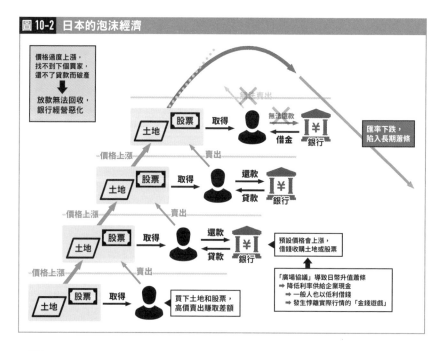

圖 10-2　日本的泡沫經濟

亞洲貨幣
成為金錢遊戲的獵物

第1章 西亞地區、商朝

第2章 羅馬朝、帝國、漢朝

第3章 伊斯蘭教的誕生與隋朝、唐朝

第4章 商業復興與蒙古帝國

第5章 與明朝 地理大發現

第6章 荷蘭、英國與大西洋革命的繁榮

第7章 工業發展與帝國主義

第8章 經濟大恐慌與兩次大戰與

第9章 冷戰下的經濟

第10章 全球化與經濟危機

 ## 「成長神話」停止的亞洲各國

東南亞、東亞各國發展亮眼，彷彿與美國、日本的產業空洞化恰成反比。總公司位在美國的多國籍公司，在東亞和東南亞設立生產據點，並將產品出口到美國，這兩個地區因此扮演著「美國承包商」的角色，擴大經濟規模。

但是在發展的過程中，突然發生了一起「事件」，讓各國順遂的經濟陷入危機。泰國貨幣泰銖的暴跌成為引爆點，亞洲各國的貨幣急速貶值，爆發金融危機。

這場亞洲金融風暴，不久後便波及印尼、菲律賓、馬來西亞、韓國、新加坡和臺灣等國。各國的「成長神話」戛然而止，嚴重的蕭條從亞洲蔓延到全世界。有人認為其中一個主因，是因為美國投資者們把亞洲貨幣當成「金錢遊戲」的獵物。

與美元連動的亞洲貨幣

在決定停止美元兌換黃金的尼克森衝擊後，美元與各國貨幣轉而採用不斷變動的浮動匯率制，不過亞洲新興工業國依然採取固定本國貨幣兌美元匯率的「固定匯率制」。由於美元價格不時變動，所以必須透過官民合力拋售、承接本國貨幣，或是操作利率，與美元價格同步。

這麼做有幾個好處。亞洲企業可節省計算匯率的麻煩，更容易

267

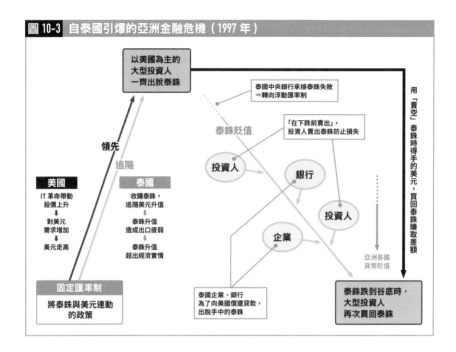

圖 10-3　自泰國引爆的亞洲金融危機（1997 年）

以美國為主的
大型投資人
一齊出脫泰銖

泰國中央銀行承接泰銖失敗
⇒轉向浮動匯率制

用「賣空」泰銖時得手的美元，買回泰銖賺取差額

泰銖貶值

「在下跌前賣出」，
投資人賣出泰銖防止損失

領先

追隨

投資人

銀行

投資人

美國

IT 革命帶動
股價上升
↓
對美元
需求增加
↓
美元走高

泰國

收購泰銖，
追隨美元升值
↓
泰銖升值
造成出口疲弱
↓
泰銖升值
超出經濟實情

企業

亞洲各國
貨幣貶值

固定匯率制

將泰銖與美元連動
的政策

泰國企業、銀行
為了向美國償還貸款，
出脫手中的泰銖

泰銖跌到谷底時，
大型投資人
再次買回泰銖

賣出工業製品到美國，如果把利率設定的比美國高，也可以吸引美國投資客，因為「如果匯率不變，該國貨幣的利率比美國高的話就有得賺」。

被瞄準的泰銖

　　亞洲金融風暴時，泰國的泰銖也採行固定匯率制，然而，美國由於 IT 革命帶動經濟復甦，股價和利率都有上升的傾向，因此美元需求增高，美元的升值蠢蠢欲動。

　　配合美元升值，泰國的中央銀行等機構也努力出脫儲備的美元、購入泰銖，以配合美元升值提高泰銖的匯率。由於對美國採取固定匯率，泰銖的匯率上升並不影響與美國的貿易，但是對其他國家來說，泰國的產品相對變貴，造成貿易衰退。美國大型投資人見

到「泰國實際上並沒有賺錢，然而泰銖卻一直升值」的狀況，便一起「賣空」泰銖。

當然，泰銖的價值因此下跌，但由於上有「固定匯率制」政策，泰國中央銀行只能不斷購入泰銖以配合兌美元匯率。

但是，這樣的努力徒勞無功，泰國儲備的美元耗竭還是無法支撐匯率。泰銖崩盤，只能從「固定匯率制」轉為「浮動匯率制」。泰銖開始漸漸下跌，持有泰銖的投資人也紛紛在泰銖崩盤之前拋售泰銖。

波及周邊國家的金融危機

泰國企業和銀行向美國銀行借下高額美元，從與泰國國民的交易中賺取泰銖，然後將泰銖賣出，以美元償還債務。但是泰銖暴跌後，也就無力償還美元貸款了。

因此，泰國的企業及銀行在泰銖崩盤前，爭先恐後拋售手中的泰銖換取美元。部分銀行和企業賣出泰銖的時機太晚，未能入手美元，因而無法償還債務，陷入經營危機。企業開始出脫手中持股，存戶為了保護存款，向營運惡化的銀行解除定存，或是湧入銀行提出現金。

另一方面，美國的大型投資人看準泰銖跌到谷底時，再度進場買回，這個動作造成「泰國國內美元被美國投資客搜刮殆盡」的狀況。泰國的銀行因為經營惡化無法充分放款，市場上的現金供給量減少，泰國資金周轉失靈，陷入大蕭條。

泰國的貨幣危機出自採行固定匯率制和過度依賴外國（尤其是美國）的投資。同樣採行固定匯率制、大幅仰賴外國投資的韓國、印尼，也同樣發生幣值下跌的混亂狀況。這股風暴陸續波及周邊國家，日本的股價也隨之暴跌，擴展成「亞洲金融風暴」的嚴重事

第1章 希臘、商朝、西亞地區

第2章 秦朝、帝國、漢朝、羅馬

第3章 與隋朝、教的誕生 伊斯蘭朝、

第4章 蒙古帝國 商業復興與

第5章 與明朝 地理大發現

第6章 榮與大西洋革命 荷蘭、英國的繁

第7章 帝國主義與 工業發展與

第8章 經兩次大戰 大恐慌

第9章 經濟 冷戰下的

第10章 經濟危機 全球化與

態。最後除了香港，亞洲各國全數放棄固定匯率制，泰國、韓國、印尼接受國際貨幣基金組織的資金援助，在國際貨幣基金組織管理下尋求結構改革。

東南亞度過通貨危機

克服「亞洲金融風暴」的各國，經濟再度順利成長。隨著經濟發展，東南亞與東亞各國脫離依賴美國出口的體質，轉而增加彼此之間或是地理上鄰近的澳洲、紐西蘭、印度等國進出口比例，逐漸轉換為可抵擋經濟危機的體質。亞洲地區內互相分工，這個景況稱為「亞洲新國際分工」。以東協內部經濟圈來說，印尼、馬來西亞、新加坡提倡「成長三角」，中南半島提出「大湄公河次區域」等經濟合作，以經濟發展領先的新加坡、泰國為核心，與人工成本低廉的周邊國家進行分工，邁向東協區內的整體發展。

圖 10-4　「大湄公河次區域」與「成長三角」

「捨小異就大同」，歐元的發行

第1章 西亞地區、希臘、商朝、

第2章 羅馬帝國、秦朝、漢朝、

第3章 伊斯蘭教的誕生與隋朝、唐朝

第4章 商業復興與蒙古帝國

第5章 地理大發現與明朝

第6章 荷蘭、英國的繁榮與大西洋革命

第7章 工業發展與帝國主義

第8章 兩次大戰與經濟大恐慌

第9章 冷戰下的經濟

第10章 全球化與經濟危機

走向一體化的歐洲

　　歐盟草創協議的一大軸心，就是發行共通貨幣，促進經濟整合。貨幣若能統一，不但可以省去計算外匯匯率的麻煩，而且以進口原料製造商品出口時，也可防止匯率變動使原料價格降低，造成「差額」而虧損。共通貨幣的功能，就如同在金本位制下，透過「黃金」節省匯率計算的手續，讓加盟國內的貿易可以順利無阻。

　　此外，如果使用相同的貨幣，人們從薪資低的國家前往薪資高

圖 10-5 歐元區

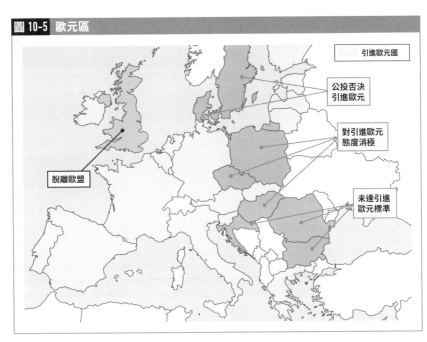

引進歐元國

公投否決引進歐元

對引進歐元態度消極

脫離歐盟

未達引進歐元標準

的國家工作時，帶回家鄉的薪水就能直接使用。雇主的國家只要控制好人事成本，也能製造更廉價的產品，對出口更為有利。

如前所述，共通貨幣的發行對**「降低匯率成本」**、**「抑制人事成本」有很大的效果，可望促進「歐洲區域內分工」，間接達到出口成長。**此外，對企業而言，只要製造出優質商品，也有機會擴大販賣到全歐洲。

當然，如果通貨統一，就不允許單一國家隨心所欲。**對國家而言，「發行貨幣」是極大的權利，如果發行共通貨幣，就不能允許單一國家自行「在自己國內不景氣時，大量發行現鈔刺激景氣」，以及「減少現金量，緊縮金融」。**

經過討論，歐盟主要會員國同意放棄自己的貨幣發行權，決心發行共通貨幣，也就是「歐元」。

如果加入歐元區，與其他歐元國家的貿易、交易就能更加順利，也能向法國、德國經營穩健的大銀行以低利融資，可以預見產業的振興。

歐盟成員國基本上都負有引進歐元的義務，但東歐有幾個國家未能達到標準，因此尚未引進歐元。

與歐元保持距離的英國

英國雖然加入歐盟，卻沒有參與貨幣統一。英國的英鎊價格變動劇烈，並不符合加盟歐元的標準，而且進入歐元區的話，就得參酌歐元區最大經濟國德國的意見。另外，英鎊是前「大英帝國」的象徵，英國不願放棄，基於多重原因，英國並未改用歐元。

從美國波及全世界的經濟危機

第1章 西亞地區、希臘、商朝、

第2章 秦朝、羅馬帝國、漢朝、

第3章 伊斯蘭教的誕生與隋朝、唐朝

第4章 商業復興與蒙古帝國

第5章 地理大發現與明朝

第6章 荷蘭、英國的繁榮與大西洋革命

第7章 帝國主義與工業發展

第8章 兩次大戰與經濟大恐慌

第9章 冷戰下的經濟

第10章 全球化與經濟危機

遭到暗算的美國經濟

柯林頓總統在位期間，美國經濟在 IT 革命的幫助下暫時回溫。但是，在小布希總統接任時，美國爆發一場名為「雷曼風暴」的國際金融危機，動搖了全世界。這個事件起因於美國第四大投資銀行雷曼兄弟控股公司因經營不善而破產，導致全世界陷入經濟危機（「控股公司」是一種大型金融機構，主要向專業投資人或企業們提供「賺錢的案子」，在 2000 年代初期，這類公司在美國相繼出現）。

向還款能力低的人提供貸款

說到雷曼兄弟公司破產的原因，就是「次級貸款」問題。次級貸款的「次級」是「次等」的意思，次級貸款就是指「為信用狀況較差的貸款者提供的貸款」。

也就是說，「次級貸款」是以高利息貸款給中、低收入者，或是有信用卡延滯繳款紀錄（償還能力低）者的貸款。由於貸款的客戶還款能力低，所以放款公司提高利息，「即使一個人還不了錢，也能靠其他人繳的利息填補空缺」。

但是，即使利息高昂，民眾依然踴躍申請次級貸款。當時美國正掀起「住宅熱潮」，各地大舉建設房屋，買賣行情熱絡。房產價格不斷上漲，因此突然湧現大批想靠房子「大撈一筆」的人，申請

273

次級貸款買房子，等價格上漲，再賣掉還掉債款（其實這種狀況無非就是「泡沫化」。總會有最後一個借到次級貸款，無法償還的人被套牢）。

次級貸款是高利貸款，然而借錢的人大多是低所得階層，他們如果無法還款，貸款公司恐怕擺脫不掉「呆帳」的風險。

這時候，投資銀行也加入其中。貸款公司為了減輕「呆帳」風險，把這些次級貸款的債券賣給投資銀行。所以債務人還款的對象變成了投資銀行。

投資銀行抱著這些「未爆彈」十分危險，所以又把風險塞給別人。這就是債權的「證券化」，把風險高的次級貸款與其他貸款、

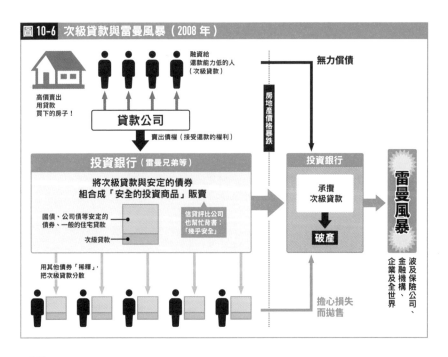

圖10-6 次級貸款與雷曼風暴（2008年）

高價賣出用貸款買下的房子！

融資給還款能力低的人（次級貸款）

無力償債

房地產價格暴跌

貸款公司

賣出債權（接受還款的權利）

投資銀行（雷曼兄弟等）

將次級貸款與安定的債券組合成「安全的投資商品」販賣

國債、公司債等安定的債券、一般的住宅貸款

信貸評比公司也幫忙背書：「幾乎安全」

次級貸款

用其他債券「稀釋」，把次級貸款分散

投資銀行

承擔次級貸款

破產

雷曼風暴

擔心損失而拋售

波及保險公司、金融機構、企業及全世界

公司債、國債等安定的債券組合（混合）在一起，變成可以買賣的投資商品來販售，把危險的投資商品——次級貸款稀釋、分散。因為只是在穩定的國債、公司債和一般貸款等商品中「混入些許次級貸款」，所以信貸評等機構將這種證券評為高投資級別，保障了它們的安全性。

　　而大力販售這項商品的，正是雷曼兄弟公司。雖然只要能回收貸款就沒有問題，但是次級貸款經常伴隨「賴帳」的風險。

 ## 擴及世界的重大經濟危機

　　於是，「雷曼風暴」來臨。聯準會試圖控制房地產泡沫，造成房地產價格暴跌。申請次級貸款，購買房產等待漲價的人夢想破滅，只剩下高額的債務，無法償還的次級貸款成為呆帳。

　　這些變成呆帳的不良債權轉化成證券，被稀釋給各投資人。投資人並不知道自己的證券中「被混入」了多少次級貸款，也不知道其中有多少呆帳。為了避免損失，坐立難安的投資人便開始拋售證券，希望盡早脫手。

　　雷曼兄弟公司因為無法回收貸款，必須支付證券的退款。結果雷曼兄弟公司因高達 64 兆日圓（譯注：6130 億美元）令人難以置信的負債而破產，承攬企業保險的美國最大保險公司 AIG 也陷入經營危機。影響擴散到全美，然後是全世界，引爆了嚴重的金融危機。

第1章 西亞地區、希臘、商朝

第2章 羅馬帝國、秦朝、漢朝

第3章 與伊斯蘭教的誕生、隋朝、唐朝

第4章 商業復興與蒙古帝國

第5章 與地理大發現、明朝

第6章 荷蘭與大西洋革命、英國的繁

第7章 帝國主義與工業發展與

第8章 經濟大恐慌與兩次大戰與

第9章 冷戰下的經濟

第10章 全球化與經濟危機

經濟一體化，衍生財政惡化的「連帶責任」

 一體化經濟的「爭議點」

再回到歐洲，歐元引進順利，歐元區擴大。但是，經濟一體化引發的爭議點也出現了。其中之一就是希臘經濟危機。

希臘政府為獲得國民支持，不但招收過多公務員，又實行沒有財政背書的高福利政策，財政營運毫無彰法。於是希臘向德國、法國大型銀行等歐洲銀行融資（以國債來抵押），藉此平衡財政赤字。希臘龐大的外債曝光後，各國銀行開始擔憂希臘將會落入「無法還款」的違約狀態。

若是希臘破產，借錢給希臘的銀行經營將會惡化，引發對全歐洲企業的信用緊縮，如果銀行被「倒帳」，企業和相關銀行都會發生連鎖破產的危機。

歐洲雖然藉由歐元達成一體化，但是單一國家的經濟惡化，所有成員國都必須負起「連帶責任」。

因此，歐盟和國際貨幣基金組織給予希臘巨額紓困金，希臘也請求金融機關減免 50％的債務，危在旦夕之際逃過了危機。

但是，希臘經濟危機也讓「下一個希臘會出現嗎？」的不安浮上臺面。

葡萄牙、愛爾蘭、義大利、西班牙的財政狀態同樣令人擔憂，都有可能成為「下一個希臘」。這 4 個國家加上希臘，被稱為歐豬五國（PIIGS）。

歐盟與國際貨幣基金組織向愛爾蘭、葡萄牙、西班牙各別提供

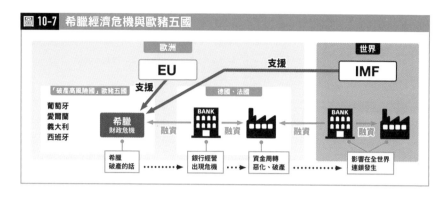

圖 10-7 希臘經濟危機與歐豬五國

歐洲
EU

支援
IMF
世界

「破產高風險國」歐豬五國
葡萄牙
愛爾蘭
義大利
西班牙

支援

德國、法國

希臘
財政危機

融資

BANK

融資

融資

BANK

融資

希臘
破產的話 ┈┈┈▶ 銀行經營
出現危機 ┈┈▶ 資金周轉
惡化、破產 ┈┈┈┈┈▶ 影響在全世界
連鎖發生

第1章 西亞地區、希臘、商朝、

第2章 羅馬帝國、秦朝、漢朝、

第3章 與伊斯蘭教的誕生、隋朝、唐朝

第4章 商業復興與蒙古帝國與

第5章 與地理大發現明朝

第6章 荷蘭與大西洋的繁榮與英國革命

第7章 工業發展與帝國主義與

第8章 兩次大戰與經濟大恐慌與

第9章 冷戰下的經濟

第10章 全球化與經濟危機

近１０兆日圓規模的紓困金，勉強維持在不至破產的狀態，但這其中如果有一國陷入違約倒債的話，德法金融機構的「呆帳」以及全歐洲企業連鎖破產的危機就會再次發生。

英國脫離歐盟

另一個問題癥結是人口移動。歐盟和歐元讓歐洲合而為一，因此跨越國境「出外謀生」更加容易，尤其是德國、法國、英國等歐洲國家中薪資水準較高的國家，湧入許多來自東歐、南歐的移民，搶走了原本在該國受雇勞工的工作。

在勞動力越過國境移動的「全球化」進程中，歐盟（尤其是德國）對移民採取寬容的姿態，但英國則表現出審慎的態度。由於英國原本就與歐盟保持距離，所以國內一直有脫離歐盟的爭論。最後，英國透過公投決定脫歐。

引進市場經濟，
中國經濟成長

　　中國將方針轉變為改革開放政策，引進市場經濟，開放一定程度的自由經濟活動，向外國招攬投資，因此經濟開始起飛。雖然曾因天安門事件，在政治和經濟上暫時緊縮、經濟停滯，但是整體來看，中國身為「世界工廠」，在經濟發展上十分亮眼。以美國為首的外國企業也在中國的「經濟特區」建設大量工廠，對中國企業進行投資。

　　但是，雷曼風暴發生後，外國投資金額銳減，外界都認為飛躍的中國經濟也終於要停滯了。但是中國開始建造高額的公共事業，建設內陸的鐵路與道路，靠著這些公共事業，中國的經濟成長持續，GDP 達到世界第二，僅次於美國。但是，經濟發展也導致中國勞工的薪資上升，外國企業陸續將工廠轉移到人事成本較低的國家，「本業」為「世界工廠」的中國，生產和出口難再成長。

將絲路納入經濟圈的「一帶一路」

　　於是，中國提出「一帶一路」的構想，向歐亞大陸各地進行海外投資，從各國企業、資源的獲利中取得利益。這個構想將「陸上絲路」稱為「一帶」，「海上絲路」為「一路」，將一帶一路納入中國經濟圈。為了廣募資金，設立亞洲基礎設施投資銀行，招攬外國出資者進行投資，這個計畫也陸續將非洲和中亞各國納入「中國經濟圈」。

💰 中國瞄準的海域交會點

　　中國「一帶一路」的構想中，最重視的就是南海的**南沙群島**。

　　南沙群島海域已被證實有海底油田和天然氣田，中國、越南、菲律賓、馬來西亞、汶萊和臺灣等 6 國都宣稱擁有當地主權，其中最積極主張主權的就是中國。中國是數一數二的資源大國，但由於人口眾多，若是不占據能源的來源，產業就很難運作。而且這片海域是東亞、東南亞和南亞的交會點，不論在軍事或經濟上都能帶來龐大的利益，因此中國企圖掌握此區域的主權。

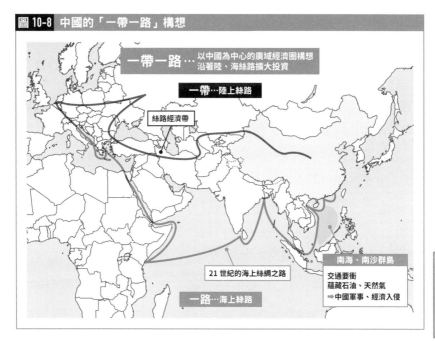

圖 10-8　中國的「一帶一路」構想

一帶一路…以中國為中心的廣域經濟圈構想　沿著陸、海絲路擴大投資

一帶…陸上絲路

絲路經濟帶

21 世紀的海上絲綢之路

一路…海上絲路

南海、南沙群島
交通要衝
蘊藏石油、天然氣
➡中國軍事、經濟入侵

第 1 章　西亞地區、希臘、商朝、

第 2 章　秦朝、羅馬帝國、漢朝、

第 3 章　與隋朝、伊斯蘭教的誕生、唐朝

第 4 章　商業復興與蒙古帝國

第 5 章　與明朝地理大發現

第 6 章　荷蘭、英國的繁榮與大西洋革命

第 7 章　工業發展與帝國主義

第 8 章　兩次大戰與經濟大恐慌

第 9 章　冷戰下的經濟

第 10 章　全球化與經濟危機

美國的「存在感」正在轉變

 進展中的全球化

　　美國雖然還是世界第一經濟大國，但是發生雷曼風暴之後，在世界經濟的地位日漸降低。相對的，俄羅斯和中國等大國的存在感正在增加。歐盟也加強區域內的聯結，在金屬、飛機、汽車等產業與美國競爭。東協在經濟發展下，擁有資產的中產階級增加，東協內部的經濟圈成長，從前美國承包商的特徵越來越薄弱。**經濟的「多極化」與全球化發展中，美國的經濟政策也有了新的改變。**

 偏向「大政府」的歐巴馬政權

　　在雷曼風暴後就任美國總統的歐巴馬力圖重振經濟，他投入數百兆日圓（譯注：近一兆美元）規模的公共資金以穩定經濟，降低利率放寬企業貸款條件，實行減稅政策刺激民眾消費。

　　結果，美國經濟雖然脫離雷曼風暴走向復甦，但是支出大增，財政赤字擴大，歐巴馬總統開始為控制赤字而苦惱。

　　此外，歐巴馬加入新加坡和紐西蘭等國倡議的跨太平洋夥伴協定（TPP）談判，努力推動自由貿易。他對移民相對寬容的政策，比較像是在全球化的框架中摸索美國的立場。

川普政權與中美貿易摩擦

　　至於高唱「美國優先」而當選的川普總統，卻重新審視美國戰後以來「基本立場」之一的自由貿易政策，將政策轉變為「保護主義」。同時，川普一當選，便退出歐巴馬總統大力推動的 TPP，試圖提高關稅保護本國經濟。

　　川普認為，美國最大的問題是當今成為「世界工廠」的中國所製造的廉價產品流入美國。他向民眾宣稱，這導致美國製造的產品乏人問津，美國工業衰退、工人失業。他的訴求獲得美國中西部衰退顯著因而被稱作「鐵鏽帶」的重工業地帶工人支持。他們期待川普能讓美國製造業有機會復興。川普對中國鋼鐵、工業機器人、半導體等商品陸續提高關稅，封鎖中國產品。

　　但是中國並未屈服，也對美國農產品、汽車實施「報復性關稅」，封鎖美國產品。美國與中國之間激烈交鋒，持續發動「貿易戰爭」。

　　但是，川普的態度對美國企業來說並不有利，在中國生產的 iPhone 和耐吉運動鞋關稅也都提高，使美國的代表商品蘋果和耐吉受到損失，因此國內也發出要求重新評估政策的聲浪。於是美國與中國進行協商，但短期「休戰」後又再次互相施加「報復關稅」的狀況依然持續。

　　另外，由於西裔移民流入，奪走美國勞工的工作，因此川普總統也實施移民限制，反對與加拿大、墨西哥簽訂的自由貿易協定，川普為了保護美國利益，採取與全球化潮流背道而馳的政策。

第1章 西亞地區、希臘、商朝

第2章 羅馬帝國、秦朝、漢朝、

第3章 與伊斯蘭教的誕生、隋朝、唐朝

第4章 蒙古帝國與商業復興與

第5章 與明朝地理大發現

第6章 荷蘭、英國的繁榮與大西洋革命

第7章 帝國主義與工業發展與

第8章 兩次大戰與經濟大恐慌

第9章 冷戰下的經濟

第10章 全球化與經濟危機

並進的「貧富差距擴大」與「平均化」

 經濟規模可與國家匹敵的全球企業

　　本章將「亞洲金融風暴」、「雷曼風暴」、「希臘經濟危機」等重大經濟危機作為主題來介紹，世界經濟看似危機重重，但是基本上世界 GDP 持續擴大，整體財富走向增加的方向。

　　俗話說「金錢輪流轉」，事實上，因為全球化，金錢在世界上快速「輪轉」，包含開發中國家在內，全世界的人總體來說都比過去富裕（反之，經濟危機也經由全球網絡在世界「輪轉」）。

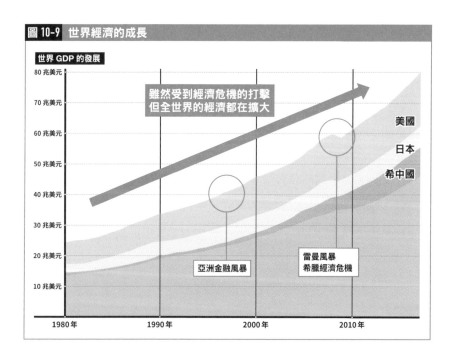

圖 10-9　世界經濟的成長

而引導金錢「流轉」的角色，就是 GAFA（谷歌、蘋果、臉書〔現 Meta〕、亞馬遜）等「全球性企業」。這些企業的經濟規模甚至可與國家匹敵。不論住在哪個國家或地區都能夠獲得資訊、買賣商品，世界各地的人都受惠於全球化網絡。

全球化擴大的影響

常有人說，「全球化造成貧富差距」。

的確，全球化企業的經營者多為超級富豪，名列世界「富豪」排行榜，與低所得階級的差距持續擴大。但是全球化的本質，在於「世界的一體化」，基本上可說是「混合且平均化」。貧窮國家因為人事成本低，可以吸引外國投資建設工廠；相反的，在過去被視為「先進國」的國家，中產階級的工作被人事成本低的國家搶走，

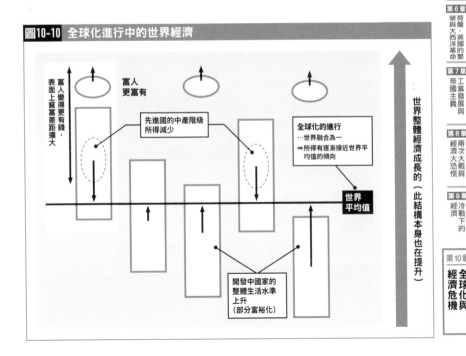

圖10-10　全球化進行中的世界經濟

第1章 西亞地區、希臘、商朝

第2章 秦朝、羅馬帝國、漢朝、

第3章 與伊斯蘭教的誕生隋朝、唐朝

第4章 商業復興與蒙古帝國

第5章 與地理大發現明朝

第6章 荷蘭與大英國的繁榮、西洋革命

第7章 工業發展與帝國主義

第8章 兩次大戰與經濟大恐慌

第9章 冷戰下的經濟

第10章 全球化與經濟危機

自己開創的服務被全球化企業奪走等等，造成所得大幅縮水（即使在日本也出現製造業在與中國、東南亞企業的價格競爭中落敗而衰退，街頭書店的客源被亞馬遜搶走而一一倒店的狀況）。

此外，由於 AI（人工智慧）和自動化技術的發達，也引發人類工作被機器搶走的「第二空洞化」。**「世界藉著全球化而快速『平均化』，貧窮國家人民比過去富裕，富有國家的人民變得較貧窮。但是，由於出現了聚集全世界財富的超級富豪，表面上的『貧富差距』擴大。而且，持續維持目前的結構，世界整體的經濟規模雖然擴大了，但有時過度生產和投資會產生泡沫，如果其影響蔓延，就會引發全球性的經濟危機」**，這便是今日社會的寫照。

追求「永續性」

想要了解全球化之下的現代社會、經濟，絕不可遺漏的詞彙之一就是「**永續發展目標 (SDGs)**」。靠著經濟發展和技術革新，人類的生活變得豐富而便利，但是富裕的背後卻留下了環境問題、貧困問題、人權問題等人類共同的「難題」。

隨著全球化的擴大，這些問題不只影響開發中國家，也成為所有國家的問題。貧困問題不只發生在先進國家，而移民的人權問題也出現在世界各地。環境污染跨越國境擴散，引發國際間的摩擦。因此，SDGs 列出了所有國家共同的問題，針對貧困、飢餓、能源、人權、環境等１７個項目提出行動指標，目標是在 2030 年前解決各種問題。SDGs 呼籲所有人類朝著國家、企業、NGO、教育領域等理想付諸行動，主張只有全世界國家同心協力，才能達成真正的「經濟發展」。

「數據」，
金錢的全新樣貌

第1章
西亞、希臘、商朝、地區

第2章
秦朝、漢朝、羅馬帝國

第3章
與隋朝、唐朝、伊斯蘭教的誕生

第4章
商業復興與蒙古帝國

第5章
與明朝、地理大發現

第6章
榮與大西洋革命、荷蘭、英國的繁

第7章
帝國主義與工業發展

第8章
經濟大恐慌與兩次大戰

第9章
經濟、冷戰下的

第10章
全球化與經濟危機

 ## 金錢的歷史就是賦予「信用」的歷史

我在這本書中多次介紹到「金錢」的面貌。經常有人說，金錢是「信用」的變形。確實，金錢的歷史就是「如何賦予金錢信用」的歷史。

最早期使用的金、銀幣等貨幣，是透過測量有價值的金屬重量，利用鑄刻保持一定的重量等方式形成所謂的「信用」。

當社會首次產生大量貨幣需求，便開始在金或銀中摻入其他金屬「灌水」。當然，如此一來，這些貨幣的價值就比純粹的貴金屬更低，但靠著「國家發行」產生的信用，總算「堅持」下來成功以面額流通。

接著，紙幣出現了。紙幣是用低價的紙張製成，但是「金本位制」將金幣的價值與紙幣的面額結合，為紙幣附加了隨時可兌換黃金的信用，單純的紙張被賦予了「價值」。

然而，自「尼克森衝擊」之後，金錢與黃金之間完全切割，轉移為「法幣制度」。這是透過政府嚴謹控制貨幣流通量的「信用」，來賦予金錢價值的架構。

 ## 從無現金化到虛擬貨幣的時代

金錢的歷史，現在又跨入了另一個新階段。一是「無現金化」，「現金」將會消失，改用「數據」的往來進行交易。

285

仔細想想，在我們的生活中，薪資直接匯入銀行帳戶，房租、水電費從銀行帳戶扣除，平常用信用卡或電子錢包購物，都已是司空見慣的事。無現金化可以大幅削減「數算現金」的社會成本，容易掌控金流，所以具有不易逃稅和防止犯罪的優點。因此，現在幾乎所有的國家都在推動無現金化。一旦養成用數據交易的習慣，銀行原有的功能會大幅縮水，社會的樣貌應該也會大不相同。

　　這種「無現金化」說到底就是「將被國家賦予信用的『貨幣』換成數據」，不過現在又出現了一種新的技術，是以另一種賦予「信用」的方式，在數據上「創造」現金的技術，那就是虛擬貨幣（加密貨幣）。虛擬貨幣是利用區塊鏈技術，防止竄改數據或詐騙，因而產生「信用」的架構。雖然虛擬貨幣尚未廣泛流通，但是現在也已被認知為資產的一種。

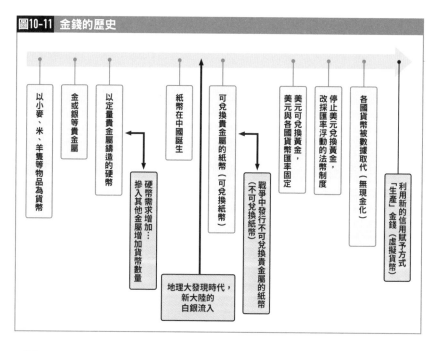

圖10-11　金錢的歷史

- 以小麥、米、羊隻等物品為貨幣
- 金或銀等貴金屬
- 以定量貴金屬鑄造的硬幣
  - 硬幣需求增加⋯掺入其他金屬增加貨幣數量
- 紙幣在中國誕生
- 可兌換貴金屬的紙幣（可兌換紙幣）
  - 地理大發現時代，新大陸的白銀流入
  - 戰爭中發行不可兌換貴金屬的紙幣（不可兌換紙幣）
- 美元可兌換黃金，美元與各國貨幣匯率固定
- 停止美元兌換黃金，改採匯率浮動的法幣制度
- 各國貨幣被數據取代（無現金化）
- 利用新的信用賦予方式「生產」金錢（虛擬貨幣）

後記

撰寫本書的 2020 年春天，正好遇到新冠肺炎大流行，為全世界帶來劇烈的震盪。全球死亡人數達 70 萬人以上，日本也有1000 多人死亡。政府發布緊急事態宣言，全國實施自肅避免外出，街頭人潮大量減少，生活形態也有了極大改變。

這場大流行也為經濟的世界蒙上陰影。新聞天天報導企業破產的消息和業態變化、推測「新冠後的世界」，對於疫情對經濟有什麼影響，人們都議論紛紛。世界各地也都在討論，政府是否該給付所有國民一定金額的基本收入。這場可謂「新冠風暴」的衝擊會是暫時性的，還是將完全改變以後的世界？直到撰寫這本書的現在，還是很難下定論。也許有一天，這場疫情也會成為經濟史的一頁。

在這場大變動中，我想到的是世界是相連的，所有的問題早已不是單一國家的問題，而是必須以全球格局來思考的問題。一個國家的危機與整個世界的危機一脈相連，必須依靠全球性的視角、由全世界的人類一起合作解決。本書若能幫助各位擴展視野，將是敝人的榮幸。

最後，我要深深感謝我在任教的幾間學校接觸過的學生們。與各位天天在課堂中的相處，給了我撰寫這本書的許多靈感。在你們飛向廣大社會之際，希望這本書能成為一股幫助你們適應資本主義社會的力量。除了深深的謝意之外，也向各位送上聲援，以此為本書畫下句點。

2020 年 9 月

山崎圭一

野人家　219

瞄過一眼就忘不了的世界史【商業篇】

SUPER高中老師講故事，讓「金錢流通」當主角，不背年份就能貫通世界史！

作　者　山崎圭一
譯　者　陳姵若
名詞審定　莊德仁

野人文化股份有限公司
社　　長　張瑩瑩
總 編 輯　蔡麗真
副 主 編　徐子涵
責任編輯　余文馨
專業校對　魏秋綱
行銷企劃經理　林麗紅
行銷企劃　蔡逸萱、李映柔
封面設計　萬勝安
內頁排版　洪素貞

出　版　野人文化股份有限公司
發　行　遠足文化事業股份有限公司(讀書共和國出版集團)
　　　　地址：231 新北市新店區民權路 108-2 號 9 樓
　　　　電話：（02）2218-1417　傳真：（02）8667-1065
　　　　電子信箱：service@bookrep.com.tw
　　　　網址：www.bookrep.com.tw
　　　　郵撥帳號：19504465 遠足文化事業股份有限公司
　　　　客服專線：0800-221-029
法律顧問　華洋法律事務所　蘇文生律師
印　製　呈靖彩藝有限公司
初版首刷　2022 年 06 月
初版 3 刷　2023 年 12 月

ISBN 978-986-384-715-1（平裝）
ISBN 978-986-384-733-5（EPUB）
ISBN 978-986-384-732-8（PDF）

國家圖書館出版品預行編目（CIP）資料

國家圖書館出版品預行編目 (CIP) 資料
瞄過一眼就忘不了的世界史 (商業篇)：
SUPER 高中老師講故事, 讓「金錢流通」當
主角, 不背年份就能貫通世界史 // 山崎圭一
作；陳姵若譯. -- 初版. -- 新北市 : 野人文化
股份有限公司出版 : 遠足文化事業股份有限
公司發行 , 2022.06
　　面；　公分. -- (野人家；219)
譯自 : 一度 んだら　に忘れない世界史の教
科書 : 公立高校教師 YouTuber が書いた　編
ISBN 978-986-384-715-1(平裝)
1.CST: 世界史

711　　　　　　　　　　　111006113

瞄過一眼就忘不了的
世界史【商業篇】

野人文化　　野人文化
官方網頁　　讀者回函

線上讀者回函專用
QR CODE。你的寶
貴意見，將是我們
進步的最大動力。